［第 3 版］

やさしく学べる経営学

海野　博（代表）・森山一郎・井藤正信 ［著］

創 成 社

はじめに

　本書は，経営学に興味を持って初歩的な知識を得たいと考えている方々や，大学の経営学部をはじめ商学部や経済学部で経営学を初めて学ぶ学生諸氏に，経営学の基礎的な知識をやさしく学んでもらえるようにという思いを込めて，企画，編集，執筆されたものである。

　経営学は，第1章で述べているように，「やってて良かった」と思うほど役に立つ学問である。

　今日，私達は「企業」抜きには生活できない。「生活」という意味では，私達は「企業」と消費者として関わりを持っている場合が多い。あるいは働く場所（現在の勤務先，大学生であれば将来の就職先）として関わりを持っている場合もあるし，地域社会との繋がりのなかで関わりを持っていることもある。場合によっては，所持しているお金の投資先，運用先として株式や社債を購入するというような関わり方であるかもしれない。このような関わり方の場合にも経営学は基礎科目として必要であるが，それ以上に，起業を考えている人や実際の経営幹部や経営者にとっては，実践科目としての必修科目である。

　本書の特徴をいくつかあげれば次のような点がある。
①経営学の教科書は，すでに数多くの著作が発行されているが，その多くが内容が優れていても文章表現が難しく，時には過去の経営理論の紹介に多くを費やしているなど，初心者が本を開いた途端，経営学を敬遠することになりがちであった。経営学に興味を持つ人々の多くが知りたいのは，過去の経営理論ではなく現実の生きている経営である。

　　この点，本書は，実際の企業名をあげたり，写真や図表をたくさん取り入れたり，あるいはCoffee Breakを活用して，なるべく分かりやすく，自然

と経営学の勉強に興味を持ってもらえるように気を配った。

②平成18年（2006年）5月に施行された会社法は，すでに12年間経過している。この間，平成27年（2015年）に改正会社法が施行されたり，あるいは公益法人制度改革3法など関係の深い他の法律も施行されている。本書はこの点にもとくに留意しながら叙述している。

③近年，第四次産業革命，IoT，AI，フィンテック，ビッグデータ，EV（電気自動車），自動運転（車，船舶）などをはじめとして，企業をめぐる経営環境の激変や，国内外の新興企業の台頭，日本の製造業の相次ぐ問題発覚などなど，日本企業を取り巻く状況が様変わりしている。本書はこのことも念頭に書かれている。

④今日，パソコン（またはタブレットやスマートフォン）やインターネットが普及し，日常生活ではごく普通のツールになっている。大学における授業やその予習，復習にもパソコンやインターネットの活用は必要不可欠である。本書では，この点も念頭に，執筆されている。

本書の章構成は，次の通りである。

第1章　経営学をやさしく学ぶ（海野）

第2章　企業・会社の基本と会社法について学ぶ（海野）

第3章　日本の経営者と経営管理について学ぶ（井藤）

第4章　経営戦略と経営組織について学ぶ（森山）

第5章　ヒトの役割，人的資源管理について学ぶ（海野）

第6章　生産管理について学ぶ（森山）

第7章　モノの流れ，販売と流通について学ぶ（海野）

第8章　マーケティングについて学ぶ（森山）

第9章　財務管理と経営分析について学ぶ（森山）

第10章　企業活動と企業の社会的責任について学ぶ（海野）

第11章　経営の国際化について学ぶ（井藤）

経営学の範疇で学ぶべき領域は，これら 11 の章でほぼ網羅している。

経営学は，ともすれば，「いかにして儲けるか」「いかにすれば儲かるか」の学問であると思われることがある。もちろん儲からなければ，どんなに優れた経営理念をかかげて企業経営を行おうとも，その企業は早晩存続しえない。

しかし，これからの企業経営には何にもまして，法律遵守はもとより，地球環境，職場環境，人権への配慮等，常に社会的責任が伴うということを強調している。このことは，本書の企業経営者や企業人へのメッセージでもある。

読者は本書を読むにあたってまず，各章の最初のページに書かれている「要点」と「Key word」に注目して欲しい。Key word は各章の内容を理解する上で重要な用語である。要点と Key word に留意しながら本文を読み込むことで内容の理解はより深いものとなる。

各章の終わりには Review exercise のコーナーが設けられており，本文の理解を深めるための設問がなされている。予習や復習に活用して欲しい。また，Coffee Break として各章に関連する話題を 1 〜 3 点掲載したので，これも合わせて読んで欲しい。

さらに，各章の内容に関連して「勉強を深めるために参考となる文献」のリストもあげられており，興味関心が広がったら，ぜひこうした文献にもアタックしてもらいたい。経営学への関心が深まるとともに経営学関連領域の広さや深さを認識して欲しい。

なお，本書とほぼ同様の趣旨で，すでに，海野博，畑隆編著『やさしく学ぶ経営学』（2015 年，創成社刊）を上梓している。それ以来ほぼ 3 年が経過し，上述したように日本企業をめぐる経営環境も大きく変化してきたので，再度の刊行を試みた次第である。

本書は，新しく書き起こされた章のほか，前著の文章を大幅に修正・補足した章と一部修正した章があるが，全体として最新の経営学入門書となるように，改めて編集・執筆・補筆されている。

（『やさしく学ぶ経営学』との関連では，第 1 章　大幅に修正・補足して掲載，第 2 章　一部修正して掲載，第 4 章　一部修正して掲載，第 6 章　一部修正して掲載，第 7 章　一部修正して掲載，第 8 章　一部修正して掲載，している。）

　最後に，本書の新しい企画を快くお引き受け下さった創成社社長塚田尚寛氏と，執筆から校正，刊行まで遅速の我々を辛抱強く導いて下さった出版部西田徹氏に，心より御礼を申し上げたい。

　2018 年 5 月 10 日

著者を代表して

海野　博

第3版によせて

　本書初版の上梓から約5年，第2版の上梓から約3年が経過した。その間，日本や日本企業を巡る環境も大きく変化している。

　例えば，第7章で利用しているフォーチュン・グローバル500 (Fortune Global 500) の500社に含まれる日本の企業数についてである。初回発表の1995年にはアメリカの151社に次ぐ149社 (2位) であったが，2022年には41社に激減している。少し遡ると，2018年，52社，2019年，53社，2020年，53社，2021年，47社というごとくであり，当然，次のこと (GDP，賃金，円安) に繋がっている。

　　※　「安いニッポンが招くGDP4位転落，薄れゆく"経済大国"の地位」
　　　　『朝日新聞』2023年11月15日付。
　　※　「実質賃金，2年連続減」『読売新聞』2024年2月7日付。
　　※　「NY円が一時1ドル＝150円80銭台…年明けから10円，円安が進行」
　　　　『読売新聞』2024年2月14日付。

　GDPについては日本社会や日本経済の構造的要因から生じたものであり，今後も「安いニッポン」のままであればさらなる転落が避けられそうにない。

　本書第3版は，このようなことも念頭に第2版を修正・補足し数字データ等も最新のものに改めている。図表のなかには必要に応じて第2版の図表をそのまま掲載しているものもある。

　常に新しい情報や知識に触れながら，経済を見る眼，経営を見る眼を養い，是非とも生きた経営学を学んでほしい。

2024年2月22日

著者を代表して

海野　博

目　次

第1章▶経営学をやさしく学ぶ

要 点

　経営学を学ぶときに，身の回りにあることを教材として学ぶきっかけにすると，経営学をやさしく学べることを書いている。

　誰でも買い物に行く小売店は，業種や業態はもとより，商品棚，価格，生産国などをはじめ，教材が満載である。気がついたことに一歩踏み込むと経営学各論の貴重なテーマにつながる。

　アルバイトは経営学を実体験で学ぶ場であることも，企業の Web サイトからの学び方も紹介している。

　工場見学も，記念館や歴史館見学も，あるいは産業遺産見学も，そこから経営学の勉強につながることにも言及している。そこで見聞きしたことを積極的に経営学を学ぶきっかけにするという発想が大切である。

　経営学は現代を生きるすべての人の基礎科目である。就職先で将来，経営幹部になることは珍しいことではない。そうなると経営学は必修科目であるし，「やってて良かった」と思うほど役に立つ学問である。

Key word

▶シャッター通り　▶経営戦略　▶ SPA　▶ GMS　▶ CRM
▶受託生産　▶ POS 端末　▶ GOT 端末　▶松下幸之助
▶経営理念　▶水道哲学　▶尊徳思想　▶トヨタ生産方式
▶セル生産方式　▶ EV（電気自動車）　▶自動運転　▶老舗企業
▶富山の薬売り　▶近江商人　▶産業遺産　▶金剛組

注目！

1. 経営学はやさしい

（1）日常生活が教材

　勉強をするには，そのための教材が必要である。学問分野によっては，試料や道具，実験室が不可欠だろうし，古文書やフィールドワークが必須となるかもしれない。

　幸い，経営学を学ぶための教材は身の回りにたくさん存在する。日常生活そのものが教材だともいえる。

　例えば，誰でも日常生活品を購入するために小売店に買い物に行く。その小売店は，夫婦で経営している個人商店の時もあるし，スーパー，コンビニ，ドラッグストア，デパート，ショッピングセンター，ホームセンター，量販店，チェーン店，生協，駅ビル，駅ナカの時もあるだろう。

　このような買い物の仕方（実店舗での購買）はあいかわらず変わらないとはいえ，最近では際立つ変化もみられている。インターネット端末やスマートフォン（スマホ）の普及とともにネット通販（無店舗型販売）など自宅や外出先にいながら商品を購入する人々や，ホールセールクラブ（会員制倉庫型店舗の小売り）の会員となって一度に多量大量の商品を購入する人々も増えている。この変化は店舗型販売だけの小売店は，量販店であってもネット通販を兼業しなくては，あるいは兼業したとしても先を見通すことが不可能になるほどである。

　ネット通販に乗り出さないとしていたしまむらでさえも戦略変更が必至となり，令和2年（2020年）10月1日に「しまむらオンラインストア」を開設している。

　ドラッグストアの変化も著しい。店舗数も薬以外の品揃えも大幅に増え，既存のスーパーとの垣根が低くなり両者の競争が激化している。

　身近で便利なコンビニも大手3社の店舗数が約5万1千店，セブン－イレブンだけで2万店を超えている。地域によってはすでに飽和状態になっている

が，コンビニ各社の経営戦略，出店戦略はどうなっているのだろうか。恒常的に人手不足（パート，アルバイト）になっているが，どう凌いでいくのだろうか。

（下記の記事を読んで考えて学んでみよう。）

＊「コンビニ店舗数，初の減少…大手は新規出店抑制に」『読売新聞』2020 年 1 月 20 日付。

＊「コンビニの袋小路」『週刊東洋経済』2020 年 12 月 19 日号。

★　コンビニについては，セブン - イレブン，ファミリーマート，ローソンの上位 3 社がとくに注目されてしまうが，北海道ではセイコーマートが強い。地域で頑張っているコンビニについても調べてみよう。

＊「光る小商圏ビジネス，セコマやサンキュードラッグが地域密着」『日経ビジネス』電子版　2024 年 2 月 2 日付。

★　第 3 位のローソンについては，最近下記のニュースが報じられている。

＊「ローソンにデジタル価値，顧客データ基盤相互活用へ KDDI が出資，三菱商事と共同経営へ」『食品新聞』2024 年 2 月 1 日付。

＊「ローソン・KDDI が挑む "小売り×異業種" 挫折の歴史，収益力や風土に溝」『日経ビジネス』2024 年 2 月 8 日号。

デパートは都心の店舗ではあいかわらず賑わっている店もあるが，全国的には不振の店舗や閉店が目立つ。平成 30 年 2 月 28 日には，西武船橋店と西武小田原店が閉店した。ビジネスモデルとしてのデパートはすでに時代遅れなのだろうか。

普段はあまり考えないことであるが，買い物に行く小売店の規模や形態，業態の違いやその変化，消費者の買い物の仕方の変化を考えてみることも，経営学の勉強の大切な一歩である。

昭和 31 年に西武ストアーから始まった西友は，平成 20 年には売上高全業種

**図表1-1①　ネット通販の増収率は
店舗型を大きく上回る**

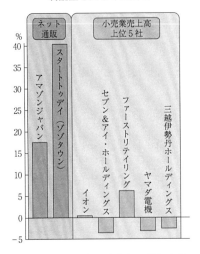

（原注）2016年度決算，増減率は前年度比，
アマゾンジャパンの売上高は年平均の
為替レートで換算。

世界一のウォルマート（Walmart, Inc.）の完全子会社となったが，平成21年，株式会社西友から合同会社西友へ改組，平成30年，KKR，楽天DXソリューション，ウォルマートが新株主になり，さらに令和4年，合同会社西友から株式会社西友へ改組されている。

　きわめて複雑であるが，小売店の歴史や現状，他の企業との資本関係や提携関係を調べ始めれば，経営学の教材は無限に広がる。

　人にも産業にも企業にも，栄枯盛衰は不可避である。小売企業では，昭和55年に小売業初の売上高1兆円を達成したダイエーが平成27年にイオンの完全子会社となり，他方で，イオングループとセブン＆アイグループが日本の小売業界トップの座をめぐり熾烈な競争を続けている。

　直近（2023年2月期）の売上高と営業利益は，セブン＆アイが11,811,303（百万円）と506,521（同），イオンが9,116,823（百万円）と209,783（同）であり，セブン＆アイが差をつけている。

　ただしその中身はセブン＆アイがコンビニ事業の売り上げが大半を占めていること，対してイオンはこれまで総合スーパー（GMS）の売り上げが順調ではなかったものの，それでも9兆円超えを達成している。

　この小売業2大グループを教材として取りあげ，深く広く細かく学ぶと得られる成果は実に大きい。

　大規模の小売企業が中核となる巨大なショッピングセンター（SC）が全国に相次いで開店し，アメリカ発のグローバル企業・コストコホールセールクラブ

図表 1 - 1②　小売業売上高ランキング（2016 年度）

〔2016 年度決算，単位百万円，売上高のカッコ内は前年度比増減率％，▲はマイナス〕

順位（前年）	社　名	売上高
1　（1）	イオン	8,210,145（　0.4）
2　（2）	セブン＆アイ・ホールディングス	5,835,689（▲3.5）
3　（3）	ファーストリテイリング	1,786,473（　6.2）
4　（4）	ヤマダ電機	1,563,056（▲3.1）
5　（5）	三越伊勢丹ホールディングス	1,253,457（▲2.6）
6　（7）	アマゾンジャパン	1,174,713（　17.5）
7　（6）	J.フロントリテイリング	1,108,512（▲4.7）
8　（8）	高島屋	923,601（▲0.6）
9　（9）	エイチ・ツー・オーリテイリング	901,221（▲1.6）
10　（27）	ユニー・ファミリーマートホールディングス	843,815（　98.8）

（原注）アマゾンジャパンの売上高は年平均の為替レートで換算，ユニー・ファミリーマートホールディングスは期中合併。
出所：図表 1 - 1①ともに，「アマゾン，国内で 1 兆円超　16 年度本社調査　小売り大手の半数は減収」『日本経済新聞』2017 年 6 月 28 日付，による。

　が店舗数を増やし，ネット通販のグローバル企業・アマゾンが一人勝ち（日本では，アマゾンジャパン合同会社）している状況や，「服をネットで売る」というアパレル EC（e コマース）のゾゾタウン（株式会社 ZOZO）と個人間通販市場（C to C）を作り出したフリーマーケットアプリのメルカリ（株式会社メルカリ）が急躍進している状況に，流通小売業のダイナミックな変化の動きを感じるかもしれない（図表 1 - 1，7 - 10，7 - 11）。

　他方で，各地の商店街が「シャッター通り」と呼ばれるままの現状や，実店舗だけの小規模小売店が次々と閉鎖されている状況に，国や地方自治体の商業政策に大きな問題があるのではないか，と感じるかもしれない。店舗の閉鎖は働く場がなくなることでもあるので，その地域の雇用・労働問題でもある。アメリカではアマゾン・ゴーの「レジ係がいないコンビニ」も将来の雇用問題と

図表1-2　豊後高田市,「昭和の町」

出所：大分県豊後高田市で筆者撮影。

図表1-3　すぎやまフルーツの生ゼリー

出所：静岡県富士市吉原商店街の同店で筆者撮影。

して心配され始めている。

　そういえば,一人勝ちのアマゾン・ドット・コムの本社はアメリカにあるが,日本で法人税を払っているのだろうか。

（下記の記事や本を読んで考えてみよう。）

＊「G20 ＜アマゾン課税＞協議へ，EU 案軸，売上高を対象」『日本経済新聞』
　2018 年 2 月 24 日付。

＊「百貨店は終わったのか」『日経ビジネス』2020 年 8 月 24 日号。

＊「アマゾン，納税へ方針転換　法人税 2 年で 300 億円　売上高を日本法人に
　計上」『産経新聞』2019 年 12 月 22 日付。

＊横田増生『潜入ルポ　アマゾン帝国』（小学館，2019 年）。

＊「あなたの知らない GAFA　コロナで膨張する巨人たち」『日経ビジネス』
　2020 年 11 月 16 日号。

★　『日本経済新聞』は，「ヨーカ堂，北海道・東北・信越撤退，構造改革で
　17 店閉鎖」を報じている（2024 年 2 月 9 日付）。株式会社イトーヨーカ堂はセ
　ブン＆アイ HD の子会社ではあるが，セブン＆アイグループの祖業かつ中
　核企業であった。

　いつも日本の先を進んでいるアメリカでは，ネット通販の影響で，すでに廃
墟になったショッピングセンターが目立つし，玩具量販店の「Toys "R" Us」
は，2017 年 9 月 18 日に連邦倒産法第 11 章（日本の民事再生法に相当）の適用を
バージニア州の裁判所に申請していたが，2018 年 3 月 15 日にはアメリカの全
735 店すべての閉鎖か売却に追い込まれた。

☆日本トイザらス株式会社は，同社のサイトで，「トイザらスのアジア合弁会
社および日本は，トイザらス・インクの米国事業の清算の影響を受けず」と公
表している（2018 年 3 月 20 日付）。

　日本の商店街のなかには大分県豊後高田市の中心商店街のように今では
シャッター通りを脱して観光客で賑わっている商店街もあるし，静岡県富士市
の杉山フルーツ（すぎやまフルーツ，個人商店）のように地方にあっても全国に知

られている元気な小売店もある。

　第7章でもふれるが，大規模家電量販店に囲まれるなかで地域に密着して27年連続で黒字を達成している東京都町田市のでんかのヤマグチ（ライフテクトヤマグチ）もある。

　賑わっている商店街や元気な小売店を調べ，どのような努力を続け繁盛しているのか，その理由も調べてみよう（図表1-2，1-3）。

　さて，小売店の商品売り場を歩いてみると，同種同類の商品が所狭しと陳列されている。商品の選択と配列は，店員が適当に発注して手当たり次第に並べたものだろうか。そうでないとしたら，どのように考えて選択し発注し配列したのだろうか。

　商品の選択と配列は，その小売店の経営戦略，販売戦略，競争戦略が具現化されているだけでなく，自社製品を一点でも多く売り，市場占有率を少しでも高めたい各メーカー間の，壮絶な「場所取り競争」の結果でもある。

　というのは，まさに買い物中の消費者（来店者）の，視覚に入りやすく手に取りやすい「一等地」に陳列されることは，何よりも宣伝効果が抜群で，実際，買ってもらえる可能性が大きいからである（「ついで買い」も期待できる）。

　商品の陳列は，普通は，見やすく整然と陳列するのが基本だが，なかには，雑然と天井まで積みあげてボリューム感を演出している店もある（ドン・キホーテ＝圧縮，山積み陳列法）。

☆ドン・キホーテについては，章末のCoffee Breakと，第10章注（10）も参照されたい。

　また日配品など消費期限のある商品はとくに，古い商品から売れるように先入れ先出し陳列が基本であるが，新しい商品を求め陳列を乱す消費者行動に配慮して，日付の古い商品に早めに値引きシールを貼って日付の新しい商品と一緒に並べる同一アイテム日付別値引き陳列をしている店もある。

　激しい販売競争を展開している商品には，「ビール戦争」「缶チューハイ戦

争」といわれ長年熾烈な競争が続いているアルコール系分野，「シャンプー戦
争」といわれ新商品が続いているシャンプー分野，「EV 量産競争」といわれ
る自動車分野，「高精細映像 4 K 対応商戦」といわれるテレビ分野など，さま
ざまな分野がある。

　なかには，消費者に製品の買い替えを促すために意図的に製品の寿命を短く
する「製品の計画的な陳腐化」策を実施することもあるが，ややもすると消費
者から非難を招いたり国によっては捜査の対象となることもある。

（下記の記事を読んで考えてみよう。）
＊「仏検察，エプソンを捜査，プリンター"計画的な老朽化"の疑い」「フラン
　スでは＜計画的な老朽化＞を取り締まる法律が 2015 年に成立。違反企業は，
　責任者に対する最大 2 年の禁錮や罰金が科せられる。」『日刊工業新聞』2017
　年 12 月 29 日付。

　子供服や赤ちゃん用品の西松屋（株式会社西松屋チェーン）では，ベビーカーで
買い物ができるように通路が広く，そしていつもがらがらである。買い物客で

図表 1 － 4　西松屋創業地における看板

出所：兵庫県姫路市大手前通りで筆者撮影。撮影は 2015 年 3 月。

混むようになると，近くに別の店舗を開店する。これもすぐれた経営戦略である（がらがら店舗経営）。

☆西松屋は，がらがら店舗経営で，新型コロナ禍（下）でも売り上げを伸ばしてきた。2023年8月現在，1,090店舗（図表1-4）。

　商品売り場を歩きながら，小売店の経営戦略とともに，各メーカーで，マーケティング活動，商品開発，商品生産，コマーシャル，小売店への売り込み等に，いかに力を入れ知恵を絞っているか，流されるテレビCMやその他のCMにどのような工夫を凝らしているか，どんな俳優を起用しているか，その狙いは当たっているか，さらにはスーパーの新聞折り込みチラシの描き方（チラシからその店の販売戦略を読み取る）など，考えるだけでも楽しい。

　これらもそれぞれが経営学のテーマである。楽しみながらノートを作り，興味と必要に応じて専門書に挑戦し，正確で広く深い知識を体得していくようにしよう。

（2）販売価格から考える

　同じ規格商品でも，店によって販売価格が違うことは良くあることである。時には，その日の目玉商品のことも，在庫処分品のこともある。店舗間競争が激しい地域では，他店との競争で値下げをすることが多い。なかにはメーカーの過剰在庫や返品等の商品を，通常より廉価で仕入れ，周辺店よりも安く売るディスカウントストアもある。

　新聞や雑誌，カタログ，ラジオ，テレビ等の媒体を利用する通信販売はすでに久しいが，すでに述べたように，最近はインターネット端末やスマホを利用したネット通販が急激に売り上げを伸ばしている。

　第7章で再論するが，商品が生産者の手から消費者の手に渡るまでの流れ（流通）には，昔は必ず卸売業が仲立ちをしていたが，今では通販や量販店など大手の小売業者はメーカー（もしくはその販売会社＝メーカー資本系列の卸売企業）か

ら直接仕入れることが多い。コストコホールセールも同様，メーカーからの直接仕入れである[1]。

衣料品のユニクロのような，企画，開発，素材の選定，製造，流通，販売を一貫して行う SPA（Speciality store retailer of Private label Apparel, 製造小売り）の形態でも，しまむらのような，メーカーから直接買い取りの形態でも，卸売業は介在しない。

インターネット端末やスマホの普及で，消費者が直接，生産者から購入する直販（B to C）も増えているが[2]，この場合には，卸売りも小売りも介在しない。介在が少ないほど，販売価格は引き下げられる。

卸売りや小売りを通さないことを「中抜き」というが，この結果，卸売業の存立基盤が揺らいでおり，その役割も変わらざるを得ないし，かつて盤石とみられていた総合スーパー（GMS）も売り上げが低迷しており，GMS を含む小売業も変化せざるを得ない。

★　PRESIDENT Online は，「地方から百貨店も総合スーパーも消えていく…それでもイオンが "時代遅れの GMS 事業" を続ける意外な理由」として，「イオンモールなどの不動産事業の集客エンジン」をあげている。2024 年 2 月 6 日配信。

受注生産が原則である自動車（とくに軽自動車）で，未使用車（かつてのいわゆる新古車）が販売されているのはなぜか。これは，ディーラーが販売目標台数をクリアするために発注，登録した車であるので新車同様で新車よりも価格が安い。

このように商品の販売価格を糸口として考えても，商品が消費者の手に届くまでの流通チャネルの種類はどれだけあり，どのような仕組みになっているのか，販売価格はどのように決定されるのか，卸売市場内には仲卸という業者もいるが，卸売業と小売業の種類や役割，歴史，現状など，知りたくなる事柄は多く，勉強すべき領域は広い。

価格に関しては，最近は，買い物をするときに購入金額に応じてポイントが

つくことがほとんどである。電気料金の支払いさえもポイントが貯まる。

　家電量販店（ヤマダ電機，ビックカメラ，ヨドバシカメラなど）では，販売価格のみならず，ポイントの還元率でも競っている。

　ポイントをつける発想は，昔からスタンプ捺印サービスがあったので珍しいことではないが，購入金額を厳密にポイント高に反映させ，その情報をカード（もしくはスマホ）で処理し現金同様に取り扱うのが現在のポイント制度である。「Tポイント」「Ponta」「dポイント」「楽天ポイント」のように業種横断型ポイントカードも普及している（Tポイントは2024年3月31日で廃止）。

　この4つのカードは発行枚数や加盟店数，メリットを競っているが，このようなポイント制度を販促活動や顧客関係性管理（CRM）[3]の1つととらえ，それがもたらす経営効果，集客力と顧客の囲い込み効果，購買履歴の活用，企業会計上の処理方法などにつなげていくと，興味深い教材になる。

　なお，最近では，QRコードを使ったスマホ決済で，paypay（SBG），LINEペイ（LINE），楽天ペイ（楽天）などが，大型キャンペーンや還元（チャージ）で競っている。

（3）生産国から考える

　商品売り場で，商品を手にとって生産国をみると，日本企業の製品でも，Made in Chinaなど，外国の国名が表記されていることが多い。

　繊維製品は，戦後しばらくの間，輸出品のうちで外貨の稼ぎ頭であったこともあるが[4]，今では逆に，外国からの輸入品が大半を占めている。その外国も，人件費の高騰により，より安い国に移っており，ユニクロの製品も，中国製もあるがベトナム，インドネシア，バングラデシュ，カンボジア，タイなど東南アジアの製品が多くなっている。

　（下記の記事を読んで考えてみよう。）

＊「もう隠しません。ユニクロが工場リスト公開」『日経ビジネス』オンライン2017年3月1日付。

＊「ユニクロ，アフリカ生産，アジアより労働コスト安く」『日本経済新聞』
2017年12月27日付。
☆株式会社ファーストリテイリング（ユニクロ）は，そのサイトで，主要取引
先工場のリストを公開している。(https://www.fastretailing.com/jp/sustainability/
labor/list.html)
＊「ファストリは正しい会社か」『日経ビジネス』2021年1月18日号。
★　「もうけの仕組み」『週刊東洋経済』2024年2月24日号。

　繊維製品の輸入に驚く人はすでにいないが，戦後の高度経済成長を牽引して
きた家電製品の分野でも，今ではその多くが日本の外で生産されていたり，そ
れどころか東芝，シャープ，富士通，パナソニック，NECなど大手家電メー
カーそのものが（全体かもしくは切り離されて）外資系企業の傘下に入っていた
り，さまざまである(5)。
　例えば，シャープの冷蔵庫を買ったとしてその製品がインドネシア製であ
り，そのシャープは台湾の鴻海グループが議決権の66％をしめる筆頭株主，
つまり外資系家電メーカーである，というごとくである。
　鴻海精密工業は電子機器を受託生産するEMSで世界最大手に成長し，今や
従業員数はグループ全体（Foxconn Technology Groupのグループ）で130万人を超
えている。鴻海側から見ると，受託生産というビジネスモデルが大成功をして
いる事例である。
　鴻海と並んで最近大きな話題になっているのが，同じく台湾の，半導体製造
大手・TSMC（台湾積体電路製造, Taiwan Semiconductor Manufacturing Company,
Ltd.）で，阿蘇山の近く，熊本県菊池郡菊陽町に半導体製造工場がすでに竣工
している（図表1-5）。2024年2月24日に開所式，年末には半導体の生産が本
格化される。
　半導体なしには今やほとんどのモノが造れないというその半導体の生産に
は，製造技術のほかに何よりも豊富で綺麗な水の存在が不可欠で，阿蘇カルデ
ラを源とする地下水が豊富なこの地が選ばれての工場建設であり，同社工場の

図表 1 - 5 竣工した JASM の工場（オフィス棟）

出所：熊本県菊池郡菊陽町で，2024 年 2 月 11 日，筆者撮影。

日本初進出となった。

　写真に「jasm」の文字が見えるが，JASM（Japan Advanced Semiconductor Manufacturing）は，TSMC が過半数を出資する子会社で，ソニーセミコンダクタソリューションズとデンソーも株主として参画している。

　現在この工場の近くに第 2 工場の建設が予定されており，熊本県が日本の半導体生産の集積地となることが予想される。

　なお，かつては世界の半導体市場で 50％を上回るシェアを獲得していた日本であったが，近年では「半導体産業衰退国・日本」といわれてきた。「TSMC 頼り」の現状であるとはいえ，この分野の今後の事業展開が注目される。

　日本の企業に勢いがあった 1980 年代頃であれば，日本の企業が海外に進出していく事例はグローバル化のわかりやすい実例となったが，その後撤退するケースも目立ち，近年では中国の人件費等の高騰で日本企業の中国からの撤退や，中国，韓国，台湾などの新興企業の日本やアメリカを含む海外進出も現実

となっていること，国内外で M&A が頻繁に行われていること，さらには近年の米中対立激化などから，グローバル化の実例が複雑になっている。

（下記の本や記事を読んで考えてみよう。）

＊大西康之『東芝解体，電機メーカーが消える日』(講談社現代新書，2017 年)。

＊「さまよう工場　米中分断時代を生きる（薄暮の "世界の工場" 中国企業すら外へ，"脱中国" 企業が殺到，ベトナムも楽園ではない，等）」『日経ビジネス』2020 年 2 月 3 日号。

＊「電機の試練」『週刊東洋経済』2020 年 6 月 20 日号。

図表 1 - 6 は，データが少し古い（このデータで終了）が，アメリカ労働省労

図表 1 - 6　製造業生産労働者の時間あたり報酬コスト（2012 年）

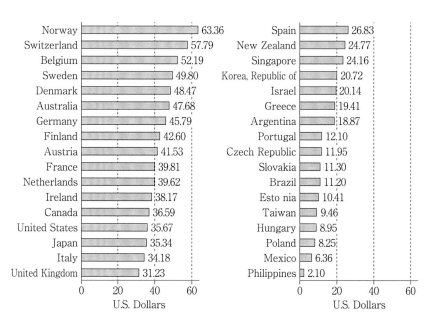

出所：アメリカ労働省労働統計局（BLS）の Web サイト（https://www.bls.gov/fls/）による。

働統計局（BLS）の「製造業生産労働者の時間あたり報酬コスト（2012年）」である[6]。

　報酬コスト（compensation costs）とは直接賃金と間接賃金を合わせた数値であり，また34カ国（地域）に限定されているが，世界の国々のなかできわめて大きな格差があることがわかる。企業経営の立場では，この報酬コストの大小と為替（円安・円高）の動向が工場の海外進出や撤退を判断するうえでの1つの基準となる。

　最近では海外の人件費の上昇や円安定着などで生産拠点の国内回帰が強まり，最先端の技術開発を担うマザー工場の機能強化の動きが進んでいる。キヤノンは生産の自動化技術を導入し宮崎県高鍋町にデジカメの量産拠点工場を建設している（宮崎キヤノン株式会社，2019年8月稼働）。

　ホンダは，国内四輪車生産体制を再編し，埼玉県の寄居工場の，電気自動車（EV）などの電動車のマザー工場化を進めている（2021年度，狭山完成車工場閉鎖）。

　いずれも日本企業の新たな事業展開であるが，新たに作られる工場は最先端のロボットが多用されている自動化ラインか，最新の生産技術で人手の少ない工場ということになる。

　商品売り場の商品を手にとってその生産国名や企業名を見ると，思いは世界へ，そして足下の日本へと広がっていく。企業経営の国際化，グローバル化に関心を向けるとともに，失業問題，転廃業問題，技能技術の伝承問題，マザー工場化，工場の再編等々，関心の範囲が広がっていく。

（4）基礎的な法律知識を学ぶ

　第2章では，平成18年5月1日に施行された会社法について学ぶ。

　経営学の勉強にはこの979条からなる新会社法の基本は学んでおきたい。書店の店頭にはいろいろな解説付き条文集が並んでいるので，分かりやすい本を買って手元に置いておくのが良い。新会社法以外にも，商法や金融商品取引法など知っておくべき法律がたくさんある。労働基準法などの労働法や市民社会のルールを規定している民法についても知識を得ておきたい。

図表１－７　セブン－イレブンの店舗システム

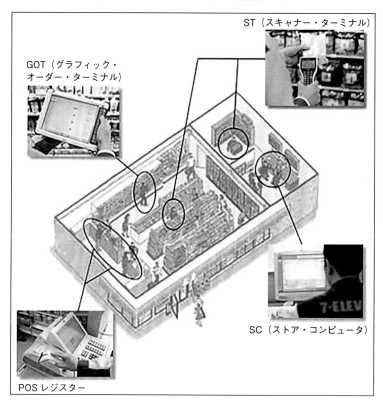

ST（スキャナー・ターミナル）

GOT（グラフィック・
オーダー・ターミナル）

SC（ストア・コンピュータ）

POS レジスター

出所：セブン－イレブン・ジャパンの Web サイト（http://www.sej.co.jp/company/
aboutsej/info_02.html）による。

２．　アルバイトで学ぶ

　経営学を学ぶには，アルバイトの経験は役に立つ。労働の対価として賃金を
受け取るという経験そのものも貴重であるが，アルバイトの体験は即，経営学

図表 1 − 8　セブン−イレブンの第 7 次 POS レジスター（従業員側画面）

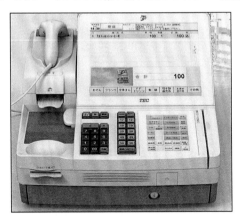

出所：「セブン−イレブン」2017 年 9 月 14 日付 news release より。
手前の真ん中に「年齢，性別キーボード」がある。

の勉強につながる。

　例えば，コンビニでアルバイトをするとしよう（図表 1 - 7，1 - 8 を参照）。

　客であれば，選んだ商品の支払いをし商品を受け取るだけであり，レジを正面から見ることはないが，アルバイトをすると実際にこれを操作することになる。

　この機器を POS（Point of Sales System）端末といい，バーコードリーダーで商品のバーコードを読み取るが，このシステムには次の工夫がなされている。

　商品のバーコードを読み取った後，店員は必ず「年齢，性別キーボード」を押す。このキーボードは，ブルーとピンク，それぞれ「12」「19」「29」「49」「50」の数字が並んでおり，ブルーとピンクは性別を，数字は年齢層を表している。

　端末は光ファイバー網で本部と直結しており，「サントリー，伊右衛門」のバーコードを読み取り，ピンクの「29」キーを押すと，「サントリー，伊右衛門」が 20 歳以上 29 歳以下の女性に 1 本売れたという情報が，即座に本部に送られる。ちなみに，「12」は 12 歳以下，「19」は 13 ～ 19 歳，「29」は 20 ～ 29

歳,「49」は 30 〜 49 歳,「50」は 50 歳以上となる。

　この情報がすべての店舗から集められると,緑茶飲料のなかでの伊右衛門の売り上げ順位,店舗別,地域別,性別,年齢層別,季節や天気,時間帯での売れ行き等が簡単に集計され,同時に配送センターや店舗ごとの在庫状況も把握できる[7]。

　情報は,当該店舗と本部のみならず,メーカーのサントリーにとっても得がたい情報となる。

　商品の発注についても,店員は GOT(グラフィックオーダーターミナル)端末を操作して,店頭の商品確認と,画面に表示される天気予報や地域のイベント情報等から総合的に判断し,販売予測をしながら発注数量を入力していく。販売予測が正しかったかどうかは,翌日,翌々日には検証され,さらにより正確な販売予測に結びつけられる。

　どのコンビニでも,商品を「必要なものを必要なときに必要なだけ」店頭に並べることにとりわけ関心を払っている[8]。

　というのは,各店舗に余分な在庫を保存するには倉庫(余分なスペース)が必要となるし,売れ残り品は消費・賞味期限までの日数が短くなり,生もののような商品では廃棄処分にせざるを得ない。反対に,在庫切れは買いに来た客を逃すだけでなく,店の信用にも関わるからである。

　そこで「必要なものを必要なときに必要なだけ」店頭に並べるには,商品の「多頻度,多品種,少量」配送システムが必要であり,配送センター,トラック,配送ルートと配送回数,運転手の手配等の,総合物流管理システムが不可欠になる。

　コンビニでアルバイトをすると,普通では知らない販売予測と検証のおもしろさや,この小口配送システムについても学ぶはずである。

　この事例はコンビニの一例であるが,コンビニ以外の他の小売店でシステムの違いを体験してみるのもおもしろい。

　なお,上述した POS 端末(年齢,性別キーボード)は,セブン-イレブンから始まり,ローソン,ファミリーマートが追随したが,平成 29 年 3 社の POS レ

ジ刷新にあたり，ローソンとファミリーマートでは「年齢，性別キーボード」が廃止された。

　この理由は，客層データが nanaco カードの顧客分析では不十分と考えるセブン－イレブンと，店員作業の省力化と，Ponta と d ポイントカード（ローソン），T ポイントカード（ファミリーマート）の顧客分析で十分と考える 2 社との戦略の違いである。

　アルバイト先は，飲食業のファミレスや牛丼店であっても，あるいは娯楽業のディズニーランドであっても，顧客の立場では知ることのできないいろいろな実体験をするはずである。経営学ではこの体験を勉強の楽しさにつなげることができる。

★　なお，セブン－イレブンのレジについては，2020 年 9 月から，店員が商品のバーコードを読み取り，客が会計操作を行う「セミセルフレジ」を順次導入，さらに客が店員を介さずに自分で商品のバーコードを読み取って決済する「セルフレジ」を 2025 年までに全国展開するという。

3. インターネットで学ぶ

（1）企業の Web サイトで学ぶ

　今日では，パソコン（またはタブレットやスマホ）とインターネットは，誰でも日常的に利用している手軽なツールになり，大学の授業でもインターネットを利用しながら授業を展開することは常識になっている。

　ここでは，企業の Web サイトを利用して，たくさんの情報や教材を集めながら，経営学の知識を増やしていくことを学ぼう。

　例えば，パナソニックの Web サイト（https://www.panasonic.com/jp/home.html）を開く。

　トップページにある「企業情報」をクリックすると，「会社情報」として，

会社概要, 役員一覧, カンパニー・事業部, 沿革, ブランドスローガン・経営理念, 事業展開, コーポレートガバナンス, 行動基準などが, そして「歴史」として, 社史, 松下幸之助の生涯, 松下幸之助物語など, 興味深い情報が山積みとなって掲載されている。

　どこからでも興味のあるところから読んでいけば良いが, ここでは創業者である松下幸之助氏と, 創業者の精神や思いを反映している経営理念から読み始めてみよう。

　「松下幸之助の生涯」「松下幸之助物語」を一読すると, 経営の神様と尊敬された氏の生涯とともに, 松下電器 (パナソニック) の誕生と発展の歴史を学ぶことができるだけでなく, 氏とともに歩んできた (ともいえる) 長年の, 日本経済, 日本企業の歩みも読み取ることができる。

　あわせて「社史」を読めば, 松下電器 (パナソニック) は最初は何を製造したのか, 終身雇用制度の典型企業といわれたのはなぜか, 事業部制を取り入れたのはいつか, 再度, 事業部制を取り入れたのはなぜか, 海外に販売拠点を設け

図表1−9　大日本報徳社大講堂 (国の重要文化財)

出所：静岡県掛川市で, 筆者撮影。大日本報徳社は二宮尊徳の報
　　　徳の教えを広めるために設立され, 地元の島田掛川信用金
　　　庫は報徳社2代目社長により設立された勧業資金積立組
　　　合に端を発している。左下のベンチは筆者のゼミで寄贈。

たのはいつか，海外に生産拠点を設けたのはいつか，社内分社制，カンパニー制を導入したのはいつか，などなど興味深い教材が続々と見つかる。

世界白地図を用意して，年々増えていく販売拠点と生産拠点をしるし，さらに具体的な販売品目と生産品目等を書き込んでみると，パナソニック（松下電器）の（あるいは日本企業の），国際化，グローバル化過程の貴重な資料になる。

企業には必ず経営理念がある。経営理念は，企業を起ちあげた創業者の精神や思いを反映していることが多く，その企業の経営行動の指針，取締役と従業員共通の行動規範，精神的支柱となる。

パナソニックの場合には，「ブランドスローガン・経営理念」のなかに「経営理念」＝「綱領」として「産業人タルノ本分ニ徹シ社会生活ノ改善ト向上ヲ図リ世界文化ノ進展ニ寄与センコトヲ期ス」の一文が示されている。

また，「私たちの遵奉すべき精神」として，「産業報国の精神，公明正大の精神，和親一致の精神，力闘向上の精神，礼節謙譲の精神，順応同化の精神，感謝報恩の精神」の7点があげられている。

また，「松下幸之助の生涯，50，第1回創業記念式を挙行」のなかに，「産業人の使命は貧乏の克服である。そのためには，物資の生産に次ぐ生産をもって，富を増大しなければならない。水道の水は価あるものであるが，通行人がこれを飲んでもとがめられない。それは量が多く，価格があまりにも安いからである。産業人の使命も，水道の水のごとく，物資を無尽蔵たらしめ，無代に等しい価格で提供することにある。・・・」と，「所主告辞」があったことが記されている。これがいわゆる「水道哲学」である。

これら綱領や精神，水道哲学のなかに，実は，二宮尊徳（金治郎）の「尊徳の思想」の影響が色濃く反映されている。尊徳思想に影響を受けたのは松下幸之助だけでなく，渋沢栄一（日本資本主義の父），安田善次郎（安田財閥の創設者），豊田佐吉（トヨタグループ創始者），土光敏夫（元経団連会長），本田宗一郎（ホンダの創業者），山葉寅楠（ヤマハの創業者）など多くの経済人も影響を受けたので，トヨタ自動車の豊田綱領をはじめその頃創立された各社の経営理念に反映されていることが多い（図表1-9を参照）。

　さて，一般的に企業には経営目的があり，経営理念は経営目的を価値的規
範的な側面から表現したものである。企業は経営理念にもとづいて中長期的
に達成しようとする経営目標を策定するが，経営理念と経営目標を明確化し
て初めて有効な経営戦略を打ち出すことができる。そしてその経営戦略に
そって長期，中期，年次計画を策定していく。パナソニックの最近の，経営
目標，経営戦略，長期，中期，年次計画はどのようなものか，これも整理し
てみよう。

☆パナソニック株式会社は，2022 年（令和 4 年）4 月に持株会社制に移行し，
社名をパナソニックホールディングス株式会社に変更。

（下記の記事を読んで考えてみよう。）
＊「パナソニック 100 年目の試練，EV に託す命運」『週刊東洋経済』2017 年
　12 月 16 日号。
＊「どうなってる？　Panasonic 」『日経ビジネス』2020 年 1 月 27 日号。

　それでは次に，「役員一覧」をみよう。
　代表取締役および取締役の数が平成 29 年 6 月から大幅に削減され，取締役
会長 1 名，副会長 1 名，代表取締役社長 1 名，代表取締役 3 名，取締役 8 名，
常任監査役 2 名，監査役 3 名，執行役員 17 名が，一覧で掲載されている
（2020 年 10 月 1 日現在）。
　取締役や監査役や社長は誰が選任するのか，彼ら経営者の仕事とはどのよう
なものか，肩書きによる役割の違い，執行役員の仕事など，考えてみよう。
　また，資本金約 2,600 億円，従業員数約 26 万名（連結）を擁する大企業の経
営組織はどのように編成されているのか，従業員の管理はどのようになされて
いるか，本社と工場，子会社，関連会社との相互連絡体制はどのようになされ
ているかなども，経営学の領域である。
　コーポレートガバナンス（corporate governance, 企業統治）とは，経営者が株

主のためにきちんと企業経営を行っているか監視する仕組みのことをいう。「役員一覧」とともに「コーポレートガバナンス」をクリックして，パナソニックの企業統治を学んでみよう。

次に，「投資家情報」→「IR」とクリックすると，「決算報告」「株式・債券情報」「株主総会」などが掲載されている。

決算報告のなかには「貸借対照表と損益計算書」も掲載されている。初めてみると難しそうに思えるが，経営学の勉強にはこれらの読解は必須である。貸借対照表や損益計算書を簡単に読めるようになるには，興味のある企業や，業績が伸びている企業と悪化している企業の数期分を選んで，比較しながら読む練習をすると良い。その後は有価証券報告書全文を読んで経営分析まで進んで欲しい。

次に，「CSR・環境」→「報告書ダウンロード」をクリックする。

パナソニックの「サスティナビリティデータブック（CSR・環境報告書）」がバックナンバーも含め，ダウンロードできる。この「サスティナビリティデータブック」には，社会・環境への取り組みが，環境，公正な事業慣行，人権，労働慣行，サプライチェーン，地域社会まで書かれている。

なぜ，企業はこれほど環境活動や社会活動に熱心なのだろうか。

それは，今日では，消費者や株主，従業員，地域住民，自治体，金融機関など，企業を取り巻く利害関係者（ステークホルダー）が，企業に社会・環境への配慮を強く求めるようになり，これからの企業は，社会・環境への配慮なしには生き残れない時代になったからである（自然環境だけでなく人権や労働慣行も。このことについては，第10章「企業活動と企業の社会的責任について学ぶ」でも触れる）。

同時に，芸術と文化，教育学術顕彰，共生社会，NPO支援などの取り組みも紹介されている。企業経営は，モノやサービスを生産・販売して，より多くの利潤を獲得することを主目的としつつも，他方で，人々に喜ばれるような社会活動や援助活動をすることも，企業の社会的な責任となっている。

パナソニックだけでなく多くの企業が，自社の環境への取り組みについてまとめた「環境報告書」や，社会活動についてまとめた「社会貢献活動報告書」

を積極的に公表している。この際，業種や規模の類似した複数の企業の「環境報告書」や「社会貢献活動報告書」を比較しながら読み，それらを評価してみよう[9]。

　なお，ここでは一例として，パナソニックの Web サイトを利用したが，経営学の教材に役立つ Web サイトは今や無数にある。多数の企業の Web サイトを閲覧して，教材を集めてみよう。集めた教材は，外付け HDD や USB メモリーなどに，わかりやすく整理して保存したり，プリントアウトして，ファイルに保存する習慣を身につけるようにしたい。

（2）新聞社やその他の Web サイトで学ぶ

　新聞社の Web サイトも役に立つ情報や教材が多い。なかでも，日本経済新聞社の Web サイト，NIKKEI NET（https://www.nikkei.com/）は，経済，経営，企業関係の記事やデータが豊富であり，「経済」「企業」「株式」「為替・金融」「マネー」「IT ＆経営」「マーケット」のコンテンツは必読である。

　「マーケット」→「ランキング」に入っていくと，売上高上位，営業利益上位，経常利益上位，当期利益上位など「各種ランキング」を知ることができる。

　例えば，「売上高」で，「全国上場，全業種」をクリックすると，トヨタ自動車以下 100 社が，「全国上場，電気機器」をクリックすると，ソニー G 以下 100 社が，表示される（本稿第 3 版執筆時現在）。このような企業情報は，教材として積極的に利用したい。

　他の新聞社の Web サイトにも，役立つ記事や特集が多いので自分の興味や関心にあわせて活用しよう。

　その他，有用な Web サイトの一部をあげると，以下のものがある。

＊日経 BP 社の Web サイト，NBonline（http://business.nikkeibp.co.jp/）も，経済，経営関係記事が豊富である。登録をすると記事が配信される。
＊東洋経済新報社の Web サイト（http://toyokeizai.net/）やダイヤモンド社の

Web サイト（http://diamond.jp/）も有用である。

＊起業支援プラットフォーム，起ちあがれニッポン DREAM GATE（http://www.dreamgate.gr.jp/）は，起業や独立を目指すには，有用である。

＊労働関係の情報では，東京都産業労働局の TOKYO はたらくネット（https://www.hataraku.metro.tokyo.jp/sodan/siryo/index.html）の資料が有用である。なかでも，『ポケット労働法』『働く女性と労働法』『使用者のための労働法』は，役に立つ。

＊経営学の勉強には会社法はもちろんのこと，関連する法律の参照が欠かせない。法律を検索したり，条文を読むには，電子政府の総合窓口（e-Gov）法令検索（http://elaws.e-gov.go.jp/search/elawsSearch/elaws_search/lsg0100/）が便利である。

＊企業の有価証券報告書等の開示書類を入手したい時は，金融庁の EDINET（http://disclosure.edinet-fsa.go.jp/）が便利である。

＊政府統計を調べたい時は，e-Stat 政府統計の総合窓口（https://www.e-stat.go.jp/）が便利である。

　新聞社等の Web サイト活用についてはすでに述べたが，経営学を学ぶには，今でも，新聞や経済誌は，オーソドックスな教材である。最近の新聞は，経済，経営，金融，株式，企業欄が充実しているので，まず自宅で購読している新聞を丹念に読んでみよう。さらには，経済関係専門紙の『日本経済新聞』『日経産業新聞』『日経 MJ』なども図書館を利用したり駅やコンビニで購入したりして積極的に読んで欲しい。

　経済誌も今ではたくさんの種類が発行されている。これも図書館を利用したり，書店の雑誌売り場で目を通し，興味のある特集が組まれている時には，購入を勧めたい。

　なかでも，『日経ビジネス』『週刊東洋経済』『週刊ダイヤモンド』の 3 誌は必読である。

　また，テレビも貴重な情報源である。テレビ東京「ガイアの夜明け」や「カ

ンブリア宮殿」など，経営学の教材として役立つものも多い。

4. 工場見学，記念館・歴史館見学で学ぶ

　工場見学の経験はあるだろうか。なければ，ぜひ，見学をして欲しい。いつでもどこでも受け入れてくれるわけではないので，身近なところに工場があったら見学できるか頼んでみたり，工場見学が可能な企業をインターネットで探してみよう。

　工場見学の受け入れ体制を常時整えており，かつ製造工程のダイナミックな見学ができるのは，やはり自動車工場であろう。見学の予約ができたら，事前に，生産管理や品質管理の勉強をしてから見学に臨んだ方が，理解も質問もしやすい。

　とはいっても，今すぐ工場見学に行くわけにはいかないので，トヨタ自動車Web サイト (https://toyota.jp/) 中の「トヨタ生産方式」→「図解でみるトヨタ生産方式」と，日産自動車の Web サイト (http://www.nissan.co.jp/) 中の「工場案内」→「日産探検隊」，日産自動車九州の Web サイト (http://www.nissan.co.jp/AREA/FUKUOKA/INFORMATION/virtual2.html) 中の「バーチャル工場見学」を見て，工場見学の雰囲気を味わってみよう。

　自動車の生産では，トヨタ自動車のトヨタ生産方式 (TPS, ジャストインタイムと自働化)[10] や，日産自動車の日産生産方式 (NPW, 出荷に合わせて生産する完全同期生産) がよく知られているが，両者の違いについても調べてみよう。

　一般に，自動車の生産は，プレス → 溶接 → 塗装 → 組立 → 検査の 5 作業工程を経ながら完成するライン生産方式である。なかでも車体組立は，多種多様な工場ロボットとヒトとの共同作業によって，車種やボディカラーの異なった自動車が，ラインを流れながら，販売店の発注通りに，かつ時間通りに，組み立てられていく様子 (多車種混流) は，見ていて飽きない。

　他方，家電生産では，製品によっては今でも少品種大量生産に適したベルト

図表 1 － 10　豊田佐吉記念館，スズキ歴史館，本田宗一郎ものづくり伝承館

豊田佐吉が生まれた静岡県湖西市山口。佐吉は「豊田式木製人力織機」を発明し，これが現在のトヨタグループの端緒となった。

「鈴木式織機株式会社製」と書かれているように，スズキの前身は「鈴木式織機株式会社」であったことがわかる（鈴木式織機製作所として創業）。

ホンダは浜松の町工場で自転車用補助エンジンの製造からスタートした。写真はホンダ C 型（1949 年）。今では，ビジネスジェット機「ホンダジェット」が 2017 年から 5 年連続，世界納入機数で首位となっていた。

出所：それぞれ，豊田佐吉記念館（静岡県湖西市），スズキ歴史館（静岡県浜松市），
　　　本田宗一郎ものづくり伝承館（静岡県浜松市）で，筆者撮影。

コンベア方式で生産されているが，多品種少量生産に適したセル生産方式や屋台生産方式で生産されることが多い。

工場内の生産方式，生産管理，品質管理などのハウツーは，工学系の専門科目にまたがることになるが，それらの基礎的知識は経営学の領域でもあるので，これについても興味を持って学んでおきたい。

工場には，最先端のロボットが多用されている自動化ラインの工場もあるが，自動車工場のように，ロボットとヒトとが共同作業している工場も，あるいは今でもヒトの手にほとんどを頼っている労働集約型の工場もある。

工場はヒトなしでは操業できない。工場に限らず，企業はヒトなしには経営できない。それどころか，人材を「人財」と表記することもあるほど，ヒト次第で企業業績は向上したり悪化したりもする。そのヒトも，今日では，正社員，パート，アルバイト，契約，嘱託，季節工，派遣，請負などさまざまな雇用形態で働いている。

一度の工場見学で，雇用形態の違いまでも見てくるわけにはいかないが，それを念頭におきながら見学をしてくるのが良いだろう。可能であれば質問をしてみよう。

経営学では，ヒトを経営資源（＝人的資源）ととらえ，これを対象とした管理を人的資源管理という。企業は，年次計画，生産計画，人員計画にもとづいて，ヒトを最適な雇用形態で募集し，採用し，訓練し，処遇し，配置する。ヒト＝人的資源をいかに管理し，ひいては企業業績の向上につなげていくか，これらについて学ぶことも経営学の重要な範疇である。

工場見学以外でも，トヨタ産業技術記念館，豊田佐吉記念館，スズキ歴史館，本田宗一郎ものづくり伝承館，パナソニックミュージアムなどにも足を運んでみよう（図表1-10）。温故知新の宝庫であり経営学を学ぶうえでも得るところが大きい。

なお，自動車の工場見学や記念館・歴史館見学について紹介してきたが，現在は，100年に一度の激変といわれるガソリン車やディーゼル車からEV（electric vehicle 電気自動車）への大転換が進み始めている。

　各国政府（フランス2035年，イギリス2030年，アメリカカリフォルニア州2035年，カナダケベック州2035年，日本2035年，中国2035年。ガソリン車の新車販売禁止等，国によって様々）や自動車会社各社の思惑・戦略もあるが，EVは一種の家電製品となり，比較的容易に造れるようになる。

　内燃エンジンがなくなるので自動車の部品点数がガソリン車の約3万点から3〜4割減るといわれ，その時に重要になるのは電池の性能と価格となる。こうなると当然，自動車工場のなかも様変わりする。また，EVと自動運転機能の統合や，ネットに接続する自動車（コネクテッドカー）の研究開発も始まっており実走が近い。

　この過程で，エンジン部品供給会社や石油小売り会社がいかに生き残れるか，EV部材をどこが供給するか，自動運転システムの世界標準をどこが確立するかなど，経営者の手腕や先見性が問われる事態に直面している。同時に，充電する電気を供給する自然エネルギーの研究開発が日本では大幅に遅れている。これも解決すべき早急な課題として浮上している。さらに加えて，ヨーロッパで普及し始めているライドシェアのこともある（自動車の所有から利用へ）。自動車会社にとっては，三重苦，四重苦のなかで激変の時代を迎えている。

（下記の記事を読んで考えてみよう。）

☆＊「テスラ　VS.　トヨタ」『週刊東洋経済』2020年10月10日号。

＊政府が2030年代に新車のガソリン車販売をなくすことについて，日本自動車工業会の豊田章男会長が懸念を示していると報じられている。「トヨタ社長〝自動車のビジネスモデル崩壊〟政府の〝脱ガソリン〟に苦言」『毎日新聞』2020年12月17日付。

★　「EVシフト　絶頂と絶望」『週刊東洋経済』2024年1月6日・1月13日合併号。

★　『日本経済新聞』は「AppleがEV開発中止か，生成AIに経営資源集中　米報道」と伝えている。電子版2024年2月28日配信。

　もう 1 つ，工場に関しては，ファブレス企業のことも注目しておきたい。ファブレス企業とは，文字通り自社工場を持たないで，製造を他の企業に委託する企業のことである。今ではファブレス企業はたくさんあるが，そのなかでも最も有名な企業は iPhone のアップルである。アップルは自社工場を持たず設計は自社で行っている。

　アップル以上に，自社工場を持たないだけでなく設計も外部に任せている企業の躍進も伝えられている。フランスのウイコウ（Wiko，日本ではウイコウ・ジャパン）がそれである。

　ダイソンは自社工場を持っているが，本社のあるイギリスには工場はない。

　また製造を委託される企業には，すでにふれた電子機器の受託生産で世界最大の台湾の鴻海精密工業がある。この企業はシャープを買収（平成 28 年）したことや，東芝メモリの買収で有力な 1 社になったこと（平成 29 年，買収できず）で，日本でもよく知られるようになった。

　家庭用プラスチック製品の製造販売で知られているアイリスオーヤマ（アイリスオーヤマ株式会社，非上場）は自社工場は持っているが，競争の激しい家電の分野にあえて参入し業績を伸ばしている。

　アップル，ウイコウ，ダイソン，鴻海，TSMC，アイリスオーヤマの事例は，製造業の未来を考えるうえでさらなる変化を感じさせる。

　上述の事々は，経営学の教材とするにはあまりにも事態の進み方が早いが，関心を持って学びたい事例である。

<u>（下記の記事を読んで考えてみよう。）</u>

＊「日本経済の試練 EV ショック」『週刊東洋経済』2017 年 10 月 21 日号。

＊「日本不在の製造業革命」『ニューズウィーク日本版』2017 年 12 月 19 日号。

☆＊「半導体＜持たざる経営＞転機　有事の供給にリスク」『日本経済新聞』2021 年 2 月 6 日付。

★　「半導体 雪辱戦 10 兆円 列島改造の勝算」『日経ビジネス』電子版 2023 年

10 月 16 日配信。

★ 「半導体沸騰」『週刊ダイヤモンド』2024 年 2 月 24 日号。

5. 長寿企業や産業遺産から学ぶ

（1）長寿企業，伝統企業から学ぶ

　東京商工リサーチの「全国老舗企業調査」によると，平成 29 年に創業 100 年を超えた老舗企業は全国で 3 万 3,069 社であったという。老舗企業とは同社の定義では創業 100 年以上をいう。

　この老舗企業のなかで一番古いのは金剛組（西暦 578 年創業）で飛鳥時代から続く世界最古の企業としてよく知られている。聖徳太子によって百済より招かれた宮大工金剛重光が創業し約 1440 年も続いているが，その歴史は順調であったわけではなく，直近でも平成 18 年に髙松建設の 100％子会社（非上場）となっている（髙松建設はその後，平成 20 年に持株会社の株式会社髙松コンストラクショングループと事業会社の髙松建設株式会社に会社分割）。

　Web サイトには「会社設立，平成 18 年 1 月（西暦 2006 年）」と書かれているが，その理由を調べながら金剛組の，困難な時期を乗り越えてきた歴史をたどってみよう。

　上場企業のなかで創業が古いのは，1586 年創業の松井建設（東証スタンダード）である。昭和 9 年に築地本願寺本堂（国指定重要文化財）を竣工したことで知られている。

　もう 1 社，日本の伝統を受け継ぐ粟田建設を紹介しておきたい。全国の城郭や城跡を散策すると高く積み上げられている石垣が目に入る。その石垣の積み方にはいくつかあるが，なかでも滋賀県大津市周辺の百穴古墳に原点があるといわれる穴太衆積み（野面積み）は比叡山延暦寺や兵庫県朝来市の竹田城など多くの石垣で見ることができ，頑丈な積み方として知られている。

　比叡山の麓，大津市にある粟田建設は，Web サイトでは法人設立は昭和 47

年と書かれているが，石垣職人としての粟田家は江戸時代初期にさかのぼり野面積み技術を受け継ぎ今に伝えている。今後も長く受け継がれて欲しい日本の伝統技術である（図表1 – 11）。

　長い伝統を受け継ぐ企業には「先用後利」「配置販売」の富山の薬売りがある。先に利用者（消費者）に薬を届けて，あとで利用した分だけの代金を支払う方法である。1876年創立の広貫堂（富山県富山市，配置家庭薬業者が共同で創設）は，当時の行商とは違うが，今でも「先用後利」「配置販売」を行っている。

　商人道としては，江戸から明治にかけて，全国各地に行商にまわった近江商人の「三方よし（売り手よし，買い手よし，世間よし）」の精神が知られている。ふとん・寝具の西川産業（西川グループ）は創業時は蚊帳や畳表を販売していた（1566年創業）。総合商社の丸紅と伊藤忠商事（ともに1858年創業）も近江商人の流れを汲んでおり，その精神は両社の経営理念の根幹となっている。

　老舗企業，長寿企業の，社訓，家訓を含む経営理念や社史を読んでみよう。

図表1 – 11　金剛組本社と粟田建設本社

出所：それぞれ，大阪市天王寺区，滋賀県大津市で，筆者撮影。金剛組は四天王寺のすぐそばに，粟田建設は比叡山のふもとにある。

老舗，長寿であるには理由がある。承前啓後，得られることが多い。
しょうぜんけいご

（下記の記事や本を読んで考えてみよう。）

＊野村進『千年，働いてきました』（角川新書，2006 年）。

☆とはいえ，新型コロナ禍（下）における経営は厳しい。

＊「大廃業加速　力尽きる経営者たち」『日経ビジネス』2020 年 8 月 31 日号。

＊ NHK クローズアップ現代プラス「100 年企業　起死回生の一手は？　～コ
ロナ禍　大量廃業時代～」2020 年 10 月 20 日放送。

（2）産業遺産から学ぶ

　産業遺産という言葉を聞いたことがあるだろう。かつての産業の姿を伝える
遺物や遺跡という意味である。

　日本では幕末・明治期以降の産業近代化にともなってさまざまな建物，設
備，機械，技術，原材料，ノウハウが，有形無形にあるいは持ち込まれあるい
は新たに作り出され，また技術者（お雇い外国人）を招聘し，地域一帯の産業と
して定着・発展してくる。それらの遺物や遺跡を近代化産業遺産と言ってい
る。

　これがよく知られるようになったのは，経済産業省が，地域活性化の有益な
「種」として，地域の活性化に役立てることを目的として，「近代化産業遺産」
として公表したことによる。平成 19 年度と 20 年度に，それぞれ 33 のストー
リーとして取りまとめた「近代化産業遺産群 33」「近代化産業遺産群 続 33」
がそれである。

　これらは同省の web サイトで確認することができる（http://www.meti.go.jp/
policy/local_economy/nipponsaikoh/nipponsaikohsangyouisan.html）が，北海道から沖
縄・西表島まで全国に点在しているので，どこに住んでいてもそのうちの近い
ところであれば見学に行くことが容易である（図表 1 − 12　産業遺産の 6 件）。

　2014 年に「富岡製糸場と絹産業遺産群」が，2015 年に「明治日本の産業革
命遺産，製鉄・製鋼，造船，石炭産業」が，世界遺産委員会でユネスコの世界

図表 1 − 12　日本の産業遺産のうちの 6 件

富岡製糸場 東 置繭所（国宝）
（ひがしおきまゆじょ）

韮山反射炉

関吉の疎水溝

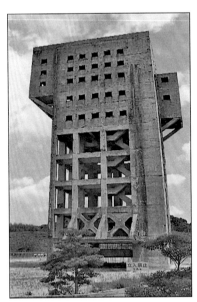
志免鉱業所の竪坑櫓

大板山たたら製鉄遺跡

門司麦酒煉瓦館

出所：富岡製糸場東置繭所（群馬県富岡市），韮山反射炉（静岡県伊豆の国市），関吉の疎水
　　　溝（鹿児島県鹿児島市），志免鉱業所の竪坑櫓（福岡県糟屋郡志免町），大板山たたら
　　　製鉄遺跡（山口県萩市），門司麦酒煉瓦館（福岡県北九州市），いずれも筆者撮影。

遺産リストに登録されたので，大きな話題になった。

　この遺産は，前者が群馬県に，後者が山口・福岡・佐賀・長崎・熊本・鹿児島・岩手・静岡の８県に点在している。

　それではこの産業遺産を経営学の勉強につなげてみよう。

　例えば，門司麦酒煉瓦館の施設案内文には，「明治四十五年，門司市の合資会社九州興業仲介所代表社員山田弥八郎らが，当時隆盛を誇った神戸市の鈴木商店の援助を受け，大里町に工場用地を取得し，帝国麦酒㈱を設立した。大正二年四月に帝国麦酒㈱工場が竣工し醸造を開始。七月に「サクラビール」を発表，ビール業界への参入を果たした。以来，「桜麦酒」『大日本麦酒』「日本麦酒」「サッポロビール」と社名変更，合併，分割と会社形態の変遷をたどりながらも北九州門司の産業を支え続けてきた。」とある。

　文中に下線を入れたが，この下線部分に注目するだけでも勉強する方向性が見えてくる。このような案内文やパンフレットを読みながら，まずは５Ｗ１Ｈ１Ｐ（When いつ Where どこで Who 誰が What 何を Why なぜ How どのように Presently 今は）のように，短文にまとめていくと知識が頭に入りやすい。

　産業遺産や長寿企業の見学は，日本史や世界史の復習にもつながり，おもしろい勉強になろう。官営富岡製糸場の伝習工女・和田英の『富岡日記』は文庫本（ちくま文庫）でも市販されているので，一読してみてほしい。

　なお，産業遺産は，「産業考古学」からアプローチされることが多く，経営学の観点から研究されることは少ない。長寿企業の研究とともに産業遺産の研究が今後，より深められることが期待される。

６．　現代人の常識としての経営学

　上述のように，経営学の教材は身の回りに多数あり，これらをもとに関連知識を増やしていけば，生きた経営学が学べる。その後は，必要に応じて経営学を体系的に学べば良いし，学ぶべき領域は，第２章以下の各章の通りである。

各章のさらに専門的なことは，大学であれば専門科目を履修することになる
し，独学であれば専門書の勉強に進んで欲しい。

　そのほか，テイラー，ファヨール，ホーソンなどの経営学の古典や経営理
論，江戸時代の商家の研究などにも目を向けていくと，なおさら興味が広が
る。

　ところで経営学を学ぶのは何のためだろうか。

　再三述べているように，経営学の教材は日常生活のあちこちに転がってい
る。ということは，逆に考えれば，経営学を学んだ方が，より確かなより賢い
日常生活を送ることができるし，世の中で起きているさまざまな事象（今日で
は，企業経営と無関係な事象はほとんどない）の理解にも役立つ。すなわち，経営学
は，人が生き働き生活していく上での基礎科目であるといえる。

　第2は，最近では株式の売買を行うのは，専門の投資家やグループだけでな
く，ごく普通の人であることも多くなっており，しかもパソコンやスマホを用い
たネット経由の株式売買も急増している。株式以外の，転換社債型新株予約権付
社債等の有価証券を売買することも多い。これらの売買をするには，当該企業の
研究や経営分析は必要不可欠であり，ここでも経営学の知識は必須となる。

　第3は，今日の社会は，誰でも経営者になりうる社会であるということであ
る。今では，1円で株式会社を起業することができる時代になっているし，しか
もパソコン機能の高度化と廉価，そして高速インターネットの普及で，発想が
豊かでビジネスモデルが優れていれば，手持ち資金が少なくても，パソコンを
活用して，誰でも起業家（企業家）になれる可能性が大きい。資金のことがネッ
クであれば，最近は，アイデアを持つ起案者が，専用のサイトを通じて，世の
中に呼びかけて広く資金を集めるクラウドファンディングの道も広がっている。

　大学生であれば，ぜひ，ゼミなどで模擬株式会社を作って，起業や経営を実
践してみて欲しい。実際，商業高校では全校あげて模擬株式会社の実践をして
いるところもあるが，大学でもゼミで模擬株式会社を立ち上げ，実際に企業経
営を行い大いに成果を上げている実例もある[11]。

　みんなでアイデアを持ち寄り，ビジネスモデルとビジネスプランを作る。そ

して第2章5節に記した株式会社設立の流れに沿って，商号や定款を作ったり，株主総会を開いて取締役を選任したり，取締役会を開催して代表を選任したり，そしてその後は実際に経営を行い（モノを作ったり売ったりして），儲けを出してみよう。半年後や1年後には株主総会を開いて会計報告もしてみよう。黒字を出すのは難しいが，講義を受けるだけと違って実践で学ぶ意義は大きい。

そしてその後はいつか，ほんとうの会社を立ち上げて欲しい。「我が国は国際的に見て開業率が低く，起業に無関心な人の割合が高い」（中小企業庁2017年版「中小企業白書」）といわれているが，起業こそ経済活性化の源泉の一つである。

自分で起業しなくても，就職先で将来的に経営陣に入ることは決して珍しいことではない。場合によっては，親族の事業を受け継ぐこともあろう。

このような場合には，経営学は単なる基礎科目ではなく，実践科目としての必修科目となるはずである。「やってて良かった」と思うほど経営学は役に立つ。

なお，文中に，(下記の記事や本を読んで考えてみよう。)と記しているところは，それをヒントとしてさらに知識を増やして欲しい。新しい発見が見つかれば忘れずにメモを残しておこう。

【*Review exercise*】

1. 文中，「介在が少ないほど，販売価格は引き下げられる」(p.11) と書いたが，それでは，卸売業はそもそも不要だったのだろうか。それどころか，卸売業は歴史的に重要な役割を担ってきた。このことについて調べ論じなさい。

2. 人件費や原材料費が格段に安い中国で生産し低価格で日本で販売する，というビジネスモデルで成功した事例は数多い。この事例を調べるとともに，このビジネスモデルの限界と現状について論じなさい。

3. 文中，「最近では海外の人件費の上昇や円安定着などで生産拠点の国内回帰が強まり，最先端の技術開発を担うマザー工場の機能強化

の動きが進んでいる」(p.16) と書いたが，このことについて，日本企業の経営戦略という視点から調べ論じなさい。

考えてみよう！

【注】

（1）コストコホールセールは，生産者やメーカーからの直接仕入れだけで廉価を実現しているのではなく年会費の安定的な収入のもとで薄利多売（仕入原価が売上の9割，コストコの利益は約1％）を維持している。年会費を払っても会員がお得感を感じていること，そのための仕掛けがコストコ成長の原動力となっている。

2023年8月現在，国内33店舗，年会費4,400円（税抜き）。

世界で店舗数871，会員数約12,790万人，従業員数約31万人，年間収益約2,377億ドル，売上高は小売業でウォルマートに次いで世界第2位。

★ ただし，コストコについては良い話ばかりではない。読売新聞オンラインでは「コストコが食料品納入業者への支払いを一方的減額…被害23社で3,550万円，公取委が勧告」と報じている。2024年3月12日配信。

（2）電子商取引（e コマース）のうち，企業と一般消費者の取り引きのことをB to C（Business to Consumer），企業間の取り引きのことをB to B（Business to Business）という。最近では，企業が部品や原材料を調達する時も，電子商取引が増えている。

メルカリは，メルカリが仲介する形で，C to C（Consumer to Consumer）ということになる。

（3）顧客関係性管理（Customer Relationships Management）とは，売ったあとのアフターサービスを含め，顧客に買って良かったという満足感を与え，繰り返し顧客であり続けてもらう良好な関係性を構築する取り組みのことをいう。

マーケティングとは，「売れて儲かる仕組みづくり」であるが，「売れば終わり」「売れて儲かれば終わり」の一過性ではない。売ったあとのアフターサービスを含めて，顧客に買って良かったという満足感を与え，顧客情報のデータベース化とデータ管理を通して既存顧客に，適宜，最適な商品情報を提供し，繰り返し顧客であり続けてもらう（リピーター）良好な関係性を構築していくことが不可欠である。

（4）昭和25年の，売上高企業ランキング（製造業）では，1位東洋紡績，4位鐘淵紡績，7位大日本紡績，9位呉羽紡績と，上位10社のうち繊維会社が4社を占めていたが，昭和35年には，1位日立製作所，3位東京芝浦電気，7位松下電器産業，10位三菱電機と，

上位 10 社のうち電機（電器）が 4 社，繊維が 0 社となった（『ゼミナール日本経済入門』日本経済新聞社，p.43。）

なお，上記繊維会社のその後を調べてみよう。例えば東洋紡績は現在は東洋紡と商号変更され，化成・バイオ・医薬など高機能製品の開発・製造に重きが置かれている。鐘淵紡績はその後，鐘紡（カネボウ）に商号変更され複雑な経緯をたどるが，平成 19 年 6 月 30 日に解散している。カネカやカネボウ化粧品（花王の完全子会社）は，社名に鐘淵紡績の名残を感じさせている。クラシエは同社の沿革に鐘淵紡績の創業以来を掲載している。

（5）富士通と NEC は，パソコン事業をレノボ・グループ（中国）へ。パナソニックは，旧三洋電機の白物家電事業をハイアール（中国）へ。シャープは，本体が鴻海精密工業（台湾）へ。東芝は，白物家電事業を美的集団（中国），テレビ事業をハイセンス（中国）へ。

（6）報酬コストについては，海野博『賃金の国際比較と労働問題』（ミネルヴァ書房）に詳しく書いている。第 5 章の図表 5 - 4 も合わせて参照のこと。

（7）この POS システムによって収集されたデータも，近年重要視されているビッグデータの主要な 1 つであり，分析され加工され活用される。

なお，ビッグデータとしては，購買履歴，マルチメディアデータ，ソーシャルメディアデータ，センサーデータ，ダイレクトメールデータ，カスタマーデータなどがある。スイカや GPS をはじめ，ますます膨大なビッグデータが集積されており，それらには無限の可能性がある。経営戦略に活用している企業が増えているが，データ分析の専門家（データサイエンティスト）の育成も急がれる。

（8）「必要なものを必要なときに必要なだけ」店頭に並べる発想は，トヨタ自動車のトヨタ生産方式（＝ジャストインタイム，JIT）を物流に応用したものであり，今では多くの流通業で採用されている。

なお，このシステムがスムーズになされるためには配送に十分なトラックと運転手を確保することが必須であるが，第 7 章の注（3）でもふれているように，コンビニ業界でも運転手不足が深刻化している。

（9）「環境報告書」や「CSR 報告書」については，第 10 章で再度取り上げるが，CSR 図書館 .net（http://csr-toshokan.net/）が便利である。

（10）トヨタ生産方式については，トヨタ自動車の Web サイトの他に，かつてトヨタ自動車に勤務されていた宮本幸雄氏の Web サイト，還暦 QPON（http://www2a.biglobe.

ne.jp/~qpon/）が役に立つ。

(11) 『読売新聞』「くらし・教育欄」に，「観光人力車で経営実践」が掲載されている。大学生 15 人が模擬株式会社を作って実際に人力車を曳いて経営を行った実例（筆者のゼミ）である。2016 年 9 月 23 日付朝刊。

【勉強を深めるために参考となる文献】

『会社四季報』東洋経済新報社，年 4 回。

『日経業界地図』日経出版社，各年。

『日経ビジネス』日経 BP 社，毎週。

『週刊東洋経済』東洋経済新報社，毎週。

『週刊ダイヤモンド』ダイヤモンド社，毎週。

中村雄次編集『遠州報徳の夜明け』西遠連合報徳社，2015 年。

平井東幸・堤 一郎・種田 明『産業遺産を歩こう』東洋経済新報社，2009 年。

富澤 豊『神視点マーケティング』日本実業出版社，2017 年。

【Coffee Break】

人々の心理と経営① （第一印象）

　車のガソリンや野菜のダイコンのような例外もあるが，今ではほとんどの商品は，パックや箱入りで販売され，そのパックや箱が印刷されていたり，あるいは印刷されたラベルが貼られている。

　それぞれのパックや箱，ラベルは，その商品を購入してもらえるよう工夫して作られ印刷されている。

　商品から受ける第一印象は，その善し悪しで消費者が購入するかどうか判断をする基準の一つになるので，その意味で箱やラベルのデザインはとくに大切である。

　商品のなかには，右の写真の牛乳パックのように，くまモンの図柄を使用しており，単純な図柄であるが，目を引き付ける。それを目にして，「あぁ，熊本の商品か」と思ってもらえば，とりあえず成功という

ことになる。

　ところで，それぞれの業者はくまモンの使用料を払っているのだろうか。

　実は，くまモンの著作権を持っているのは熊本県で，事業者が登録申請と利用許諾申請を行い，それが通れば無料で使用することができる。

　くまモンは，熊本県の知名度を高めることが目的であり，2023年のくまモンを利用した商品の売上高はなんと1,664億円であるという。

　熊本県はくまモンの著作権を買い取り，イラストの利用料を無料化して今日のくまモンブームをもたらしたので，まさに熊本県のブランド戦略が功を奏したということができる。

　◎くまモンのイラストが可愛い，熊本県産関係の商品だね，買ってみようかな，くまモンのイラストの他の商品も買いたいな，熊本にも行ってみたいな，・・・。

　くまモンは，経営学のまさに身近な実践的な教材といえよう。

（左のくまモン立像は宇城市三角西港で，前ページの写真とともに筆者撮影。）

ちょっと一息

【Coffee Break】

人々の心理と経営②（宝物探し）

　2枚の写真はドン・キホーテ店舗内の写真である。この写真はPPIH広報室から提供されたもので，どこの店舗かは分からないが，どこでもこのような商品の並べ方である。

◎このような並べ方・・つまりわざと，乱雑そうに商品を並べて，来店者に「宝物探しをする楽しみ感」を味わってもらい，「こんな商品を発見した！」という楽しみ，喜びを，そのまま購買につなげる。

雑然と天井まで積み上げてボリューム感を演出する並べ方を，圧縮，山積み陳列法という。

これだけでなく「POP洪水」「迷路」などもドン・キホーテの特徴である。

POP（point of purchase）とは，例えば商品説明カード等，店頭・店内に掲示する購入意欲促進広告のことをいい，ドン・キホーテの場合それが洪水のようだ，という意味である。

どんな大企業も創業時は小さかったというのが一般的で，ドン・キホーテも創業者安田隆夫氏によれば，創業は1978年，東京の杉並区西荻窪にわずか18坪のディスカウントショップ・泥棒市場を開いたということである。

バッタ品や廃番品主体の，たくさんの仕入れた商品は，18坪の店舗のなかに無理やりぎゅうぎゅう詰めに圧縮して山積みにしたので，前記の「圧縮，山積み陳列法」は元々そういう陳列法があったわけではなく，安田氏がやむを得ず狭い店舗に詰め込んだことから生まれた陳列法なのである。

なお，冒頭のPPIH（株式会社パン・パシフィック・インターナショナルホールディングス）は，持株会社で，この下に，株式会社ドン・キホーテ等がグループ企業として存在している。

今や，売上高1兆9,368万円（2023年6月期），流通業界の風雲児も，堂々とした大企業に成長している。

 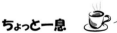

【Coffee Break】

人々の心理と経営③（写真撮影 OK）

左の写真は，ダイソー浜松小豆餅店の店内写真である（下の写真とともに筆者撮影）。

「小豆餅」は「あずきもち」と読み，近くには，「銭取（ぜにとり）」という地名もある。

静岡県浜松市のこのあたりは，日本史にも「三方ヶ原の戦い」として登場する三方ヶ原というところである。

（現地の看板によると）徳川家康が三方ヶ原の戦いで武田信玄軍に敗れて逃げる際，近辺の茶店で小豆餅を食べている時に武田軍が迫ってきたため，代金を払わずに逃走したが，茶店の老婆が追いかけその代金を払わせたところが「銭取」であるという。史実かどうか分からないが，地名は面白い。

さて，そのダイソーであるが，右の写真のように，店内や陳列されている商品の写真撮影が OK である。

◎それではなぜ撮影が OK なのだろうか。それは，「ダイソーでこんな商品を見つけたよ」というように，知人，友人に，その情報を広めてほしいからである。また，品揃えと価格にも自信があるのであろう。

店舗内の配列方法やどんな商品がいくらで売られているかは，秘密にしておきたい会社（お店）がほとんどであるのにそれとは真逆である。

経営者のその姿勢（経営力，マーケティング力）が，今日のダイソーの繁栄をもたらしたものと考えて間違いではない。

＊株式会社大創産業，設立昭和52年（1977年），売上高5,891億円（2023年2月末
現在）。
国内外ブランド合計店舗，5,350店舗（2023年12月末現在）。
＊創業者は矢野博丈氏（1943年－2024年）。1972年に広島市で雑貨をトラックで移
動販売する「矢野商店」を創業。

ちょっと一息

【Coffee Break】

人々の心理と経営④（叩き売り）

　右の写真は，モンキーバナナカステラであ
る。叩き売りのおじさんの絵が印象的で，思
わず購入した。

　このカステラは，2019年6月に発売された
ものであるが，同様のカステラは，福岡県北
九州市の門司港近郊の売店で，いろいろな種
類が売られている。

　また，JR門司港駅前に「バナナの叩き売り
発祥の地」の記念碑が建てられている（次ペー
ジ左上。同右上の写真は左上の看板の一部をキリトリ。
カステラの写真とともに筆者撮影）。

　台湾からのバナナの大量輸入は，明治41年
（1908年）頃以降で，神戸港が主で門司港にも陸揚げされていた。

　門司港では，山積みになった青いバナナは，仲買人による競り売り
が行われていたが，一部の輸送中に蒸れた商品は「叩き売り」によっ
て売られたようで，看板には，「産まれ伝わる名セリフは大正初期〜昭
和13，4年頃まで」と書かれている。

　◎「競り売り」がもっとも高値を付けた買手に売る（値段が引き上げられる）のに対し，「叩き売り」は最初に提示した値段で買手がいないときにはどんどん値段が引き下げられていく。

　自然と歌も口遊まれるが，「バナちゃん節」といわれたようである。

　この当時は当然，関門トンネルや関門橋はできていない（関門鉄道トンネル 1942 年，関門国道トンネル 1958 年，関門橋 1973 年）ので，九州と本州は船舶でしか行き来できなかったという時代背景も思い浮かべると，当時の熱の入った叩き売りのおじさんのコミカルな真剣さが目に浮かぶ。

　平成 29 年（2017 年）4 月には，福岡県北九州市と山口県下関市が共同で申請した「関門 "ノスタルジック" 海峡～時の停車場，近代化の記憶～」が，日本遺産に認定されている。バナナの叩き売りは，その構成文化財のなかで「無形民俗」にあたる。

　なお，バナナの叩き売りはその後全国各地でも行われていくが，高価で貴重だったバナナも，1963 年バナナの輸入自由化や高度経済成長期を経て，かつ物流や保存技術が進歩するのにともなって，スーパーで安価に購入できるようになると，その姿は消えていく。

　東京上野駅近くのアメヤ横丁でもかつてはバナナの叩き売りがあったが，今ではチョコレートの叩き売りが人気を集めている（袋の中により多くのチョコレートを入れる手法）。

ちょっと一息

【Coffee Break】

人々の心理と経営⑤（サクラ）

写真はちょうど咲きそろった満開の桜である（山梨県の山中湖で筆者撮影）。

日本には四季折々さまざまな花が咲き，それぞれの花のファンも多いが，そのなかでも桜はもっとも人気のある花である。春爛漫を感じ

させるのも人気の一因であろう。

その桜は，「パッと咲いてサッと散る」ことから，江戸時代に芝居小屋で，芝居の見せ場で役者に掛声を掛けて全体を盛り上げること（者）を「サクラ」といったそうである。

「江戸時代の・・・」というと，「令和の今の世の中にサクラがいるとか，そんなことはありえない」，といわれそうであるが，実際そうでもなさそうである。

<u>◎ある商品の販売会場で，多くの人が取り囲み，われもわれもと買っていたら，自分も買わなければ損をするような気持ちになる。もしもその中に「サクラ」が混ざっていたらどうか。</u>

令和の今でもありうる話である。

サクラに似たような事例で，よくテレビ番組でこんな場面がある。

CMの時間ではなく，通常の番組で，「録音された笑い声」が挿入されている。そしてその笑い声に同調して笑う視聴者も多いようである。

テレビ局が，視聴者に印象操作を行っている１つの典型であるが，テレビ局としては，上記の「録音された笑い声の挿入」は，「番組制作上の心理学の活用」ということになるのであろう。

ちょっと一息

第2章▶企業・会社の基本と会社法について学ぶ

要　点

　日常会話では,「企業」「会社」をほぼ同義で使っている。本書でも, 文章の流れのなかでほぼ同義に使うこともあるほど類似する単語である。

　最初に言葉の定義を正確に理解しながら, 株式会社, 合名会社, 合資会社, 合同会社の4形態と特例有限会社の特徴を学ぶ。

　持分という意味を理解し, 持分会社である合名会社, 合資会社, 合同会社の違いも覚えよう。

　株式会社では, 持分ではなく株式と言うが, 株式や株式会社の基本を学ぶ。

　平成18年に施行された会社法に準じて叙述しているが, 979条という条文の多い法律であるので, 必要に応じてさらに広く深く学ぶことが必要である。

　本章では, この法律を「新会社法」といい, そのとき廃止された「商法（第2編）」「有限会社法」「商法特例法」などを「旧会社法」と記している。

　平成27年に改正会社法が施行され, 附則で, 改正後の会社法を「新会社法」, 改正前の会社法を「旧会社法」と言っているので, この点, 注意してほしい。

　なお, 令和元年（2019年）にも改正会社法が公布されている。

Key word

▶会社法　▶株式会社　▶合名会社　▶合資会社　▶合同会社

▶持分会社　▶特例有限会社　▶株式　▶持分

▶所有（資本）と経営の分離　▶東京証券取引所

▶経営の監督機能と業務執行機能の分離

▶プライム, スタンダード, グロースの3市場に移行

▶機関設計　▶指名委員会　▶監査委員会　▶報酬委員会

▶監査役会設置会社　▶指名委員会等設置会社

▶監査等委員会設置会社　▶M&A　▶TOB　▶MBO

注目！

1. 企業形態の分類と会社，企業

（1）言葉の意味を正確に

「私の勤務している会社はトヨタ自動車です。」

「私の勤務している企業はトヨタ自動車です。」

このような日常会話の場合，会社と企業の違いをとくに意識せず，ほぼ同義として使っても何の不都合もない。

しかし，「私は会社員です」「私は企業家です」となると，意味は正反対になる。会社員は従業員の意味であるのに対し，企業家は企業経営者のことである。

また，「社員」という言葉は，「私はトヨタ自動車の社員です」のように，日常会話では会社員（従業員）と同義であるが，法律用語では社団法人（＝法人格を与えられた人の集団）の構成員＝出資者，の意味となる。株式会社でいえば株主のことをいう。「社員」に限らず法律用語が経営学で準用されることは多い。経営学をよりよく学ぶには，日頃使っている言葉であっても改めて問い直し，正確な理解をしていくことが大切である。

（2）「企業」の定義と企業形態の分類①

それでは会社と企業の違いを正確に理解することから始めよう（図表2－1）。

まず，「企業」を定義すれば，一定の目的のために計画的，継続的に事業活動を行う経済単位（経済主体），ということができる。この場合，この経済単位すべてが必ずしも利益をあげることを目指すわけではない。

次に，企業は，資金を提供する出資者の公私によって，私企業，公企業，公私混合企業に分けられる。

公企業は，公共の利益のために国や地方公共団体によって出資，経営されるものをいい，国営企業，独立行政法人，特殊法人，地方公営企業の4つに分かれる。身近な例では，市営バスや市営地下鉄はここに入る。

図表2－1　企業形態の分類①

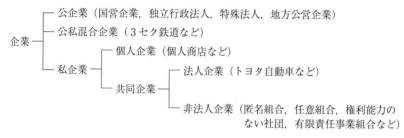

　公私混合企業は，公企業と私企業の中間の形態で，国や地方公共団体と民間が共同して出資，経営するものをいい，公企業（第一セクター），私企業（第二セクター）と区別して，第三セクターと呼ばれる。しばしば話題になる第三セクター鉄道はここに入る。

　企業のなかで大部分を占めるのは，民間が出資，経営する私企業であるが，これは出資者が個人であるか共同であるかによって，個人企業と共同企業に分けられる。

　個人企業は，個人が事業を経営している場合をいい，近所の青果店，鮮魚店，雑貨店など個人商店をイメージするとわかりやすい。「個人」ということから，狭義では出資者が1名の事業経営体，ということになるが，通常は，複数の人々からなる共同経営（例えば，夫婦で青果店に出資，経営している等）であっても個人企業に含める[1]。

　次に，共同企業は，法人格があるか否かで，法人企業と非法人企業に分かれる。

　法人とは，法律の規定により「人」としての権利能力を付与された団体のことをいい，自然人と同様，権利と義務を持ち，住所（本店の所在地）もある。法人となるような実体を備えている場合でも，法律の要求する形式を満たしていなければ「権利能力なき社団」となる。

　非法人企業には，匿名組合（商法第535条），任意組合（民法第667条），権利能

力のない社団等，がある。有限責任事業組合契約法（平成17年8月施行）による
有限責任事業組合（LLP）はここに入る。

（3）企業形態の分類②と会社の特質

　法人企業は，利益をあげること（営利）を目的とする営利法人，営利を目的
としないでかつ公益に関する事業を行う公益法人（公益法人認定法による法人），
いずれにも属さない中間的法人（保険業法による相互会社，協同組合法による協同組
合，信用金庫法による信用金庫，共済組合法による共済組合，労働組合法による労働組合，
医療法による医療法人，一般社団・財団法人法による一般社団法人・一般財団法人など）に
分かれる（図表2 - 2）[2]。

　平成18年（2006年）5月1日に施行された新会社法は，会社について，「株
式会社，合名会社，合資会社又は合同会社をいう」（第2条1号）と定義し，合
名会社，合資会社，合同会社を持分会社と総称している。

　したがって現在では，営利法人は，株式会社と持分会社に分けられ（類型），
持分会社は，会社を構成する社員の責任の範囲により，合名会社（無限責任社員
のみ），合資会社（無限責任社員＋有限責任社員），合同会社（有限責任社員のみ）に区
分される（種類）。

　この営利法人である株式会社，合名会社，合資会社，合同会社こそ，「会社」
ということができる。

　次節で詳しく述べるが，会社とは，旧会社法下の平成18年4月30日まで
は，株式会社，有限会社，合名会社，合資会社の4形態のこと，新会社法下の
現在では，株式会社，合名会社，合資会社，合同会社の4形態のこと，と覚え
ておこう。

　こうしてさまざまな企業を分類し，企業形態の全体像を眺めてみると，個人
商店などの個人企業から，トヨタ自動車，パナソニックのような大企業，3セ
ク鉄道のような公私混合企業にいたるまで，「企業」の概念は実に広いことが
分かる。

　これに対して，「会社」は，企業のなかでも私企業であり，共同企業であり，

図表2－2　企業形態の分類②

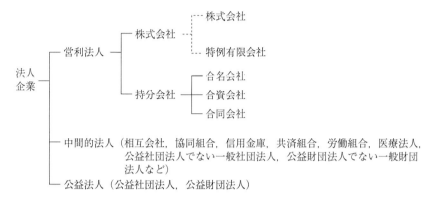

(注1) 公益法人は，平成20年（2008年）の民法改正以前は，民法第34条で公益法人の
　　　 設立について規定されていた。（旧民法第34条「学術，技芸，慈善，祭祀，宗教そ
　　　 の他の公益に関する社団又は財団であって，営利を目的としないものは，主務官庁
　　　 の許可を得て，法人とすることができる。」）
　　　 その後，公益法人制度改革3法（一般社団・財団法人法，公益法人認定法，整備法
　　　 の3法）施行から暫定5年間経過後の平成25年（2013年）12月1日以降は，公
　　　 益法人とは，公益法人認定法による公益社団法人および公益財団法人のことをいう。
(注2) 旧中間法人法にもとづいて設立された中間法人は，平成20年の中間法人法廃止によ
　　　 り一般社団法人に移行した。
(注3) 図表2－2にある株式会社は営利法人であるが，株式会社はすべて営利法人かとい
　　　 うとそうではないことに注意。例えば，図表2－1の第三セクター鉄道（公私混合
　　　 企業）も株式会社の形態をとっている。日本銀行法により設立されている日本銀行
　　　 は公私混合企業であるが株式会社ではない。

法人企業であり，さらに営利法人に絞られる。会社の特質として，社団性（出
資者である人の集まり），法人性（法人格を有する），営利性（利潤の獲得と社員への分
配）があげられるゆえんである[3]。

（4）「会社」の定義と企業の社会的責任

　かくして「会社」を定義すれば，ヒト，モノ，カネ，情報など持てる経営資
源を有効に活用し人々や社会の需要に見合った商品（製品，サービス）を提供す
る，民間出資の，社団性，法人性，営利性を有する経営組織体，ということが

できる。

　なお，会社は「営利性」を有することから，当然，より多くの利潤の獲得を目指すことになるが，ともするとそのために法律を犯したり，利害関係者を欺いたり，自然環境を破壊したり，地域社会との軋轢を生んだりしかねない。しかし，法人としての会社が，将来にわたって発展していくためには，社会から必要とされ歓迎される存在でなければならない。

　最近は，倫理，コンプライアンス（法令遵守 compliance），CSR（企業の社会的責任 corporate social responsibility）がよく語られるが，会社は（そして広義の企業も）自らの社会的責任を自覚し，法律の遵守はもとより，正確な情報提供，職場環境や自然環境への配慮，サプライチェーン上も含めた人権への考慮，地域社会への貢献，芸術文化活動への支援等が，強く求められている。

　このことについては，第10章で再度言及するが，日本経団連の企業行動憲章第5回改定（平成29年11月8日）において，人権の尊重が新たに追加され（第4条），自社・グループ企業に加え，サプライチェーンにも行動変革を促している（第10条）のは，人権配慮は経営の根幹に関わる重要な問題だという日本経団連の強い意思のあらわれとみることができる。

2. 会社の形態別法人数と新旧会社法

（1）会社の形態別法人数

　すでに述べたように，会社とは，株式会社，合名会社，合資会社，合同会社のことをいう。これら形態別の統計として，図表2−3を用いて，旧会社法下の平成16年時点の株式会社，有限会社，合名会社，合資会社の4形態別法人数と，令和3年時点の株式会社，合名会社，合資会社，合同会社の4形態別法人数を見てみよう。

　この統計は，内国税の賦課徴収を業務としている国税庁の統計であり，法人数のなかに，その他（相互会社，医療法人，企業組合）を含んでいる。

図表 2 − 3　会社の形態別法人数

(平成 16 年)

区　分	資本金 1,000 万円未満	資本金 1,000 万円以上 1 億円未満	資本金 1 億円以上 10 億円未満	資本金 10 億円以上	合　計	構成比
	社	社	社	社	社	%
株式会社	4,940	998,551	29,866	7,022	1,040,379	40.4
有限会社	1,346,087	85,852	896	48	1,432,883	55.7
合名会社	6,590	1,168	16	1	7,775	0.3
合資会社	40,678	2,813	12	1	43,504	1.7
そ の 他	19,862	26,533	90	183	47,547	1.8
合　計	1,418,157	1,114,917	〔ママ〕 31,759	7,255	2,572,088	100.0
(構成比)	55.1	43.3	1.2	0.3	100.0	−

(令和 3 年)

区　分	資本金 1,000 万円以下	資本金 1,000 万円超 1 億円以下	資本金 1 億円超 10 億円以下	資本金 10 億円超	合　計	構成比
	社	社	社	社	社	%
株式会社	2,256,156	337,164	13,838	5,519	2,612,677	91.2
合名会社	3,191	133	1	−	3,325	0.1
合資会社	12,042	438	1	1	12,482	0.4
合同会社	159,035	935	140	22	160,132	5.6
そ の 他	56,854	17,789	557	570	75,770	2.6
合　計	2,487,278	356,459	14,537	6,112	2,864,386	100.0
(構成比)	(86.8)	(12.4)	(0.5)	(0.2)	(100.0)	−

出所：国税庁『税務統計から見た法人企業の実態』による。

　これによると，平成 16 年分の法人数は 257 万 2,088 社，形態別法人数の構成比は，株式会社 (40.4 %)，有限会社 (55.7 %)，合名会社 (0.3 %)，合資会社 (1.7 %) であり，株式会社と有限会社で全体の約 96 ％を占めている。

　また，令和 3 年分の法人数は 286 万 4,386 社，形態別法人数の構成比は，株式会社 (91.2 %)，合名会社 (0.1 %)，合資会社 (0.4 %)，合同会社 (5.6 %) であり，株式会社で全体の約 91 ％強を占めている。

国税庁の『税務統計から見た法人企業の実態』は，毎年，調査，公表されているので，同庁の Web サイト（http://www.nta.go.jp）から新データを収集してみよう。

これら旧4形態は，法律では，株式会社，合名会社，合資会社の3形態が旧商法（第2編）で，有限会社の1形態が旧有限会社法で規定されていた[4]。新4形態は，会社法で規定されている。

（2）新会社法制定とその理由

従来，会社に関する法規定は，「商法（第2編，会社）」「有限会社法」「商法特例法（株式会社の監査等に関する商法の特例に関する法律）」などでなされてきたが，これらは「会社法（正式名称）」に統一化され，平成18年（2006年）5月1日に施行された。

特に近年，商法の一部改正が続いてきたのでその集大成といわれるが，商法は明治32年（1899年）に制定された法律で，実に100年ぶりの大改正であった（図表2－4）。

この法律は新法であるが，通称「新会社法」と呼ばれ，廃止された「商法（第2編）」「有限会社法」「商法特例法」などは，総称して「旧会社法」と呼ばれた。

新会社法が施行された理由として，次の点などがある。

① 旧会社法は，漢字とカタカナ混じり，しかも文語体で読みにくい。
② 長年のたび重なる改正で，条文に多くの枝番号がつき分かりにくい。
③ 有限会社には小規模な会社が，株式会社には大規模な会社が想定されていたが，実際にはこの区分が曖昧になっていた。
　会社設立時の最低資本金（出資金）についても，株式会社は1,000万円以上，有限会社は300万円以上という規制がもうけられていたが，平成15年2月にこれを5年間猶予する特例措置（新事業創出促進法の一部改正）が実施され，「一円で起業できる」ようになったので，なおさら垣根が

暧昧になった⁽⁵⁾。

④ 昨今の経済，経営環境の変化や経済のグローバル化，IT 技術の急速な
発達に，明治時代に作られた法律（商法）では不都合が生じてきていた。

図表2−4　会社法制の推移と新会社法の編構成

1873（明治 6 ）年〜	国立銀行設立（民間資本による株式会社，全 153 行）
1899（明治 32）年	商法制定
1938（昭和 13）年	有限会社法制定
1974（昭和 49）年	商法特例法制定
1990（平成 2 ）年	商法，有限会社法改正（最低資本金制度の導入など）
1993（平成 5 ）年	特例法上の大会社における監査制度充実
1994（平成 6 ）年	自社株買いの解禁
1997（平成 9 ）年	合併手続きの簡易化と合理化，ストックオプション制度の導入
1999（平成 11）年	株式交換・移転制度導入
2000（平成 12）年	会社分割制度の創設
2001（平成 13）年	額面株式の廃止，新株予約権制度の創設，監査役の機能強化
2002（平成 14）年	委員会等設置会社制度の創設，連結計算書類制度の創設
2003（平成 15）年	新事業創出促進法一部改正で「1 円起業」可能に
2004（平成 16）年	株券不発行制度の創設，電子公告制度の導入
2005（平成 17）年	有限責任事業組合契約法施行，新会社法成立
2006（平成 18）年	新会社法施行
2007（平成 19）年	新会社法の「合併等対価の柔軟化に関する部分」の施行
2015（平成 27）年	改正会社法の施行（コーポレート・ガバナンスの強化，親子会社に関する規律の整備等）
2019（令和元）年	改正会社法の公布（株主総会資料の電子提供制度の創設，社外取締役設置の義務，株式交付制度の創設等），施行は令和 3 年 2 月

新会社法の編構成

第一編	総則	（ 1 〜 24 条）
第二編	株式会社	（25 〜 574 条）
第三編	持分会社	（575 〜 675 条）
第四編	社債	（676 〜 742 条）
第五編	組織変更，合併，会社分割，株式交換及び株式移転	（743 〜 816 条）
第六編	外国会社	（817 〜 823 条）
第七編	雑則	（824 〜 959 条）
第八編	罰則	（960 〜 979 条）

出所：筆者作成。

　かくして新会社法施行により，旧会社法下の株式会社と有限会社の会社類型が１つの会社類型（株式会社）に統合され，かつ新しく合同会社が導入されたので，現在では，かつての株式会社，有限会社，合名会社，合資会社の４形態から，株式会社，合名会社，合資会社，合同会社の４形態に変わったというわけである。

　なお，新会社法（本体）のみにすべての事項が定められているわけではなく，付随する整備法（会社法の施行に伴う関係法律の整備等に関する法律）や法務省令等もあわせて学ぶ必要がある。

（3）外国会社と相互会社

　上記の分類法では，会社とは株式会社，合名会社，合資会社，合同会社の４形態を指すが，時には，外国会社と相互会社も，会社に含めて論じられることがある。

　新会社法は，外国会社を，「外国の法令に準拠して設立された法人その他の外国の団体であって，会社と同種のもの又は会社に類似するもの」（第２条２号）と定義し，条文によっては，「会社（外国会社を含む）」と記述しているところもある（第５条）。

　相互会社は，先の図表２－２では中間的法人のなかに含まれるが，法律では，保険業法第２条５項に規定されている法人で，現在では５社の生命保険会社が存在する[6]。

　保険契約者（加入者）は相互会社の社員（構成員＝出資者）となり，社員の代表者として選出された社員総代が集まる社員総代会が，相互会社の基本的意思決定機関となる。これは，株式会社でいえば株主と株主総会にあたるが，社員総代の選出方法が不明朗という批判が従前より強い。

　バブル後の長引いた「逆ざや（保険契約者に約束した運用利回りを実際の運用利回りが下回る状態）」や保険契約者減による経営不振，外資系生命保険会社の日本市場参入等の諸要因から，相互会社から株式会社へ組織変更する流れが続いてきた。株式会社化によって株式を上場し，株式市場からの資金調達をとおして

経営基盤の安定化，強化を目指すわけであるが，同じ生命保険業界に，営利法人の株式会社と中間的法人の相互会社が混在しているということになる。

3.　新会社法と有限会社

　新会社法の下では有限会社の新規設立はできないが，すでに設立されている有限会社は，定款変更や登記変更等の手続を行わなくても，新会社法上の株式会社として存続することになり，整備法によって，「特例有限会社」（有限会社の商号を持つ株式会社）と呼ばれる。図示すれば，図表2－2のように，株式会社は，株式会社と特例有限会社に分けられることになる。

　旧有限会社は，出資者の責任の取り方が出資額の範囲内で責任を負う有限責任であったことから，合資会社や合名会社よりも出資者を集めやすく，最低資本金が300万円と比較的少額であったことから，株式会社よりも資本を集めやすかった。

　また，役員の任期は無期限，決算公告は不要など，同じ有限責任である株式会社よりも利便性が大きかったが，出資者が50名までと限定されていたため資金調達に限界があった。

　特例有限会社は，「有限会社の定款，社員，持分，出資一口」が「株式会社の定款，株主，株式，一株」とみなされるものの，旧有限会社法に特有の規律については引き続きその実質が維持されるよう特則が置かれ（整備法2条～46条），役員の任期は無期限，決算公告は不要，会計監査人の設置義務なし，という旧有限会社の扱いが続く（図表2－5）。

　ただし，特例有限会社のままでは，株式譲渡制限の定めを変更できないことや，取締役会，会計監査人などの機関設置ができないことなど，不利な面もある。これらを回避するには，特例有限会社から株式会社への移行手続き（定款の変更，特例有限会社の解散登記，株式会社の設立登記）が必要となる。

図表2−5 株式会社と特例有限会社の違い

会社の形態	株式会社	
	株式会社	特例有限会社
出資者の数	1名以上	1名以上
出資者の責任	有限責任	有限責任
出資者の地位	株式	株式
出資の内容	金銭その他の財産	金銭その他の財産
最低資本金	規制なし	規制なし
議決権	1株1議決権	1株1議決権
会社の内部規律	強行規定*	強行規定*
機関設計	種々の機関設計が可能	必要機関＝株主総会と取締役
		任意機関＝監査役と代表取締役
役員の任期	原則2年 非公開会社，最長10年 委員会設置会社，1年	無期限
決算公告	必要	不要

＊ 強行規定とは，法律の規定と異なる場合には効力が認められないルールのこと。
(注) 神田将『図解による会社法・商法のしくみ（全訂版）』自由国民社，2006年，浜辺陽一郎『基本からよくわかる会社法』日本能率協会マネジメントセンター，2006年，その他を参照しつつ，図表化した。「委員会設置会社」は改正会社法施行前の表記。

4. 持分会社とその特徴

（1）株式と持分

　新会社法は，会社を株式会社と持分会社に分けており，合名会社，合資会社，合同会社を持分会社と総称している。

　「持分」とは何か。持分とは，日常会話では，「全体の中で各人が所有または負担している部分や割合」という意味で使われる。あるいは，例えば，分譲マンションの敷地の持分では，「共有関係において，各共有者が共有物について持つ権利，またはその割合」という意味で使われる。しかし，新旧会社法で使用されている「持分」は，これらとはまったく違う意味である。

　会社への出資者は，会社との権利義務関係において，会社に出資し配当を請求し残余財産の分配を請求する等，「社員としての地位（社員権）」を得ることになる。

　この場合，株式会社における「社員（株主）としての地位」を株式といい，持分会社における「社員としての地位」を持分という。

　この持分は，分譲マンションの敷地例と違って，社員が直接，会社の財産を処分する権利を持っているわけではない。

　株式会社の株式は，原則として均一の単位に細分化され，これを流通化できるようにしたのが株券である。平成 13 年 10 月に金額表示がある額面株式は廃止されたが，すでに発行されている額面株式では，額面金額 50 円が多い。

　株券は，「社員としての地位（社員権）」を表象する有価証券といえるが，持分会社ではこの発行は認められていない。

図表 2 − 6　持分会社 3 形態の違い

会社の形態	持分会社		
	合同会社	合資会社	合名会社
出資者の数	1 名以上	各 1 名以上	1 名以上
出資者の責任	有限責任	有限責任と無限責任	無限責任
出資者の地位	持分	持分	持分
出資の内容	金銭その他の財産	金銭その他の財産＋信用・労務の出資	金銭その他の財産＋信用・労務の出資
最低資本金	規制なし	規制なし	規制なし
議決権	1 人 1 議決権	1 人 1 議決権	1 人 1 議決権
会社の内部規律	定款自治*	定款自治*	定款自治*
機関設計	社員が業務執行を行う	社員が業務執行を行う	社員が業務執行を行う
役員の任期	無期限	無期限	無期限
決算公告	不要	不要	不要

＊定款とは会社の組織や運営などについて定めた「会社の憲法」ともいうべきものであり，定款自治とはそれによって組織運営を行うことをいう。新会社法では，定款の記載事項が自由になり，定款自治が拡大したといわれる。
（注）日本経済新聞社編『一目でわかる会社のしくみ（第 4 版）』日本経済新聞社，2006 年，神田将，前掲書，その他を参照しつつ，図表化した。

　持分会社の持分は，その大きさが社員ごとに定められ，定款で「出資の目的及びその価額又は評価の基準」として示される。出資の目的とは，何を出資するのかということで，金銭出資，現物出資，債券出資などのことをいう。

　株式会社の社員（株主）が，持分（株式）を他人に譲渡することは，原則として自由であるが，持分会社の社員は，自分の持分であっても，社員全員の承認がなければ，原則として譲渡できない（図表2-6）。

（2）持分会社と社員の責任

図表2-7　持分会社の種類の変更

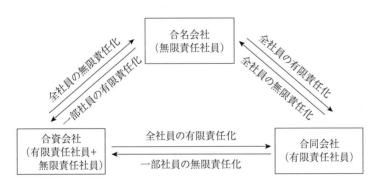

　（注）神田将，前掲書，浜辺陽一郎，前掲書，その他を参照しつつ，図表化した。

　持分会社は，会社を構成する社員の責任の取り方により，合名会社，合資会社，合同会社に区分されるが，いずれも出資者である社員が会社の業務に携わる（所有と経営の一致）。会社の業務は，社員の一部に委ねることができ，業務執行を委ねられた社員を業務執行社員という。

　持分会社は，原則，社員全員の一致で定款の変更等の決定が行われ，各社員が自ら会社業務の執行にあたるという規律が適用されるので，民法による組合に近い。

　合名会社，合資会社，合同会社の区分は，定款を変えることにより，合同会

社から合名会社や合資会社に，合資会社から合同会社や合名会社に，合名会社から合同会社や合資会社に，会社の種類を変更することができる（図表2－7）。

　持分会社から株式会社への変更，またはその逆も可能であるが，新会社法ではこれを組織の変更といい，種類の変更と区別している。

　持分会社の社員は原則として業務執行権と代表権が認められており，定款の変更は原則として総社員の同意が必要であるが，会社の業務執行は，定款に別段の定めがある場合を除き，社員の過半数をもって決定される。

　持分会社の社員がその持分を他人に譲渡する場合には，原則として他の社員全員の承認が必要であるが，業務を執行しない有限責任社員の持分については，他の業務執行社員全員の承諾があれば，他人に譲渡することができる。

（3）合名会社と合資会社

　合名会社と合資会社は年々減少し，あわせても1万5,807社，全体のわずか0.5％に過ぎない（令和3年）。この形態の会社設立には，会社の債務について社員個人が破産するまで責任を負う無限責任社員を必要としているため，今後も増加することは考えられないが，現在でもこの形態を維持している会社には，酒造会社や醸造会社など創業が古く伝統的な業種が多い。

　無限責任社員のみの合名会社は，旧会社法では，社員が1名になった場合には解散しなければならなかったが，新会社法では，社員1名のみでも存続することができ，社員1名のみでの設立も可能になった。また，法人は無限責任社員になることができなかったが，新会社法では，法人も無限責任社員になることができる。

　合資会社は合名会社と違い，有限責任社員と無限責任社員の各1名，計2名以上が必要である。旧会社法では，法人は合資会社の有限責任社員にしかなることができなかったが，新会社法では，無限責任社員にもなることができる。

　合資会社の社員が1名になった時には，残った社員が無限責任社員であれば合名会社となる定款の変更をしたものとみなされ，残った社員が有限責任社員であれば合同会社となる定款の変更をしたものとみなされる。

（4） 合同会社 （日本版 LLC） と有限責任事業組合 （日本版 LLP）

　合同会社は，新会社法によって新規に導入された会社形態であり，アメリカ
の LLC（有限責任会社）の日本版といわれる。

　合同会社は，合名会社と同様，社員１名のみでの設立が可能である。会社の
業務執行を行うのは業務執行社員であり，法人が業務執行社員になることがで
きる，決算公告は不要である，など他の持分会社との共通点を持つ。

　他方では，株式会社と同様，社員は有限責任社員だけからなり，会社の債務
について無限に責任を負う必要がなく，出資については信用や労務の出資は認
められない。

　このように，持分会社であっても社員の責任の取り方について株式会社と共
通点を持つ合同会社は，少人数のベンチャー企業の創業やそれへの共同参画に
向いており，毎年，設立数の増加が続いている[7]。

　なお，会社ではないが，民法組合の特例としての有限責任事業組合が，日本
版 LLP といわれ注目されている。これは，新会社法施行の前年（平成 17 年）に
施行された有限責任事業組合契約法にもとづくもので，合同会社と違って法人
ではないこと，組合の形式をとるが出資者の責任は有限責任としたこと，が特
徴である。

　税金は，有限責任事業組合には課税されず出資者に直接課税される。これを
構成員課税（パススルー）という。また，組合の形式をとるので内部自治の範囲
が広く，出資比率と異なる利潤の配分が可能である。取締役会や監査役等の監
視機関は設置の必要がなく，意思決定を内部の出資者の総意で自由に決めるこ
とができる。

　ただし，合同会社と違って，最低２名の構成員（組合員）と，構成員全員が
何らかの業務執行に参加することが必要であり，また，法人ではないので合併
や組織変更ができない。

　この有限責任事業組合は，企業どうしの連携や共同事業，さらに産学連携等
の共同での起業における活用が期待されている。

5.　株式会社とその特徴

（1）株式会社の設立

　4形態の会社のなかで今後最も利用されうる会社形態は，やはり株式会社である。

　株式会社の設立には，発起人が，発行する株式をすべて引き受けて設立する発起設立と，発起人が，一部の株式を引き受け，残りを募集して設立する募集設立がある。発起人は1名でも可能である。

　設立の流れは，およそ次のようになる。

① 　会社概要の決定

　　商号（会社名），事業目的，資本金，発起人（出資者），本店所在地，事業年度などを決める。

　　　　↓

② 　発起人会の開催と原始定款の作成

　　発起人が複数の場合，発起人会を開いて商号などを決め，発起人会の議事録や原始定款を作成する。定款には，絶対的記載事項，相対的記載事項，任意的記載事項の3つがある。

　　絶対的記載事項とは，会社の目的や商号，本店所在地など，定款に必ず記載しなければならない事項。

　　相対的記載事項とは，発起人が受ける報酬額など，定款に記載することで効果が認められる事項。

　　任意的記載事項とは，決算期，株主総会の召集時期など，定款に記載しなくても効力には影響のない事項。

　　　　↓

③ 　定款の認証（公証役場）

　　作成した定款について，最寄りの公証役場で公証人の認証を受ける。

　　　　↓

④　株式の引受けと出資金の払込み

　　各発起人は，割り当てられた株式を引き受け，株金（出資金）を発起人
　　代表の口座に振り込む。

　　　　↓

⑤　発起人による取締役，監査役の選任と取締役会における代表取締役の選
　　任

　　募集設立の場合には，創立総会を開き，取締役と監査役を選任し，その
　　後の取締役会で代表取締役を選任する。

　　　　↓

⑥　設立登記の申請（法務局）

　　法務局（会社の本店を管轄する法務局もしくは地方法務局等）に，発起人会議
　　事録，定款，設立時代表取締役選定決議書，代表取締役の印鑑証明書等
　　の申請書類を添付して，登記申請をする。登記申請をした日が会社設立
　　日となる。

（2）株式会社の特徴

　すでに述べたように，株式会社の大きな特徴は，1つは，出資者の責任の範
囲が有限責任であること，2つは，「社員（株主）としての地位」たる株式が，
原則，均一の単位に細分化され，株券という形で売買されうるということ，に
ある。

　特に，証券取引所の上場会社は，株式市場で株式の売買を自由に行うことが
でき，新たに資金調達をしたい時には新規に株式を発行（増資）し，出資者
（投資家）は，会社の経営理念，CSR，業績の推移，将来性，株価，配当等を総
合判断して株式を購入する。

　会社の実際の業務執行は，株主総会の総意として，専門の経営者（取締役）
に委任する。これを，所有（資本）と経営の分離といい，株式会社の発展の原
動力となって機能するというわけである。

　ただし現実には，株式会社の多くが株主に対して保有株式の第三者譲渡を制限している。制限している会社を株式譲渡制限会社といい，そのほとんどが出資者自身が業務執行の責任者であり，所有（資本）と経営が分離されていない。

　株券は，もともと紙の印刷物であったが，上場会社を対象に，株券の発行を廃止し電子的な管理におきかえる「株券不発行制度（株券ペーパーレス化）」が，平成 21 年（2009 年）1 月から実施され，すべての上場会社は株券不発行制度の利用会社となった。

　この株券の電子化にともない，印刷された株券そのものには有価証券としての価値はなくなり，売買される株式は株券のやり取りではなく，コンピュータシステムで管理されている。また株式譲渡制限会社はもともと株券を発行していないことが大半であったので，今では株券はほとんどの会社で発行されていない。

　なお，日本の証券取引所と株式市場の簡単な知識を覚えておこう。証券取引所も合併をしたり，複数の株式市場を運営したりしているので，少し分かりづらい。

　まず，規模が一番大きいのは，株式会社日本取引所グループであり，この子会社として，現物市場を扱う東京証券取引所とデリバティブ市場を扱う大阪取引所その他がある（大阪取引所はもとは大阪証券取引所であったが，東京証券取引所と統合のあと商号を変更した）。

　そして東京証券取引所（東証）が運営している株式市場が，第 1 部，第 2 部，そして新興企業向けのマザーズ，JASDAQ（スタンダード，グロース）などがある。

　東証以外には，名古屋証券取引所（名証）の第 1 部，第 2 部と新興企業向けのセントレックス，福岡証券取引所（福証）の本則市場と新興企業向けの Q-Board，札幌証券取引所（札証）の本則市場と新興企業向けのアンビシャスがある。

　昔は，新潟，京都，神戸，広島にも証券取引所があったが（大阪を入れて全部で 9 カ所），今では東京，名古屋，福岡，札幌の 4 つの証券取引所だけになっている。

　なお，日本銀行の出資証券（出資の持分を表す有価証券）もジャスダックの上場銘柄として売買されている。一度，日本経済新聞などの証券欄をチェックしてこれらのことを確認してみよう。

☆東京証券取引所は，令和４年（2022年）４月１日に，１部，２部，マザーズ，JASDAQ（スタンダード，グロース）の５市場区分から，プライム，スタンダード，グロースの３市場に移行した。詳細は，同取引所のWebサイト，「新市場区分の概要等について」を参照されたい。

　（なお，上記５市場区分を１部，２部，マザーズ，JASDAQの４市場区分という場合もある。）

（３）株式会社の運営と３つの企業統治形態

　旧会社法（商法第２編）では，株式会社は，株主総会，取締役，監査役の機関設置は必須であった。

　最高の議決機関である株主総会では，取締役の選任，解任や各種の業務報告，計算書類などの承認がなされる。取締役は業務執行機関である取締役会を構成し，取締役会は，代表取締役の選任，株主総会招集の決定，新株発行の決議など，経営に関する重要事項を審議する。代表取締役は，会社を代表し，業務執行の最高経営者となる。監査機関である監査役は代表取締役や取締役の業務執行と会社財産の状況を監査する。

　このように，株主総会，取締役会，監査役は，それぞれチェックアンドバランスを目指すものとして，国権の三権分立と重ねあわせて，経営の三権分立と説明されてきた。

　この，経営の三権分立でチェックアンドバランスを目指すという理想は，現実には代表取締役が取締役や監査役等の人事決定権を持っていることが多いため，監査役が独立した立場で業務執行の監視を行うことができているとはいいがたく，従前より，経営のチェック機能と透明性を高める必要性が求められていた。

　平成 15 年（2003 年）4 月に施行された改正商法では，資本金 5 億円以上また
は負債総額 200 億円以上の大会社は，社外取締役起用を条件に監査役の廃止が
認められるようになった。監査役廃止を選んだ会社は，業務の執行担当役員で
ある執行役（任期 1 年）を導入，代表取締役は廃止，代わって代表執行役に切
り替わる。

　監査役を廃止するには社外取締役起用のほか，取締役会のなかに，取締役候
補を決める指名委員会，監査役の役割をする監査委員会，取締役や執行役の報
酬を決める報酬委員会の 3 委員会（それぞれ 3 名以上，過半数は社外取締役）を設置
しなければならない。この会社を，委員会等設置会社（米国型企業統治形態）と
いう。

図表 2 − 8　委員会設置会社制度

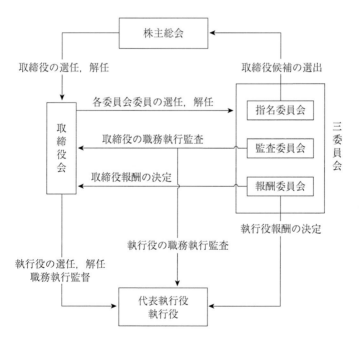

（注）日本経済新聞社編，前掲書，の図に加筆補正した。

図表2−9　ソニー株式会社（指名委員会等設置会社）の役員一覧

●取締役

吉田　憲一郎
　　指名委員

平井　一夫*

永山　治**
　　取締役会議長
　　指名委員会議長

二村　隆章**
　　監査委員会議長

原田　泳幸**
　　報酬委員会議長

ティム・シャーフ

松永　和夫**
　　監査委員

宮田　孝一**
　　指名委員

ジョン・ルース**
　　指名委員
　　報酬委員

桜井　恵理子**
　　報酬委員

皆川　邦仁**
　　監査委員

隅　修三**
　　指名委員

＊会長
＊＊社外取締役

●執行役

吉田　憲一郎
　　代表執行役　社長 兼 CEO

十時　裕樹
　　代表執行役　EVP　CFO

鈴木　智行
　　執行役　副社長

神戸　司郎
　　執行役　EVP

今村　昌志
　　執行役　EVP

石塚　茂樹
　　執行役　EVP

高木　一郎
　　執行役　EVP

安部　和志
　　執行役　EVP

勝本　徹
　　執行役　EVP

出所：ソニー株式会社の Web サイト（https://www.sony.co.jp/SonyInfo/CorporateInfo/
　　　Data/officer.html）による（平成 30 年（2018 年）4 月現在）。
　　　なお，同社は，令和 3 年（2021 年）4 月 1 日付で，ソニー株式会社の商号を変更
　　　し，ソニーグループ株式会社とし，グループ本社機能に特化した。

　これによって，執行役は，従来，取締役が行ってきた業務執行を担い，取締役会が，基本的な経営事項の決定と執行役の職務執行監督を担う（経営の監督機能と業務執行機能の分離）。

　新会社法では，名称が委員会設置会社（図表2－8）に変更され，さらに，定款に委員会をおく旨の定めを設けることで，会社の規模を問わず委員会設置会社となることができる。

　委員会設置会社は，取締役の任期が2年から1年に短縮されるが，取締役会で配当方針を決定できるほか，新株や社債発行など幅広い業務を執行役に任せることが可能になる。

　なお，その後，平成27年5月1日に施行された改正会社法では，上場会社は定款を変更することにより，監査等委員会設置会社という新たな企業統治形態を採用できるようになり，これまでの委員会設置会社は，指名委員会等設置会社と呼ばれることになった。この結果，上場会社は平成27年5月以降，「監査役会設置会社」「指名委員会等設置会社」「監査等委員会設置会社」の3つの選択肢を持つことができる（3つに区分できる）ようになった，と理解してほしい。

　したがって，図表2－9のソニー株式会社は，平成27年5月以降，委員会設置会社から指名委員会等設置会社と呼ばれる。

　加えて，金融庁と東京証券取引所は，1部と2部の上場企業（約2,500社）に対する「企業統治指針」（コーポレートガバナンス・コード）を定め，同年翌月（平成27年6月）以降，株主総会を開く企業からその適用を始めている。

　法的な強制力はないが，「株主の権利・平等性の確保，株主以外のステークホルダー（利害関係者）との適切な協働，適切な情報開示と透明性の確保，取締役会等の責務，株主との対話」の5原則からなっている。

　このうちの，取締役会等の責務に関連して独立性が高い社外取締役を2人以上選ぶよう促しているが，これは経営へのチェック機能や透明度を高めることを狙いとしている[8]。

☆なお，令和元年（2019年）公布の改正会社法は，上場会社等に社外取締役を

おくことを義務づけている（令和3年2月施行）。

（4）株式会社の分類と種々の機関設計

　新会社法では，柔軟な機関設計が可能となった。機関とは，株主総会，取締役，取締役会，監査役，監査役会，会計監査人，会計参与，委員会，をいい，これらを，会社の実情を勘案して組み合わせることを，機関設計という。取締役と共同で決算書などを作成する会計参与は，新会社法で新設された。

　また委員会は，指名委員会，報酬委員会，監査委員会の3つがあったが，改正会社法で監査等委員会が加わったので，図表2 - 10のように，「指名委員会等」と「監査等委員会」のように表記される。

　株式会社は，株式が自由に譲渡され不特定多数の株主がいる公開会社と，株式の譲渡が定款で制限され特定の株主がいる株式譲渡制限会社に分類され，また，大会社（資本金5億円以上または負債総額200億円以上）と，大会社でない会社に分類される。こうした分類にもとづいて，新会社法は機関設計について第326条～328条でルールを決めている。

　きわめて複雑であるが，①大会社であるか，大会社でないか，②公開会社か株式譲渡制限会社か，等々図式化していくと，平成27年（2015年）の改正会社法後の類型は全部で47通りのパターンができる。

　i　すべての株式会社は，株主総会と取締役を設置することが必須。

　ii　公開会社は，取締役会を設置することが必須。

　iii　公開会社でかつ大会社は，監査役会または指名委員会等または監査等委員会と，会計監査人を設置することが必須。

　iv　公開会社でかつ大会社でない会社は，監査役（会）または指名委員会等または監査等委員会を設置することが必須。

　v　株式譲渡制限会社でかつ大会社は，監査役（会）または指名委員会等または監査等委員会と，会計監査人を設置することが必須。

　vi　すべての株式会社で，会計参与の設置は任意。

図表2－10　株式会社の分類と機関設計

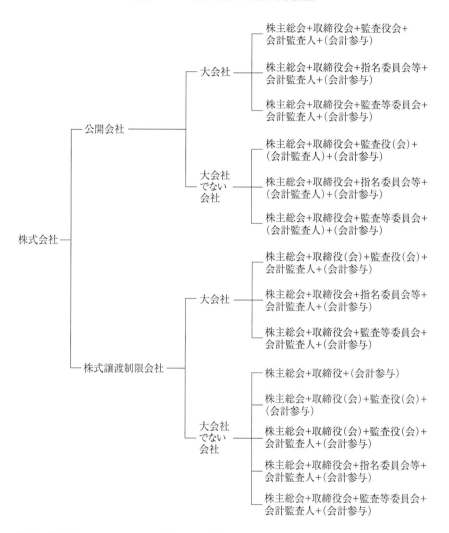

（注1）図表中のカッコのついた（会計参与）（会計監査人）は，設置が任意の機関。

（注2）改正会社法後の機関設計は47類型となる。監査役の役割を会計監査に限定した場合をあえて数えると51類型。

出所：筆者作成。

　これらのルールをもとに図示すると，図表2－10のように種々の柔軟な機関設計が可能となる。

（5）株主の義務と権利

　株主は，株式を引き受け出資する義務を負うことで，会社から経済的利益の享受を目的とする権利と，会社経営への参画を目的とする権利を与えられる。前者の権利のことを自益権，後者の権利のことを共益権，という。

　自益権には，利益配当請求権，残余財産分配請求権，新株引受権，株式買取請求権などがあり，共益権には，株主総会における議決権，株主総会決議取消訴訟の提起権，株主代表訴訟提起権などがある。

　1株の権利は平等であるという株式平等の原則から，株主総会における議決権は1株につき1票与えられる。これを1株1議決権の原則という。

（6）株式の種類

　株式は原則として均一の単位に細分化されること，1株の権利は平等であることなどはすでに述べた。しかし実際にはさまざまな株式の種類がある。

① 株式の権利内容にもとづく分類

　　普通株式：株主の権利に制限のない標準的な株式。

　　種類株式：剰余金の配当や残余財産の分配など，普通株式とは異なる権利内容を持つ株式。優先株式，劣後株式，議決権制限株式，譲渡制限株式，取得請求権付株式，取得条項付株式，全部取得条項付株式，拒否権付株式（いわゆる黄金株），役員選任権付株式（指名委員会等設置会社と公開会社を除く），などがある。

② 株式の取引形態にもとづく分類

　　上場株式：証券取引所で売買される株式。

　　店頭株式：証券会社の店頭で売買される株式。

　　未公開株式：上場も店頭登録もされていない株式。

③　株式の取引単位にもとづく分類

　　単元株式：銘柄ごとに決められている最低取引単位。単元株式制度を採
　　　　　　　用している場合は，1単元1議決権。1単元未満の株式しか
　　　　　　　保有していない株主には議決権がない。

　　ミニ株式：単元株式の10分の1の株数で取引できる株式。

　なお，単元株式は平成19年には1株，10株，50株，100株，200株，500株，
1,000株，2,000株の8種類存在していたが，平成30年10月1日までに100株
単位に統一された（同時にその多くが株式併合も）。また単位株制度はすでに廃止
されている。

（7）株式上場と経営権

　起業を考える人々の夢は，（旧会社法の時代では）最初は個人企業を，やがて有
限会社を，そして株式会社を，さらに証券取引所に自社の株式上場を，最初は
第2部に，次に第1部に，・・・というものであった。

　新会社法の今の時代では，新興企業やベンチャー企業はマザーズやジャス
ダックへ，なかでも将来，第2部や第1部を目指そうという企業はマザーズ上
場が多い（東京証券取引所の2022年からの新市場区分では，新しく上場する新興企業は，
グロース市場を目指すことになる）。

　「法人成り」という言葉は，個人企業を廃し法人と成ることをいうが，経営
者の喜びが感じられる言葉である。

　誰々さんの個人経営よりも，（旧会社法の時代では）法人の有限会社の方が，さ
らに最低資本金の大きい株式会社の方が，社会的信用も取引先の信用も格段と
高くなる。

　とくに株式上場会社となって，社会的知名度をあげればあげるほど，会社の
業績も株価も上昇し，株式市場を通じて必要な資金を自由に調達することがで
きるようになり，経営の裁量が大きく広がることになる。

　ところが，不特定多数の人々に売却された株式は，特定の個人や集団，もし

くは法人のもとに集められると、集められた株式数（議決権）が多くなればなる
ほど、その個人や集団、もしくは法人の、株主総会における影響力が強くなる。

　具体的には、3分の1超の議決権を持つと、他企業との合併など経営の重要
事項を決める議案に反対でき（特別決議の否決）、2分の1超の場合は、取締役の
選任や利益処分などの議案について単独で可決または否決でき（実質的な経営権
の獲得）、3分の2超になると、特別決議事項を単独で可決できる。

　つまり、大量の株式を発行すればするほど、豊富な資金調達が期待できる反
面、現経営陣にとって経営権が奪われる危険性が、ますます高まることにな
る。

（8）M&A と TOB

　M&A（Mergers and Acquisitions）とは、合併と買収の意味である。

　平成9年に「合併手続きの簡易化」、平成11年に「株式交換制度の導入」、
平成12年に「会社分割制度の創設」など、法的整備が進められてきたので、
この20年くらいの間、M&Aの件数が飛躍的に増えている。

　最近では「2017年は日本企業の関わったM&A（合併・買収）件数が過去最多
となった。06年の2,775件を11年ぶりに上回り3,000件を超えた。海外企業
による日本企業のM&Aは3兆6,603億円と前年から42％増え16年ぶりの水
準となった。」「日本企業のM&A（合併・買収）に復調の兆しが出てきた。・・・
新型コロナウイルスの感染拡大で滞っていた交渉が動き出し、ここにきて買収
額1兆円以上の大型案件が相次ぎまとまっている。」という[9]。

　M&Aには、買収を仕掛けられた会社の経営陣が反対する「敵対的M&A」
と、賛成する「友好的M&A」がある。敵対的M&Aでは、TOBを仕掛ける
のが一般的である。

　TOB（Take Over Bid）とは、株式公開買い付けのことである。会社の買収や
経営権取得などを目指して、不特定多数の株主から対象会社の株式を買い集め
る手法であり、対象会社の合意が得られている場合を「友好的TOB」、得られ
ていない場合を「敵対的TOB」という。

　日本の大企業間の敵対的 TOB 第 1 号は，製紙業界最大手の王子製紙株式会社による同 6 位の北越製紙株式会社に対するケースで，「期間＝平成 18 年 8 月 2 日～ 9 月 4 日，買い付け価格＝ 1 株 800 円，目標の保有比率＝ 50.0004 ％」というものであったが，北越製紙側についた日本製紙と三菱商事の介在により，失敗に終わっている。その後の敵対的 TOB の案件でも最終的に成立した事例は多くない。

　最近の事例では，TOB をすることなく市場で買い増した敵対的 M&A の事例がある。

　IT サービス企業の株式会社スカラによる，営業支援ソフトの開発・販売を行うソフトブレーン株式会社の買収である[10]。ソフトブレーンは，有限会社から株式会社へ，そして東証マザーズ上場，2 部上場，1 部上場と，創業者（宋文洲氏）が夢を実現した典型的な企業である。

（9）「合併等対価の柔軟化に関する部分」の施行と MBO

　株式交換は，買収先の株主に自社株を交付して 100 ％子会社化する，M&A の一手法である。日本では会社再編を加速させるため，平成 11 年（1999 年）10 月施行の旧改正商法で国内会社どうしに限って解禁された。

　その後，新会社法の施行により，買収先の株主に，自社株だけでなく，「金銭その他の財産」を交付することができることとなった（新会社法第 749，758，768 条）。これを「合併等対価の柔軟化」といい，子会社が他の会社を吸収合併する際に，親会社の株式を対価として交付する合併を「三角合併」，消滅会社の株主に金銭のみを交付する合併を「交付金合併」という。

　ただし，この「合併等対価の柔軟化に関する部分」の施行は，敵対的買収に対する防衛策を講じる機会を確保するため，新会社法施行 1 年後（平成 19 年 5 月）となっていた（附則 4）。

　この「部分」の施行後，憂慮されてきたのが，外国企業が日本に子会社を作って日本企業を買収する「三角合併」の活発化であり，次のケースである。

　外国企業 A 社が日本に 100 ％の子会社 B 社を設立。B 社は，日本の会社 C

社の株主に，自社株式ではなく，親会社の外国企業 A 社の株式を交付する。B
社は合併の受け皿会社であり，事実上，外国企業 A 社が日本の会社 C 社を買
収したことになる。

　具体的な事例としては，アメリカのシティ（シティグループ，Citigroup Inc.）と
日興のケースがあげられる。平成 19 年（2007 年）5 月に，当時の日興コーディ
アルグループは，株式の公開買付によりシティグループの子会社となり，翌
年，「三角合併」の仕組みにより完全子会社となった。ただし同社は，現在は
SMBC 日興証券株式会社となり，株式会社三井住友フィナンシャルグループ
の 100％完全子会社となっている。

　三角合併の事例は，当時憂慮されていたほどには行われていない。とはい
え，株式時価総額（株価×発行済み株式数）の点からみると，日本の超優良な大
企業といえども海外の巨大企業に比べると著しく小さいので，今後，三角合併
の手法により簡単に飲み込まれるおそれがある[11]。

　そういうなかで，究極の防衛策として注目されてきたのは，MBO（Management
Buy-out，経営陣による企業買収）である。

　経営陣が，自社の株主が持っている株式を買い取り，上場を廃止して株式を
非公開にすれば，いかなる他者（他社）が敵対的な買収を仕掛けようとしても，
現経営陣側の少数の株主だけで株式を保有しているため，他者（他社）による
株式の買い占めがきわめて困難となり，買収攻勢を防止することができるとい
うわけである。

　かつて通称「村上ファンド」による敵対的な株式大量買い占めが端緒とな
り，平成 17 年（2005 年）に，服飾メーカーのワールド（東京証券取引所，大阪証券
取引所）や，飲料メーカーのポッカコーポレーション（東京証券取引所，名古屋証
券取引所）が MBO を実施し，上場を廃止した[12]。

　上述したように，起業家（企業家）の夢は，株式会社を設立して証券取引所
に自社の株式を上場することであるが，すでに知名度があり新たな資金調達の
必要がなければ，このような MBO も，敵対的買収の心配や，株主や株価を気
にすることなく，また第 10 章で取り上げる金融商品取引法の義務もなくなり，

現経営陣が自由な発想で機動的な事業展開をなし得るので，経営戦略上，有効な選択肢の1つ，ということができる。

　もっともこのことを実施可能にするには，現経営陣がそのための「買収資金」を自前で調達できるか，調達できなければ信頼できる投資ファンドなど他者の協力を得られるか，等の大きな課題がある。

　国際的大競争時代を迎えて，現在の経営者には，旧来よりも増してますます周囲や数歩先数年先を見通した企業経営が求められている。

　なお，MBO を実施し上場を廃止した企業には，アート引越センターのアートコーポレーション（平成23年），ベビー用品のコンビ（23年），TSUTAYA（ツタヤ）を運営する CCC（23年），出版社の幻冬舎（23年），毛髪関連のアデランス（28年），最近では東芝（令和5年），大正製薬 HD（6年）などがある。

【*Review exercise*】

1. 世界で最初の株式会社は，「オランダ東インド会社」（1602年）であるといわれる。国際化，グローバル化が進んでいる今，改めて東インド会社の誕生やその後について調べる意義は大きい。参考文献を探し，詳しく研究をしてみよう。
2. 友人と一緒に株式会社を設立すると想定して，会社概要や定款作りをしてみよう。
3. M&A と TOB は，今後ますます増えていくと思われる。最近の事例を取り上げて，経過の展開や問題点などを調べなさい。
4. 企業形態の分類について，本章では，出資者の公私　⇒出資者が個人か共同か　⇒法人格があるか否か　⇒・・・という順で分類した。視点を変えて別の分類表を作ってみよう。

考えてみよう！

【注】

（1）総務省統計局の『平成26年経済センサス‐基礎調査（確報）』によれば，同年の「我
　　が国の企業等数は409万8千企業で，24年活動調査結果と比べると，0.7％の減少となっ
　　ている。経営組織別にみると，「個人経営」が209万企業（全体の51.0％）と最も多
　　く，次いで「会社企業」が175万企業（同42.7％），「会社以外の法人」が25万8千企
　　業（同6.3％）となっている」という（「結果の概要，Ⅱ．企業等の状況」）。
　　同統計局の旧統計『平成16年事業所・企業統計調査』では，個人経営が286万事業所
　　であったので，この間，約80万も急減していることがわかる（ただし，統計の取り方
　　が継続していないので厳密な比較はできない）。

（2）公益法人は「公益」という名称から何の問題もないような印象を受けやすいが，NHK
　　が，改革にともなって解散した公益法人を独自に調査したところ，「ずさんな実態，巨
　　額の資金の流出」が明らかになったという。NHKクローズアップ現代「検証 公益法人
　　改革」2014年5月27日（火）放送。また，不祥事続きの日本相撲協会は，公益財団法
　　人である。

（3）新会社法では，法人性について，第3条で「会社は，法人とする」と規定されている。
　　営利性については直接規定している条文はないが，株主の権利として剰余金配当請求
　　権及び残余財産分配請求権が明文化されているので（第105条），新会社法でも営利性
　　は規定されているといわれている。
　　社団性については，旧商法（第2編）第52条1項では「本法ニ於テ会社トハ商行為ヲ
　　為スヲ業トスル目的ヲ以テ設立シタル社団ヲ謂フ」と規定されていたが，新会社法に
　　はこのような規定がないばかりか，合資会社を除く3形態の会社に出資者が1名であ
　　る一人会社が認められている。合資会社も定款のみなし変更（第639条）により出資
　　者1名でも存続可能であると考えられる。
　　複数の人の集まりを社団ということから，会社の社団性を否定する意見と，潜在的社
　　団性という解釈で社団性を肯定する意見とがある。同じことは「共同企業」というく
　　くり方にもいえることであるが，新会社法下における「社団性」について異なる解釈
　　が見られることを指摘しておく。

（4）旧商法（第2編），第53条「会社ハ合名会社，合資会社及株式会社ノ三種トス」，第54
　　条「会社ハ之ヲ法人トス」
　　旧有限会社法，第1条「本法ニ於テ有限会社トハ商行為其ノ他ノ営利行為ヲ為スヲ業ト
　　スル目的ヲ以テ本法ニ依リ設立シタル社団ヲ謂フ」

（5）より正確には，中小企業等が行う新たな事業活動の促進のための中小企業等協同組合法等の一部を改正する法律（中小企業挑戦支援法）をうけて，新事業創出促進法第 2 条 2 項 3 号に該当する創業者のうち経済産業大臣の確認を受けた者が設立する会社については，最低資本金未満の資本金で会社を設立することが認められ，その設立から 5 年間は資本の額が最低資本金規制を適用されないというもの。

設立された会社を，確認株式会社，確認有限会社というが，新会社法で最低資本金制度が撤廃されたのにあわせてこの制度は廃止され，「設立後 5 年以内に，確認株式会社であれば 1,000 万円，確認有限会社であれば 300 万円までの増資」等の義務はなくなった。

（6）保険業法，第 2 条 5 項「この法律において「相互会社」とは，保険業を行うことを目的として，この法律に基づき設立された保険契約者をその社員とする社団をいう。」

なお，現在も相互会社の形態をとる生命保険会社は，日本生命保険相互会社，住友生命保険相互会社，明治安田生命保険相互会社（ブランド名，明治安田），富国生命保険相互会社，朝日生命保険相互会社の 5 社。

近年，相互会社から株式会社に組織変更した生命保険会社は，大同生命保険株式会社（平成 14 年），太陽生命保険株式会社（平成 15 年），共栄火災海上保険株式会社（平成 15 年），三井生命保険株式会社（平成 16 年），第一生命保険株式会社（平成 22 年）の 5 社。

（7）法務省によると，平成 18 年 5,6 月の 2 カ月間に設立された合同会社は 743 社（うち 11 社が株式会社や有限会社などからの組織変更）であったという。図表 2 - 3 によると，令和 3 年に約 16 万社に増えている。

（8）東京証券取引所上場企業のなかで，社外取締役を 2 人以上おいている企業は約 2 割にとどまっていた。そのため東証では上場規則を改正し，複数の社外取締役をおかない上場企業には，文書による理由の説明を義務付けている（平成 27 年 6 月から）。

その前月，平成 27 年 5 月には，社外取締役を少なくとも 1 人選任するよう促す改正会社法が施行され，さらに上場会社等に社外取締役をおくことを義務づける改正会社法が令和 3 年 2 月に施行された。

社外取締役のなかには複数の企業の社外取締役を兼職している人も多い。会社法の趣旨から，兼職で十分な仕事が可能なのか。お飾りでなく外部の目として実際に役立つ社外取締役の人材は多くはなく，今後の人材育成が課題となっている。

なお，日本経済新聞は，東京証券取引所が 2021 年春に改定する企業統治指針の概要によると，「東証の市場再編で現在の第 1 部を引き継ぐ新市場に上場する企業には社外取締役を取締役の 3 分の 1 以上とするよう求め」ており，「社外取締役，900 社で計 1,000

人不足する」と伝えている。2020 年 12 月 5 日付。

（9）「M&A3000 件超，11 年ぶり最多，17 年の日本企業」『日本経済新聞』2017 年 12 月 28
　　日付。「日本企業の M&A 復調 」同 2020 年 10 月 6 日付。記事中のデータはレコフの
　　調査による。

　　なお，M&A の現状は『日本経済新聞』電子版「M&A ニュース」で知ることができる。
　　例えば，「今治造船，三井系造船会社を買収へ（12 日　14：00），クリレス HD，「イク
　　スピアリ」の飲食事業を買収（12 日　2：00），資生堂，米で人工皮膚事業買収　シワ
　　対策化粧品開発へ（12 日　2：00）」など，毎日，情報が更新されている。

（10）本件については，「IT 業界を驚かす，日本ではレアな買収劇 ──“ステルス”型買収
　　に戸惑う防衛策なき時代の CEO たち」 BUSINESS INSIDER JAPAN，2017 年 3 月 8
　　日付を参照した。

（11）株式時価総額の外国企業との比較は，毎日の「株価×発行済み株式数」と外国為替の
　　変動で変わる。

　　なお，国内株の時価総額のランキングは，NIKKEI NET ランキングが便利（http://
　　www.nikkei.com/markets/ranking/）。これによると，全業種で，トヨタ　55 兆 6,667
　　億円，ソニー G　18 兆 5,905 億円，三菱 UFJ　17 兆 3,961 億円と続く（2024 年 2 月）。

（12）なお，ポッカコーポレーションは平成 25 年に経営統合され，ポッカサッポロフード＆
　　ビバレッジとなり，株主がサッポロホールディングス 1 社（100％）の非上場の株式会
　　社となっている。

【勉強を深めるために参考となる文献】

大坪和敏監修『図解会社法　令和 4 年版』大蔵財務協会，2022 年。

宍戸善一『ベーシック会社法入門（第 8 版）』日経文庫，2020 年。

総務省統計局『経済センサス』。

総務省統計局『事業所・企業統計調査』（平成 18 年の調査まで。21 年から『経済センサス』
　　に統合）。

中央経済社『会社法法令集（第 14 版）』中央経済社，2022 年。

中経出版編集部『取締役・監査役の新会社法』中経出版，2005 年。

日本経済新聞社編『一目でわかる会社のしくみ（第 4 版）』日本経済新聞社，2006 年。

浜辺陽一郎『令和元年改正対応　図解新会社法のしくみ（第 4 版）』東洋経済新報社，2020 年。

【Coffee Break】

CEO，COO，CFO とは何のこと

　最近，日本企業の役員の肩書きに，CEO，COO，CFO などの表記が
みられることが多くなった。日本の新旧会社法にはこれらの規定や定義
はなく，個々の会社でアメリカの役員制度（オフィサー制度）の役職名を
取り入れているに過ぎないが，主要な役職名については覚えておこう。

CEO　（Chief Executive Officer）　　最高経営責任者（ナンバーワン）
COO　（Chief Operating Officer）　　最高執行責任者（ナンバートゥー）
CFO　（Chief Financial Officer）　　最高財務責任者
CTO　（Chief Technical Officer）　　最高技術責任者
CSO　（Chief Strategic Officer）　　最高戦略責任者
CRO　（Chief Risk Officer）　　　　最高リスク管理責任者
CIO　（Chief Information Officer）　最高情報責任者
CLO　（Chief Logistics Officer）　　最高ロジスティック責任者
CMO　（Chief Marketing Officer）　最高マーケティング責任者
CSCO（Chief Supply Chain Officer）最高サプライチェーン責任者
EVP　（Executive Vice President）　上級副社長
SVP　（Senior Vice President）　　上席副社長

ちょっと一息

【Coffee Break】

日産自動車は外資系企業？

　日産車に乗っている人も多い。かく言う筆者は，お気に入りのローレ
ルに 21 年，28 万キロも走った。

　ところで，日産自動車株式会社は，日本企業なのだろうか，それとも
外資系企業なのだろうか。

　経済産業省は，毎年，外資系企業動向調査を行っており，速報を翌年

3月末頃，確報を最近では6月末頃に公表している。

この場合，外資系企業の定義を，「1. 外国投資家が株式又は持分の3分の1超を所有している企業。2. 外国投資家が株式又は持分の3分の1超を所有している国内法人が出資する企業であって，外国投資家の直接出資比率及び間接出資比率の合計が3分の1超となる企業。3. いずれの場合も，外国側筆頭出資者の出資比率が10%以上であること。」としている。

「令和元年外資系企業動向調査」では，調査対象企業数つまり外資系企業数は5,701社となっている（回収企業数5,449社）。

5,701社のなかには，コストコホールセールジャパン，スターバックスジャパンのように，ジャパンという企業名から外資系企業であると推測できるものもある。

また日本企業から外資系企業に変わった企業でも，ニュースで大きく取り上げられた企業であれば，人々の記憶に残っている。

東京地検特捜部に逮捕され，保釈中にレバノンに逃亡したカルロスゴーン（Carlos Ghosn）氏が社長・会長を務めていた日産自動車はフランスのルノー（Renault S.A.）傘下（43%）の外資系企業，ということになる。

☆ルノーは日産に43%を出資し，ルノーの筆頭株主はフランス政府。日産はルノーに15%，三菱自動車に34%，出資していた。

★ なお，『日本経済新聞』は，2023年11月8日付で，「ルノーと日産自動車は8日，資本関係の見直しが完了したと発表した。ルノーの日産に対する出資比率を15%に引き下げ，相互に15%ずつ出資する。ルノーは保有する日産の株式（43.4%）のうち，28.4%をフランスの信託会社に移した。両社が対等に議決権を行使できるようにした。」と伝えている。

　また，本文中で取り上げたシャープ株式会社や株式会社西友 HD 以外にも，中外製薬やエスエス製薬，三菱ふそうトラック・バス，ラオックスなど意外な会社が外資系企業になっていたりする。

　外資系企業になった理由，ならざるを得なかった理由，結果としての企業経営上の善し悪しなども考えてみよう。新しい発見をするかもしれない。

★　外資系企業動向調査は令和2年度調査をもって中止されている。

ちょっと一息

【*Coffee Break*】

会社名と商号，商標

　JTB は旅行業界で日本最大手であり，商号は「株式会社 JTB」である。

　商号とは登記上の正式名であり，会社法は，第6条1項で「会社は，その名称を商号とする」，2項で「会社は，株式会社，合名会社，合資会社又は合同会社の種類に従い，それぞれその商号中に株式会社，合名会社，合資会社又は合同会社という文字を用いなければならない」と定めている。

　したがって，会社名は登記上は「株式会社 JTB」であり，「JTB」は略称名である。また，「JTB」は商標登録もされているので，略称名であるとともに登録商標でもある（英文字3文字の商標登録は特例）。

　JTB のグループ会社のほとんどは，社名の前に「株式会社」をつけている。このように前につけることを「前株」，「ジェイティービー旅連事業株式会社」のように後につけることを「後株」という。

　なお，現在でも「特例有限会社」である場合には，商号は「有限会

社●●●●」「○○○○有限会社」となり，会社以外の法人も，例えば「公益財団法人トヨタ財団」のように，それぞれの認定を規定する法律は，その名称中に「公益財団法人」等の文字を用いるように定めている。

☆新型コロナ禍（下）における経営の厳しさはJTBにおいても例外ではない。

＊「JTB，1億円に減資へ」『日本経済新聞』2021年2月24日付。

　記事によると，2021年3月31日付で，資本金を23億400万円から1億円に減資する。その理由は「税法上，中小企業とみなされることで税負担を軽くするほか，今期発生する巨額損失の補塡原資を確保する狙いがある」という。減資は，一般的に企業の信用力を低下させるリスクをともなうとともに，規模に見合った納税は企業の社会的責任の1つでもあるので，問題がないわけではない。毎日新聞社も資本金を3月に1億円に減資した。

★　東京商工リサーチの「減資企業動向調査」によると，「2023年3月末までの1年間で資本金1億円超から1億円以下に減資した企業は1,235社」「前年の959社から約3割（前年比28.7％増）増えた」という。

ちょっと一息

第3章▶日本の経営者と経営管理について学ぶ

要 点

　本章では主として日本の経営者を分類しその役割について検討するとともに，アメリカ管理理論の系譜を時系列的に紹介し，そうした理論が日本企業の経営実践に果たした役割について具体的に述べる。

　株式会社における専門経営者の登場により，所有と経営の分離は現実化することになるが，それはコーポレートガバナンスの問題ともからみあって，経営に対する責任の所在や「会社は誰のものか」といった議論を本格的に展開させる契機にもなった。しかし，コーポレートガバナンス問題で経営のあり方が問われている状況にも係わらず，近年の日本企業では経営者のみならず，現業部門も巻き込んだ不祥事が相次いでいる。それは単なる経営陣による「経営の失敗」にとどまらず，日本企業の信頼性を揺るがす品質管理体制の問題にも及んでいる。

　こうした状況をみると，日本企業ではあらためて経営者はどうあるべきか，あるいは各管理階層の職制や一般の従業員にも必要とされる経営倫理をどのように根付かせるべきかといった企業経営に不可欠な根本的な問題が問われている。まずはCSR―企業の社会的責任―やコンプライアンス―法令順守―といった問題に経営者がどのように対処するかである。

　一方，経営の承継問題も少子高齢化がますます進展する中で，日本企業の重要な課題になっている。とりわけ，中小企業では一族の中に適切な後継者がいない状況が数多くみられる。この点に関して個別企業ごとの対応には限界があり，行政の取組みが今日では求められている。なお，本章では戦後の日本企業が学んだアメリカの経営管理論の系譜についても触れたい。

Key word

▶株式会社　▶専門経営者　▶コーポレートガバナンス
▶アメリカ経営管理論　▶日本の企業経営　▶CSR

注目！

1. 株式会社と専門経営者の登場

（1）資本主義経済の原動力としての株式会社

　我々は資本主義社会の下で暮らしているが，その中で日々の生活に必要とされる物（＝商品）を生産し，販売する役目を担っているのが資本主義的企業である。しかし，それらの企業は単に我々に無償で奉仕するために，商品を生産し，販売をしているわけではない。そこには一経済単位として利潤を獲得し，私的利益を追求するという営利目的がある。我々はそうした企業のことを私企業と呼んでいる。もちろん，企業の中には私的利益の追求を目的とするのではなく，公共の利益のために国や自治体が出資する公企業も社会には存在する。しかし，ここでは私的利益の追求を目的とした企業の中で最も代表的な企業形態である株式会社を議論の主たる対象とする。なぜなら，株式会社が資本主義の根本原理である市場メカニズムを活用して資本調達を行い，かつ日本経済における付加価値の大半を株式会社が生み出しているからである。

　株式会社の起源は，1602年に設立されたオランダの東インド会社であるとされている。東インド会社は，主にヨーロッパでは高額で取引される東南アジア産の香辛料（ナツメグなど）貿易のために設立された会社である。そこで出資を募る際に航海における出資者の危険負担をできるだけ最小限に抑えるために考え出されたのが，出資額を上限とする有限責任制の原則であった。この株式会社の誕生によってオランダの東南アジア貿易は大成功を収め，この後，株式会社は資本主義諸国に急速に普及し，資本主義経済発展の原動力になっていく。

　株式会社の特徴は，第一に調達する資本を少額均一の有価証券（株式）に分割して発行し，市場メカニズムを用いてそれを売買（投資）の対象とすることで社会に散在する遊休貨幣を資本として活用するところにある。第二の特徴としては，証券（株式）市場で売買の対象となる追加発行（増資）された株式の大半は所有者以外の投資家に分散所有される結果，次第に所有者と経営者とは人

格的に分離していくことが挙げられる。これがいわゆる所有と経営（支配）の分離である。第三の特徴としては，法的には他の会社（合名・合資・合同会社）形態では出資者は社員と呼ばれるのに対し，株式会社において出資者は株式の所有者という意味で株主と呼ばれ，彼らは証券（株式）市場を通じて容易に出資できかつ出資から手を引くことが可能である。しかも株主全員が有限責任の出資者であるため，責任は自分の出資分に限られる点でも出資を募りやすい。

（２）株式会社における経営者の位置

　日本において株式会社は最も広範に普及している会社形態で，地縁や血縁に頼って資本調達をしている多くの中小企業でさえ社会的信用などを考慮して株式会社形態を形式的に採用している。しかも，実質的には個人出資の色彩の強い企業であっても，社会的信用と税制上の有利さを考慮して株式会社を名乗っている企業も少なくない（これを法人成りという）。とはいえ，これら株式会社を名乗る中小企業では株式会社本来の特徴である市場メカニズム（証券市場）を活用した資本調達は行われておらず，出資を地縁・血縁などに依存している限りでは合名・合資・合同会社といった持分会社の形態となんら変わるところがないのである。

　それに対して市場メカニズムを用いて資本調達を行う本来の機能を発揮する株式会社の場合，創業者（所有者＝経営者）にとっては会社の成長とともに悩ましい事態に直面せざるを得ない。なぜなら，事業を拡張するためには資本調達の手段としての増資が不可欠であり，それを繰り返せば株式は多数の株主に広範に分散し，創業者の持株による支配権は次第に揺らいでいくからである。

　もちろん，株式会社では法的に最高の意思決定機関である株主総会の議決が株式多数決制であるため，過半数の株式を保有している限りその支配が揺らぐことはない。しかし，さらに会社が事業拡大を図った際に持株が過半数を割り込むことになると，もはや創業者の地位は絶対的なものではなくなる。

　実際，現在では日本を代表するパナソニックやトヨタも設立当初はそれぞれ松下一族や豊田一族が絶対的支配権を有する創業者一族の企業であった。だ

が，相次ぐ新株式の発行（増資）による資本調達の結果，今では創業家が保有する株式数は支配権にはほど遠い発行株式総数の1％未満になっている。なお，逆に創業家が支配権を取り戻すために大量の資金を投入してMBO（経営陣による買収）を実施する大正製薬やベネッセホールディングスのような事例も近年ではみられる[1]。

　このように上場している株式会社ではおおむね事業拡張や規模拡大による資本調達で株式の分散化が進むのは当然であり，創業者の後継者に代替わりして経営が不安定化した場合などにはそれに代わる専門経営者が求められることになる。こうした株式の分散化による支配権の問題について体系的に分析したのがバーリ（A. A. Berle）とミーンズ（G. C. Means）である。彼らは，1920年代アメリカの巨大株式会社200社（金融会社を除く）における持株数による支配の実態調査を行い，結論として支配を5つのタイプに分類できると著書『現代株式会社と私有財産』（1932年）のなかで指摘している[2]。

　それはすなわち，a.個人所有による支配，b.過半数持株支配，c.少数持株支配，d.法的手段による支配，e.経営者支配，である。なかでも，経営者支配の企業が会社数の割合でみると44％を占め，200社の資産全体に占める割合でも58％を占めている。この数値から当時，アメリカではすでに多くの企業で株式の広範な分散化が進み，それにより約半数の企業が経営者支配になっていることが明らかになったのである。その結果，企業経営は極めて専門的な知識と技能を持った専門経営者に委ねられているという有力な見解が登場したのである。

（3）日本企業の経営者類型

　それでは，現在の日本企業ではどういった類型の経営者が経営のトップとしてその職責を果たしているのか，ここでは特に内部昇進型（生え抜き）経営者―専門経営者―と同族経営の経営者に焦点を当てその特徴をみていくことにしたい。もちろん，日本企業の経営者類型はこの2つに限るものではなく，経営風土の一新を狙ったヘッドハンティング（外部招聘）の専門経営者や資本関係

のある系列企業からの派遣経営者，その一部には後に述べるように経営危機に陥った場合にしばしばみられるメインバンクからの派遣といったタイプも存在する⁽³⁾。

① 内部昇進型（生え抜き）経営者──専門経営者──

　日本の大企業における人事慣行の１つが新規学卒者の４月一括採用である。彼らはさまざまな部門に配属されてジョブローテーションを繰り返しながら一定期間のOJT（仕事に就きながらの教育訓練）を経て，一人前となり昇進・昇格していく。そうした雇用慣行が日本的経営の１つとされる長期雇用慣行（＝終身雇用）をもたらしたとされている。こうした仕組みは諸説あるものの第二次世界大戦前にはすでに存在しており，そうした従業員のなかから同僚との昇進・昇格競争に最後まで勝ち抜いた者が内部昇進型経営者になるのである。ただし，内部昇進型経営者は戦前からそれなりの数はいたものの，経営者類型でみるとその割合が飛躍的に増加したのは戦後のことである。その理由も諸説あるが，戦後改革の一環として戦争責任を問われた財界人の公職追放などによって戦前型経営者がその職を退いたことが大きいとおもわれる。その他の理由としては次のような点にも注目する必要がある。

　第二次世界大戦後の資本自由化の流れのなかで，外国資本からの乗っ取りを防ぐなどの名目で，旧財閥系企業などは戦前からつながりのある企業同士で，さらには戦後新たに誕生した金融機関を中心に関係を深めた企業の間でも株式を相互に持ち合うようになっていった。それらを代表するのが６大企業集団と呼ばれる企業グループで，企業相互の結束を図るという目的で集団内の経営トップが定期的に集う社長会（例えば，三菱金曜会など）を開催するなどしてきた。こうした企業集団内相互における株式の持株比率が次第に高まっていった結果，上位株主を集団に属する企業が占めるようになると，株主総会での意思決定は企業集団の意向を汲んだものとなった。それとともに，集団内企業の間では互いの経営には不干渉という不文律が次第に醸成されるようになり，集団内企業の経営者は他の持ち合い企業株主からの干渉を受けることなく，経営を

自由に自律的に行うことができた。もちろん，こうした経営への大株主の相互不干渉は企業集団に属する企業に限定されるものではなく，日本の大企業一般にも当てはまる現象でもあった。

　ともあれ，こうした企業集団内の有力株主がモノ言わぬ株主であれば，どこからも束縛を受けずに内部昇進（生え抜き）型経営者の地位は長期に渡って保証されかつ専門経営者として活躍できる余地は大きかったとみられる。その特徴は長年の勤続経験により企業特性や将来性，さらには企業が抱える強みや弱みについて最も精通しており，社内の人間関係などを含めてさまざまな角度から自らの企業をみてきた点にある。加えて，前任の経営者や他の経営陣（取締役）からの信頼も厚く，安心して経営を任せられるというメリットがあるため，高度経済成長期の大企業で最も多いタイプの経営者であったのも当然といえる。とはいえ，彼らに対しては圧倒的に男性が多いことや社外での職務経験がないため，多様性に乏しいという批判も出されている[4]。彼らは通常，前任の経営者に取締役会のなかから指名されて経営者（＝代表取締役社長）に抜擢されるケースが一般的である。なお，企業集団以外の大企業でも高度経済成長期にはおおむねこうした企業内から選抜された者が経営者の地位に就く傾向がみられた。

　ただし，後に述べるようにバブル崩壊以降，企業集団所属の企業が外部の企業との相次ぐ合併や遊休資本（長期保有の株式）の未活用に対する批判などで持ち合い企業の株式売却を進めた結果，企業集団の枠組みが崩れてくるとともに，こうした専門経営者の地位は必ずしも安泰ではなくなった[5]。というのも，外国人投資家がそれらの放出された株式の受け皿として機能するようになり，企業によっては大株主として長期保有する傾向が出てくると，彼らは安定株主かつ「モノ言う」株主として株主総会で積極的に発言し，経営者の地位を脅かす存在となってきたからである。実際，外国人の株式保有比率は東京証券取引所などの調査によると2022年度で30.1％，売買高でみると第一生命経済研究所の調べでは2023年9月単月でその比率が68.0％に達している[6]。

　なお，企業が他社との営業上の関係などを構築・維持するために保有してい

る株式を政策保有株式というが，相互に持ち合う株式持ち合いもその一種であり，外国人投資家などの機関投資家にはまったく評価されていない。というのも，資本の効率化という点で問題があることや相互に持ち合う株主が議決権を行使しない（議決権の無機能化）ことに伴う株主総会の形骸化が進むことなどが懸念されているからである。

②　同族経営型の経営者

　同族経営の企業の場合，経営陣を一族で固め，そのなかから経営者が選ばれることが多く，意思決定が迅速に行えることや株式の大半を一族で保有しているため企業買収（乗っ取り）に強いなどの利点がある。ただ，ともすればワンマン経営になりがちなため，企業が長期的に存続するためには経営者を支えるいわゆる「番頭」型側近の存在が欠かせない。江戸時代からみられる商家経営が1つのモデルとして存在し，実際にもそうした経営スタイルの企業は現在も少なからず存在する。

　同族経営の場合に最も大きな障がいとなるのが事業承継問題で，少子化や同族内の人材難により後継者を指名できない場合も生じている。しばしば指摘されるのは，初代の創業者が企業を立ち上げ発展させたにもかかわらず，二代目や三代目に代替わりして企業が大きく傾いてしまうというケースである。もちろん，こうした事業承継が順調にいくケースもあり，一概に二代目や三代目で企業が傾くとはいえないにしろ，さまざまな点で火種を残す場面もよくみられる。たとえば，後継者が親族に複数いる場合には誰が後を継ぐかで揉めるケースも少なくない。基本的には，事業の内容に精通しており，専門経営者としての訓練を受けた者が同族内部で育っていれば周囲からの反対も少ないのだが，必ずしもそうはならない場合が多い。

　以上のように，同族経営の最も難しい問題は，事業の後継者を選考する場合である。親族に適切な後継者がみつからず，事業の継続が難しい場合が増えているため，中小企業庁では国家機関として「事業引継ぎ支援センター」を全国47ヵ所に設置し，後継者不在の中小企業の事業引継ぎを支援している。同庁

のホームページには事業承継ネットワークに取り組んでいる地域事務局一覧を掲載するなどの対策も行っている[7]。その他には金融機関による事業承継支援も次第に定着しつつある。地方自治体が音頭を取る場合や地方銀行が主体的に取り組んでいるケースもみられる[8]。

③ その他の経営者類型

　企業規模が拡大し事業を託せる後継者について内部に適任者がいない場合には，ヘッドハンティング（外部招聘）によって他の企業で専門経営者として実績を積んだ人間を招いて企業のトップに据える人事も近年ではまれではなくなっている。かつてヘッドハンティングは外資系企業で主に用いられてきた採用手法であったが，近年の日本企業でも中堅管理職やCEOの獲得手法として頻繁に用いられている。

　とりわけ，グローバル化の進展など日本企業を取り巻く環境が不透明感を増している状況下では，株主を納得させるためにも企業経営の経験者を企業のトップに据える選択肢は効果的だとされている。この象徴的事例としては，創業者一族のなかから歴代の経営者を選任してきたサントリーホールディングスがローソンの新浪剛史会長を2014年10月1日付で経営者として迎えたことが挙げられる[9]。ただし，こうした外部からの人材登用にも内部事情によっては問題を生じかねず，内部の権力争いが昂じて外部の人材を招聘する場合には後々まで尾を引くと考えた方がいいであろう。

　この他に経営に熟知した人材を系列の金融機関から派遣されるケースも注目される。その大半は，多額の負債を抱え企業の存続が危なくなって取引先の金融機関から経営の立て直しのために，役員が送り込まれるケースである。ある意味，これは企業を金融機関に丸投げしてしまう事業放棄の典型例であるともいえる。そのため，経営者は退陣に追い込まれる場合が多く，稀には金融機関から派遣された経営陣にすべて入れ替わってしまうケースも起こりうる。このケースの問題点は，送り込まれた経営者の任務が当該企業の経営立て直しに向けられていればよいが，場合によっては企業の資産価値を高めてからの売却が

視野に入っていることさえある。後者の場合，金融機関としては当初から融資資金の回収を目的としているため，送り込まれた経営陣には当該企業に対する愛着心などはほとんど期待できない。そういった点では企業の存続によって社会貢献を果たすというゴーイングコンサーンの精神に反しており，その他の利害関係者にとっても決してよい選択肢とはいえない。

（4）経営者の役割

　経営者とはいうまでもなく企業の経営方針や経営戦略を練る立場にある最高経営責任者（CEO）である。しかし，現代の複雑化し大規模化した企業をまとめていくには経営者一人の力では十分でないことも事実である。実際，経営者は階層化された管理階層，すなわち職長や係長などで構成されるロワー・マネジメント，課長や部長などで構成されるミドル・マネジメント，そして取締役などのトップ・マネジメントといった管理階層の頂点に位置する存在にすぎない。したがって，経営者が行う意思決定とはトップ・マネジメントに属する取締役などの経営陣の協力なくしては成立しえない性格のものである。

　それでは経営者に課せられた役割とは何であろうか。それはたとえ私企業であっても社会の公器としての自覚を持って社会的責任を果たし，なおかつ企業がゴーイングコンサーンとして長期的に存続できるように「黒字経営」を続けていくことである。加えて，あらゆる利害関係者の期待に応えられるように，経営者には確固としたガバナンス体制を構築し，事業活動を行ううえで社会規範や倫理に背く行為がないようにCSR（corporate social responsibility─企業の社会的責任）を担う体制を確立することが求められている。

　なお，こうしたコーポレートガバナンス（企業統治）やCSRの問題が日本企業で本格的に取り上げられるようになりかつ経営者の経営責任が厳しく問われるようになった背景には，近年アメリカの大企業で相次いで起こった企業不祥事も関係している[10]。

２．苦悩する経営者とコーポレートガバナンス（企業統治）・CSR

コーポレートガバナンスに関する議論は，欧米では 1980 年代にすでに始まっていた。それはこの当時相次いだ経営者による不祥事や放漫経営がきっかけであった。2000 年代に入ってアメリカでエンロン事件とワールドコム事件といった極めて深刻な企業不祥事が相次ぎ，ふたたびコーポレートガバナンスの議論は再燃することになったのである。

（1）エンロン社の破綻とコーポレートガバナンス

エンロン社は 1985 年発足の比較的歴史の浅いエネルギー供給企業であったが，アメリカにおいて規制緩和が進む状況を利用してデリバティブ取引などを手がけて急速に成長した。具体的な取引対象はブロードバンドビジネスと天候のデリバティブ取引であった。デリバティブとは直接の金融取引ではない金融派生商品のことで，天候については天候の変動（気温や降雨量など）が作物の収穫や価格に影響を及ぼすことから，今後の天候を予想すること自体を取引の対象とした非金融サービス商品である。

こうしてエンロン社は経営の多角化を進めながら順調に業績を伸ばしてきたが，2001 年 10 月に同社の簿外債務の隠蔽をはじめとしたさまざまな不正が明るみに出るに及んで同社の株価は急落するに至った。その結果，2001 年末に同社は破産宣告を受けて倒産したのである。これをきっかけに他の大企業でも不正会計が次々に発覚し，アメリカ企業のコーポレートガバナンスのあり方が厳しく問われることになった。それを受けて 2002 年には，不正防止策として企業の不正を厳しく処罰するサーベンスオックスレー法（企業改革法）が制定されることになった。

一方，企業側においても社会的な信用を取り戻すために不正防止策として統治システムの改革に乗り出すところが相次ぎ，企業を客観的な眼で監視する体制が採られるようになったのである。その結果，モニタリング的役割を担う社

外取締役の数が社内取締役より多い企業が次々に誕生した。このようにアメリカの大企業では統治システム自体を外部者の観点を取り入れて監視体制を強めることで，利害関係者，とりわけ機関投資家を含めた株主の期待に応えようとした。しかし，一方ではそれが経営者（CEO）にとっては重荷になり，短期的利益のみを追求するなど企業活動を消極的にするのではないかという懸念もある。

（2）日本企業の経営者とコーポレートガバナンス・CSR

　アメリカ企業の不祥事と同様，日本においても企業の不祥事が近年相次いで起こっており，ガバナンスのあり方が大きく問われるようになってきた。1990年代に起こった総会屋に対する利益供与事件（当時の第一勧業銀行や旧四大証券会社など）や2000年代に入ってから相次いだ食品偽装問題，さらに2000年代後半からは製品や部品の品質に係わる現業部門での不祥事が相次いだ。タカタ製エアバッグの製品不良による事故，神戸製鋼の検査データの改ざん問題，日産自動車をはじめとした自動車各社の無資格検査員による完成車検査問題などである。なかには経営陣の一角を占めながら，不祥事に直接関与したとの報道もなされている。たとえ現場レベルの不祥事であっても，経営者の責任は免れないのはいうまでもない。とりわけ，製造業で起こった品質に係わる不正は単に一企業の問題では済まされず，日本企業の品質全体に対する世界からの信頼を損ねることになり，長期的にその損失は計り知れなく大きいとおもわれる。

　タカタについてはエアバッグを原因とする事故がアメリカで相次ぎ，同国の国家道路交通安全局（NHTSA）は同製品を欠陥品と位置づけ，同社が適切なリコール（製品の回収と点検・修理）や情報開示を怠った責任を問い，多額の制裁金を科したのである。その結果，タカタは2017年6月に東京地裁に民事再生法の適用を申請し，倒産に至った。この経緯をみるとタカタは経営者が適切にリコールと情報開示を指示していれば，倒産に追い込まれるほどの事態にはならなかったと考えられる。そのため，同社において経営者責任が問われるのは当然のことといえよう。

　最近の例としては2023年12月にダイハツ工業から発表された64車種での認証試験の不正問題が挙げられる。25の試験項目で174項目の不正が発覚したのである。帝国データバンクの推計によれば，同社のサプライチェーンは全国に8,136社あるとされ，この不正による影響は計り知れない⁽¹¹⁾。当然，同社はトヨタの100％子会社であるため，トヨタの責任も免れない。このように現場レベルの不祥事であっても経営者の責任は免れないのはいうまでもない。とりわけ，日本の製造業で起こった品質に係わる不正は，すでに述べたように単に一企業の問題では済まされず，日本企業の品質全体に対する世界からの信頼を裏切ったことになり，長期的にその損失は計り知れなく大きい⁽¹²⁾。

　以上のような企業の不祥事以外にも日本経済に影響を及ぼしかねない老舗大企業での「経営の失敗」事例がこの十数年に頻発している。まず，2010年の日本航空（JAL）の経営破綻理由については，赤字路線を多く抱えていたとか福利厚生が手厚すぎたなどさまざま指摘されているが，結局のところ経営者による「経営の失敗」であることには間違いない。やはり老舗企業シャープの事例も一言でいえば「経営の失敗」といえるであろう。同社の場合，液晶事業と太陽電池事業への過剰な設備投資が巨額赤字の原因になったと指摘されており，その結果，自力再生への道を断念したのである。そして，近年の事例としては東芝の原発事業子会社ウエスティングハウス（WH）の経営破綻（2017年3月）による経営危機も経営者の原子力事業における経営戦略の失敗とみることができる。

　このような事例からも明らかなように，近年，日本企業の経営者たちにとっては苦難の日々が続いているが，なぜこのような不祥事が頻発し防止できなかったのか，あるいは「経営の失敗」に至ったのか，今後同様のことを繰り返さないためにはその原因を徹底的に探る必要がある。ここでもう一度，経営者責任が問われかねない点を簡単に整理すると，1つは頻発する企業不祥事，2つめに企業の存続を脅かしかねない種々の「経営の失敗」，最後に国際化への対応の失敗，といった問題に集約されるであろう。そして，それらの問題の大半が経営者自身に係わるものであり，たとえ末端で起こった問題であっても経

営者としての責任を免れることはできない。その原因を探ると，経営者の地位が不安定化したことによって生じた問題以外にも企業を取り巻く環境の変化などいくつかの要因が考えられる。まず 1 つは，日本企業の国際化の問題である。IT（情報技術）の発展と国際競争が常態化するなか，日本企業の海外進出がいっそう進み，海外企業の動向にも注意を払うことが経営者に求められるようになってきた。言い換えると，経営者が策定する経営戦略にも外国企業との競争を意識したより国際的な視点が求められるようになってきたのである。

　こうしたなか，近年の日本企業では余剰資金の投資先として外国企業買収が盛んに行われるようになっている。つまり，少子高齢化によって狭隘化する国内市場を考慮した設備投資の停滞や先行きの見えない国内の経済状況に加えて，潤沢な内部留保（2019 年度法人企業統計では約 475 兆円の利益剰余金 [13]）が外国企業の買収を加速させているのである。しかし，東芝の事例が示すように外国企業の買収が必ずしも順調に進むわけではない。かつては企業集団内部において商社が海外市場への進出や外国企業との取引，さらには外国企業の買収など情報収集面での中心的な役割を果たしていた。しかし，バブル崩壊以降，企業集団の結束が緩んだ結果，かつてほど商社がその機能を果たせなくなっているとも考えられる。そういった点を考慮すると，今後ますます経営者には海外事情に詳しい専門家としての能力が求められているともいえる。

　次に，国際化の進展や国内外における経済環境の不透明感もあって経営者や経営陣は過剰ともいえる業務負担を強いられており，それが企業内部の管理体制の弱体化につながっている面も看過できない。そしてそのような状況が，日本企業の独壇場でもあった品質管理に係わるさまざまな不祥事を引き起こす原因の 1 つにもなってきたのではないかと考えられる。

　むろん，こうした不祥事や「経営の失敗」を防ぐためにもコーポレートガバナンスに関する議論が不可欠である。実際，多くの上場企業ではコーポレートガバナンスに対する基本的考え方を会社のホームページなどで提示し，そのための機関設計についても詳述している。もちろん，個々の企業の努力だけに任せるのではなく，法律上もよりよい統治システムを意識した会社法改正が行わ

図表 3 - 1　株式会社の統治システム（4 類型）

	非公開会社	公開会社
大会社	取締役（会）＋監査役（会）＋会計監査人＋（会計参与） 取締役会＋指名委員会等＋会計監査人＋（会計参与） 取締役会＋監査等委員会＋会計監査人＋（会計参与）	取締役会 ☆監査役会 → （監査役＋社外監査役） ☆指名委員会等設置会社 　→ （指名委員会＋監査委員会＋報酬委員会） ☆監査等委員会設置会社 　→〔監査等委員会（取締役＋社外取締役）〕 ※☆のうち，いずれか1つを選択 　会計監査人＋（会計参与）
中小会社	取締役	取締役会 監査役もしくは 指名委員会・監査委員会・報酬委員会

※なお，指名委員会等設置会社は，取締役会の中に社外取締役が過半数を占める3つの委員
　会から成る。
※監査等委員会設置会社では，過半数の社外取締役を含む取締役会3名以上で監査等委員会が
　構成され，取締役の職務執行を組織的に監査する。ただし，2014 年の会社法改正では，
　社外取締役設置の義務化は見送られたが，2021 年 3 月施行の改正会社法では，上場会社
　と委員会設置会社には義務付けられた。
出所：会社法などを参考にして作成。

れている。

　図表 3 - 1 で示すように，2014 年の会社法改正では業務執行を担当する経
営者（代表取締役）や取締役の監査・監督役として社外取締役を置くことを義務
づける「監査等委員会設置会社」が導入された。委員会設置会社については
「指名委員会等設置会社」に名称変更され，取締役会を構成する指名委員会，
監査委員会，報酬委員会にはそれぞれ社外取締役を過半数置くことが義務づけ
られた。従来からある監査役会設置会社と合わせて，日本の上場企業でかつ大
会社における統治システムについてはこの3つのタイプから機関設計を選択す
ることが義務づけられ，不祥事や「経営の失敗」を制度上防ぐ措置が採られる
ようになったが，果たしてこれで十分なのかという疑問は残る。

　結論としては，どれほど制度を整えて監視機能を高めようとしても経営者自身に経営に対する責任の自覚とモラルがなければ，企業の不祥事や「経営の失敗」は防ぎようがない。また，企業がすべての利害関係者に対して責任を全うするためには，経営者はもちろんのこと，末端の従業員に至るまですべての者が社会的責任の重要性を自覚するとともに，企業が主体的に経営倫理教育（具体的には CSR やコンプライアンス―法令順守―などの教育）を実施することが求められている。

3．経営管理について学ぶ

（1）経営管理論の発展経緯

　第二次世界大戦後の 1955 年に日本は生産性向上運動の実施主体として日本生産性本部を立ち上げ，1950 年代後半には企業の代表者を選抜して多くの人材をアメリカやヨーロッパに派遣した。そうした経緯を経て戦後日本の企業経営はアメリカの企業経営を見習い，アメリカの経営学を範としながら，そこに日本的特徴を盛り込みながら近代化し発展してきたとみることができる。そして，そのアメリカ経営学の主流はマネジメントの理論＝経営管理論であり，それにヨーロッパの経営学が一部経営管理論的方向性を持ちながら日本の経営学に影響を与えつつ，今日の経営管理論を形作っているということができる。

　アメリカにおいて，実際の経営管理の本格的発展は 20 世紀転換期にさかのぼることができる。ただし，経営管理の発展経緯を探るにはこの時期よりも 50 年以上遡ったアメリカ資本主義の状況を把握する必要がある。周知のように，アメリカは建国以来独立戦争から始まり，米墨戦争（アメリカ・メキシコ戦争：テキサスやカリフォルニアなどの所属をめぐる戦争），次いで南北戦争といったように絶えず戦争を繰り返してきた。そのため，兵器産業が急速に発展し，なかでも銃器産業の発展はアメリカ機械工業の発展に大きく貢献した。とりわけ，互換性生産方式の発展は部品の単純化・標準化を促し，工作機械の万能機から

専用機への転換にも大きく貢献した。もちろん，万能機から専用機への転換の背景にはヨーロッパの製造業とは異なり，労働力の主体が西漸運動の終焉とともに農民から転じた不熟練労働者が工業労働力の主体となっていたことも挙げられる。

　1850年代頃の製造業の工場管理の状況は，内部請負制（inside contract system）による生産体制が主流で，この仕組みは次のようになっていた。工場主（経営者）と内部請負人との間で請負契約が結ばれ，そこで納期や契約金などが決められ，生産の一切は内部請負人に任されていた。内部請負人は配下の労働者を指揮して生産にあたり，工場主は工場についてはまったく関与しなかった。工場主と内部請負人配下の労働者との間には直接的な雇用関係は存在せず，間接雇用体制であった。

　ところが，機械化の急速な進展は内部請負人が保有する知識や技能を陳腐化させ，彼らを中心とする生産体制は次第に行き詰まるようになった。19世紀後半になると工場主は内部請負人との契約を止め，直接雇用の職長に現場の指揮・監督を任せるようになった。以上のような工場内部の管理体制の変化も管理の近代化を促す契機となったのは間違いないであろう。

　一方，19世紀末になるとアメリカ資本主義は自由競争が行き詰まり，少数の企業が市場を支配する寡占（独占）段階に移行しつつあった。1901年に金融資本モルガン商会によりカーネギー製鋼などの製鋼会社が合同してU.Sスチールが誕生したことはその象徴的出来事といえよう。同社の誕生に続いて他の産業部門でも相次いで企業合同（トラスト）が成立した。こうした企業規模の拡大と競争の激化は内部に組織問題を惹起するとともに，工場においても製造原価の低減をめざす経営側と労働者側との間で賃金をめぐる対立を激化させた。そうした状況下で工場管理の近代化に尽くしたのがテイラー（F. W. Taylor）であった。

　ただ，テイラーの科学的管理は機械に油を注ぐように労働者を賃金のみで刺激する極めて非人間的な側面が強く，その後に登場したフォード（H. Ford）のベルトコンベア・システム（流れ作業システム）と合わせて，労働の細分化や単

調化をもたらし，結果的に労働疎外を招くとして労働者や労働組合から批判された。そうした人間機械視論的思考に立脚した管理では能率の向上に限界があることが1920年代中頃に始まったホーソン実験で明らかとなった。数多くの実証実験を経て誕生した人間関係論（H.R）ではレスリスバーガー（F. J. Roethlisberger）などが中心になって職場における人間関係のあり方や監督方法についての議論がなされた。そして，その考え方を発展させたのが第二次大戦後に生まれた行動科学的管理論（後期人間関係論）である。代表的な研究としては，動機づけ論とリーダーシップ論に分けることができ，前者の理論としてはマズロー（A. H. Maslow）の欲求五段階説，それを発展させたアルダファ（C. Alderfer）のERG理論，マグレガー（D. McGregor）のX理論・Y理論，ハーズバーグ（F. Herzberg）の動機づけ―衛生理論，後者のリーダーシップ研究ではリッカート（R. Likert）のシステム4の理論などが注目される。

　一方，経営管理研究ではフランスのファヨール（J. H. Fayol）に始まる管理過程学派の研究も重要である。この学派は管理を「計画」「組織」「命令」「調整」「統制」といったように過程的に把握し，管理を組織全体の問題として捉えた点でアメリカにおいて一定の評価を得るようになり，1930年代以降ムーニー（J. Mooney）＆ライリー（A. Reiley），アーウィック（L. Urwick），クーンツ（H. Koontz），オドンネル（C. O'Donnell）らによってファヨールの研究は受け継がれた。

　この他に注目されるのがバーナード（C. I. Barnard）による近代組織論で，それをサイモン（H. Simon）は意思決定論として発展させた。組織と管理の問題は表裏一体の関係ともいえ，バーナードやサイモンの理論は経営管理にも応用可能な理論として現代においても影響力を持っている。なお，図表3－2は経営管理論の発展概念図である。

　さて，1960年代に主たる経営管理論の系譜についてテイラー以降の約50年の推移を6つの学派に分類したのがクーンツとオドンネルで，彼らはその多様な展開を「マネジメント理論のジャングル（The Management Theory Jungle）」と評した[14]。これはクーンツ単独の見解であるが，その6つとは管理過程学派，経験学派，人間行動学派，社会システム学派，意思決定学派，そして数理学派

図表 3 - 2　経営管理論の発展概念図

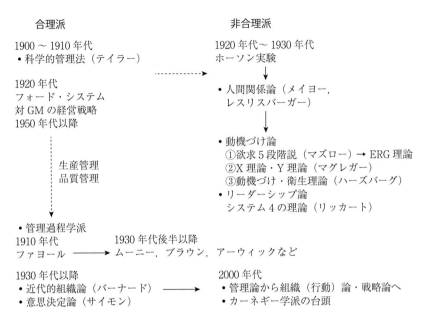

合理派

1900 ～ 1910 年代
• 科学的管理法（テイラー）

1920 年代
フォード・システム
対 GM の経営戦略
1950 年代以降

　　　　生産管理
　　　　品質管理

• 管理過程学派
1910 年代
ファヨール　━━━→　

1930 年代以降
• 近代的組織論（バーナード）　━━━→
• 意思決定論（サイモン）

非合理派

1920 年代～ 1930 年代
ホーソン実験
　　　↓
• 人間関係論（メイヨー，
　　　　　　　レスリスバーガー）

• 動機づけ論
　①欲求 5 段階説（マズロー）→ ERG 理論
　②X 理論・Y 理論（マグレガー）
　③動機づけ・衛生理論（ハーズバーグ）
• リーダーシップ論
　システム 4 の理論（リッカート）

1930 年代後半以降
ムーニー，ブラウン，アーウィックなど

2000 年代
• 管理論から組織（行動）論・戦略論へ
• カーネギー学派の台頭

※なお，この図は筆者が種々の文献を参考に独自で作成したもので，・印が主要な理論。

であった。彼の分類の特徴は，管理過程学派を中心に構成されているところにある。

　① 　テイラーの科学的管理論

　テイラーは法律家を目指して勉学に励んだが，ある事情で断念し，父親の友人が経営する鉄鋼会社の機械工場に一工員として勤めることになった。そこで，彼が眼にしたのは工員たちが相次ぐ賃率切り下げに対抗して集団で作業速度を落とすいわゆる「組織的怠業」であった。しかし，それは管理者側にはまったく気づかれることはなかった。なぜなら，工員たち全員で作業速度を落とすため，管理者側は工員たちが意図的に作業速度を落としていることに気づかなかったからである。こうした場面を眼にしたテイラーは経営側の賃金支払

い制度に問題があると考えた。

　テイラーは賃金支払い問題に起因する労使対立は不毛だと考え，両者ともに納得できる方法を模索することになる。そこで，彼は労働者が一日に達成できる標準作業量＝課業（task）を科学的に測定し，賃金算定の基準にしようと試みた。そのための方法が時間研究であった。ところが問題は被験者（実験の対象者）に誰を選ぶかで，それによって数値はかなり変動し，課業の設定に直接影響を及ぼす。彼が被験者として選んだのは「一流の労働者」で，そのために労働者の誰一人として賃金支払いの基準となる課業を達成できずに，それが後に労働組合に批判されることになった。とりわけ，テイラーが提唱した差別出来高給制度は標準作業量＝課業を達成できるかどうかで賃率が大きく変わる仕組みであったため，労働側にとっては課業がどの水準に設定されるかは極めて重要な問題であった。

　テイラーの研究はこれにとどまらず，工場組織の改革にも踏み切った。それが職能別職長制度と計画室の設置である。まず，職能別職長制度とは，職長の仕事が過大であると考えたテイラーが職能別にその仕事を8つに分解し，それぞれの担当を決め，8人の職長を配置した制度である。しかし，そこでは現場に4人の職長を配置し，計画室に4人の職長を配置したものの，「命令一元の原理」に反して命令系統に混乱をもたらすことが明らかだったため，実際にはほとんどの工場で適用されなかった。

　次いで，企業の経営管理の発展に大きな影響を与えたのが1920年代に発展した自動車産業である。

② フォード社とGM（ジェネラル・モータース）の経営戦略の相違

　しばしば20世紀は大量生産の世紀であるといわれるが，その礎を作ったのがフォードであった。フォード社の本格的発展は1914年から始まったとされるが，それを支えたのが1908年に発売されたT型フォード（Ford Model T）で，この車は1927年ごろまでモデルチェンジすることなく，フォード社の成長・発展に寄与した。このT型フォードは基本的には大量販売に基づく大量

生産という考え方をまさに実践で示した自動車で，単一車種での大量生産により低価格を実現した。当時，自動車を国民大衆が購入できるほどまで価格を引き下げたため，1920年代のアメリカ社会にモータリゼーションの波をおこしたのである。

　その生産の特徴はフォード・システムと呼ばれるように，ベルトコンベアを用いた流れ作業方式を導入したところにある。それを実現するために，部品の規格化や標準化を進め，最終的には製品の標準化にまで至った。そして，加工対象である車台をベルトコンベアに載せて労働者はゆっくりと動いてくる車台に張り付いて作業を行った。それを可能にするために，作業自体の単純化・標準化を徹底し，短時間で作業を完了できるように用いる工具なども専門化したのである。

　結局，フォードの経営戦略は，大量販売に基づく単一車種での大量生産体制の構築によって国民大衆の誰もが自動車を所有できるようにしたのであるが，アメリカ資本主義の成長とともに多様化する国民各階層の種々のニーズには対応できなかった。こうした種々のニーズに応えたのがGMであった。

　GMの経営戦略は，国民各階層に応じた多種多様な車種の生産と販売を手がけたことである。それを実現するために，経営者のデュラント（W. C. Durant）は1908年に持ち株会社GMを設立し，ビュイックに加え，オールズモビル，キャデラック，オークランドなどの自動車会社を次々に買収し，さらにトラック会社や部品会社も次々に傘下に収めた。しかし，デュラントによるGMの経営は失敗し，紆余曲折の後，GMの経営はスローン（A. P. Sloan, Jr）に受け継がれることになる。彼は多種多様な車種を有するGMの経営を行うには単一の集権組織では難しいと考え，本社部門とは別に事業部を設け，そこに権限を委譲する方法で車種別に独立した経営を行うことを決定した。

　これがいわゆる事業部制である。つまり，GMは，フォードの単一車種大量生産・大量販売に対抗して組織力で勝負したのである。後年，チャンドラー（A. D. Chandler, Jr）は，GMの経営を参考に「組織は戦略に従う」という名言を残している。

③　人間関係論とホーソン実験 (1924 ～ 1932 年)

　この実験はウエスタン・エレクトリック社が従業員の作業能率を高めるための条件を探ろうと，外部の機関に依頼してシカゴ近郊のホーソン工場で行ったものである。まず，「照明実験」では，能率と環境（照明）との直接的な因果関係以外の何かが能率には影響していることが明らかとなった。続いての「面接調査」は，従業員たちから直接，不平・不満を聞き出し，その原因になっている監督方法の欠陥を取り除けば，不平・不満は解消して能率の向上につながるだろうとの考えの下で実行された。その結果は，メイヨーらが想定したようなものではなかった。監督などの問題は，被面接者によってさまざまであり，むしろ，個人個人の内面に係わる問題が多く，単に監督方法を改善すればよいという問題ではなかったのである。

　続くバンク捲き線作業実験では，男子工員グループを調査対象として行われた。この実験によって，職場の作業集団のなかに会社内の地位や管理とは無関係に発生した結びつきがあることを発見した。メイヨーやレスリスバーガーらは，それら組織内で諸個人による自然発生的にできた結びつきを「人間関係」と呼び，人間関係によって築かれた社会集団を「非公式組織」と名付けた。その結果，能率は作業環境の変化に論理的に反応するのではなく，作業環境の変化に非公式組織がどう反応するかによって説明されるとしたのである。

④　後期人間関係論（行動科学的管理論）の登場

　第二次世界大戦後，行動科学は軍隊における組織や個人の行動を分析する研究から発展し，人間を心理学・社会学・経済学・生理学・医学等の成果を援用しながら，総合的に分析する科学として注目されるようになった。そして，その成果を経営管理の領域に応用したのが行動科学的管理論である。この理論は動機づけとリーダーシップのあり方についての研究を中心に発展しており，人間関係論の系列につながることから，後期人間関係論とも呼ばれている。

　マズローの欲求五段階説は，まず人間の欲求を五段階に分け，低次の欲求から順に生理的欲求，安全の欲求，社会的欲求，自我の欲求，そして最後に自己実

現の欲求，といったように，低次の欲求が満たされると次第に高次な欲求に人間の欲求水準はあがってくるという説である。そのなかでは組織において日常的に重要なのは自我の欲求であると結論づけられる。しかし，人間の欲求は必ずしも低次の欲求から高次の欲求に移るものではなく，また複数の欲求を同時に持つこともあるなどマズローの理論にはさまざまな欠陥があると批判された。

　こうした批判から生まれたのがERG理論である。EとはExistenceのE，RはRelationshipのR，GはGrowthのG，つまり，生存，関係，成長という欲求に区分したところからERG理論と名づけられた。この理論では，生存欲求は生理的経済的欲求，関係欲求は人間関係的欲求，成長欲求は創造的・生産的欲求と3段階に区分するなどマズローの欲求五段階を簡素化し，同理論で主張された欲求水準の高度化に対しては否定している。

　マグレガーのX理論・Y理論は，人間を2つに類型化しそれぞれに適合した管理を提示している。X理論では，人間は生来怠け者でかつ消極的で命令をされないと自ら動かないとして，そうした人間の管理にはなんらかの強制的措置が必要だとしている。これに対してY理論においては，人間は生来何事にも積極的に取り組み，他からの強制がなくても能動的に行動するという人間観に基づき，管理手法としては目標管理や参加型管理が有効な管理手法であるとしている。

　ハーズバーグ（F. Herzberg）は，従業員の満足度を高める要因を動機づけ要因とし，改善しても満足度を高める要因にはならないものを衛生要因と名づけ，それを動機づけ衛生理論（Motivator Hygiene Theory）として発表している。この理論は従業員のモチベーションを考える上できわめて重要な点を示唆している。彼は，さまざまな企業・職種の従業員から，仕事中に極度の満足・不満を覚えたとき，どのようなことが起きたかについて質問し，そこから共通する要因を抽出した。満足を招いた要因として次のようなものが81％と多数を占め，この満足要因を動機づけ要因と名づけた。その要因の具体的内容は，達成感，他者からの承認と評価，仕事そのものへの満足感，責任，昇進，進歩，個人的な成長，である。逆に不満を招いた要因は以下のようなものが69％を占

め，それを衛生要因と名づけた。すなわち，企業の施策と管理，監督，監督者との関係，労働条件，給与，身分，保障，である。

この調査から「衛生要因」は不満の原因にはなるが，これを改善しても満足度の向上にはつながらないと判明した。つまり，『不満を解消すること＝満足度の向上』ではないのだから，仕事への不満を生み出す要因をどれほど取り除き改善してもモチベーションは向上しないわけである。「従業員満足度調査」や「モラルサーベイ（企業の組織・職場管理に対して，従業員がどういう点にどの程度満足し，またどんな問題意識を持っているのかを科学的に調査分析する手法で，一般には士気調査あるいは従業員意識調査，社員満足度調査と呼ばれている）」を実施して従業員の不満の原因を見つけ，これを解消することでモチベーションを向上させようとしても，そこには限界がある。

ところで，ホーソン実験においてもリーダーシップのあり方で従業員の能率に大きな影響を与えることが実証された。このリーダーシップについて体系的に研究したのがリッカートであった。ミシガン大学社会調査研究所長であったリッカートは，実際の調査を通じてリーダーシップに係わる管理システムを4つに分類し，それぞれの型を権威主義・専制型（システム1）リーダーシップ，温情・専制型（システム2）リーダーシップ，参画協調型（システム3）リーダーシップ，民主主義型（システム4）リーダーシップと規定した。そして，それぞれの型を説明して，実験を通じて民主主義型のシステム4を採用している経営組織の業績が最も高いと結論づけた。

⑤　近代的組織論

アメリカ経営学に新しい方向性を切り開いたのがバーナードであった。彼は，まず組織を「共通目的を有する二人以上の人々による協働体系（システム）」と捉える。要するに，二人以上の人々が何らかの目的を達成するために有機的な連関を持ちながら，協働して目的を達成しようとするのが組織だとしている。そのなかで彼は組織成立の要件として「共通目的」，「貢献意欲」，「コミュニケーション」という3つの要素を挙げ，それらを能率的にかつうまく機

能させるのが管理の役割だと主張している。

　それでは彼は組織をどのように捉えているのだろうか。まず，組織に参加することによって個人が得られる効用＝誘因と組織目的の達成に寄与する個人の活動＝貢献との関係を問題にしたのが「誘因と貢献の理論」である。もちろん，個人によって組織に参加する動機はさまざまであり，たとえば，金銭的な動機，組織に参加することによって何らかの満足感を得たり，組織への参加が自己実現につながるなど，である。それらを満足（その度合いを能率という）させることをバーナードは「誘因」という。

　一方，人は組織に参加することによって，何らかの働きを組織から求められることになる。そうした組織に参加することで組織が得られる何らかの「利益」をバーナードは「貢献」と呼ぶ。バーナードによれば，誘因が貢献と等しいか，あるいは前者が後者よりも大きいならば，組織は存続し，成長できると主張する。この点について，サイモンは何らかの活動において組織の均衡，すなわち，誘因≧貢献が維持されなければ，組織は死滅すると述べている。バーナードの「誘因と貢献の理論」を発展させたサイモンの理論的貢献から，バーナード─サイモンの組織均衡理論として現在では議論されている⁽¹⁵⁾。なお，古典的管理論の人間観と組織論の人間観との違いにも注目する必要はある。科学的管理や人間関係論では人間を「経済人モデル」もしくは「非合理性モデル」と捉えたのに対して，近代的組織論では制約された状況のなかで限られた選択肢から合理的な意思決定をする「経営人モデル」として把握している。

　続いて，バーナードが唱えたのが権限受容説である。まず，彼は権限の源泉は何かというところから出発し，権限の発生根拠について言及する。従来，権限の発生根拠として，a.権限法定説とb.権限職能説が指摘されてきた。前者はある目的達成のために設立された組織で必要とされるもの，あるいは付随するもの，という理解で最上位の階層から下位の階層に与えられるものとしている。そのため，権限上位説ともいう。後者の権限職能説では権限は職能を遂行する権利だとする考え方で，上位者が下位者に命令し，下位者がそれを実行するのは上位者が上位の職位にいるからであるという理解である。それに対し

て，バーナードは下位者が上位者の命令を受容しなければ，権限は発生しないとして，そのための条件として，第1に組織目的と命令が矛盾しないと下位者が信じること，第2に下位者の利害と命令が矛盾しないこと，第3に下位者に命令を受容する意思があること，第4に下位者が命令を正確に理解していることを挙げている。

⑥　管理過程論

多くの経営管理理論はアメリカで誕生しているが，管理過程論のみフランスの鉱山技師であるファヨールを創始者として発展した。彼は企業組織を研究する際に，管理者による管理職能を14の管理の一般原則（分業，権限と責任の一致，規律の遵守など）として提示するとともに管理のプロセスに注目して分析し，計画（plan）－執行（do）－統制（see）といったように管理を過程的に捉えようとした。そして，彼の考え方はアメリカ経営学の研究者に継承され，アーウィックやニューマンなどを輩出した管理過程学派として現在でも確固とした地位を得ている。

以上の管理理論の他に，経営管理の内容を含んだ有力な理論としてローレンス＆ローシュ（P. R. Lawrence & J. W. Lorsch）による条件適応理論（コンティンジェンシー理論）や経営戦略の観点から「競争の戦略」を展開したマイケル・ポーター（M. Porter）などの研究が注目される。前者の条件適応理論とは企業内外を取り巻く環境の変化に対応して組織や管理の在り方も異なるという考え方であるため，それ自体が管理理論として体系化されているわけではない。

なお，近年のアメリカ経営学は管理論から組織論や戦略論へと移行しており，同分野の理論研究が中心になっている。それらの多くはサイモン，ジェームズ・マーチ（J. March），リチャード・サイアート（R. Cyert）などの「カーネギー学派」の影響を強く受けているといわれている[16]。

（2）日本企業へのアメリカ管理理論の伝搬とその影響

管理過程学派の理論を第二次大戦後の日本で遅れていた品質管理分野に応用

したのが Plan – Do – Check – Action という管理サイクル（PDCA）を回すとい
う考え方である。1950 年に日本科学技術連盟の招きで来日した品質管理の第
一人者であったデミング（W. E. Deming）の講義において，調査・設計・製造・
検査（販売）のサイクルを回す重要性が指摘された。それが「デミング・サー
クル（サイクル）」と呼ばれるもので，それを発展させたのが PDCA の管理サ
イクルである。この考え方が生産管理や品質管理といった管理業務を円滑に進
める手法として日本企業に普及・定着し，現在の日本企業の製品の品質向上に
少なからぬ貢献をしているとみることができる。なお，日本企業の品質管理が
優れている理由として労働者が自主・自発的に現場の改善を行ったとされる
QC サークルの存在も大きいとされている。QC サークルは「小集団活動」の
一環として所定労働時間以外の時間に職場の労働者が自発的に集まり，種々の
改善案を考え，実践するものとして始まったが，サービス残業ではないかとい
う批判が相次ぎ，2008 年には裁判において業務と判断されるに至った。トヨ
タでは QC サークルを業務と認め，「残業」手当を支給することとなった結果，
同社に追随する企業が相次ぎ，労務コスト負担もあって縮小もしくは廃止する
企業も少なからず出てきている。

　日本企業が組織面でアメリカの影響を受けたのが事業部制の採用であった。
すでに述べたように，1920 年代に GM で採用された事業部制は，第二次大戦
後の多くの日本企業に採用された。その一例として松下電器（現パナソニック）
の事例をここでは紹介したい。松下電器では，はやくも 1933 年に創業者の松
下幸之助の鶴の一声で商品別事業部制を導入したとされており，家電の製造と
販売を別の組織にすることで同社の成長を後押しした。そこで，家電ごとに事
業部を設置する，いわゆる製品別事業部制を同社では採用したのである。

　当初，この組織の改編は成功したのだが，そのうち事業部間で競争が激しく
なるにつれて重複した製品を生産するようになり，経営資源の浪費が顕著に
なったのである。こうした状況をみて，2000 年に代表取締役に就いた中村邦
夫は，低迷する業績を回復させるために 2001 年に大規模なリストラと事業部
制の廃止に踏み切ったのである。しかし，この改革は成功したとはいえず，再

度事業部制に戻し，現在ではカンパニー制と事業部制を併用している状況である[17]。

　最後に，主としてアメリカで誕生した経営管理の諸理論は日本企業において日本流に修正されながら，現場や組織改革といった場面で活用され現在に至っている。なかにはアメリカではすでに忘れ去られた管理理論が日本企業において実践で活かされているものも少なくない。それらが日本やその他の国々で受け入れられているのはその多くが現場の管理実践から誕生したもので，いずれの国の企業や組織でも適用可能な側面を持っているからに他ならない。新型コロナウイルスが蔓延して以降，リモートワークや在宅勤務が普及したが，従来型の企業経営の見直しが行われるか，注目されるところである。すでに日本企業ではかつての中高年管理職にみられたジェネラリスト型の人材に対する需要がますます減っており，スペシャリスト型人材の登用が増加傾向にあるが，そうした変化に新型コロナウイルスがもたらした働き方の変化がどのような影響を与えるかも注目される。

【*Review exercise*】

1. 日本の大企業には内部昇進型経営者が極めて多いが，その功罪を考えてみよう。
2. 企業不祥事を防ぐガバナンスのあり方について，考えてみよう。
3. アメリカの管理理論のうち，日本企業で実践されている理論の具体例をあげて説明しなさい。

考えてみよう！

【注】

（1）両社ともに株式を買い戻そうと TOB（株式の公開買い付け）実施に費やす費用が大正製薬で約 7,000 億円（TOB 実施は 2023 年 11 月頃から），ベネッセで約 2,000 億円（TOB 実施は 2024 年 2 月頃から）かかるとされている。なお，TOB 完了後は両社ともに上場廃止になる。

（２）A. A. Berle, Jr. and G. C. Means, *The Modern Corporation and Private Property*, New York: Macmillan, 1932，A. A. バーリ & G. C. ミーンズ，森杲訳『現代株式会社と私有財産』北海道大学出版会，2014 年，を参照されたい。

（３）川本真哉「20 世紀日本における内部昇進型経営者」『企業研究』中央大学企業研究所，2009 年，第 15 号，9 頁。なお，ここで，川本は５つの経営者類型を提示しているが，筆者はそれを参考に類型化した。

（４）内閣官房　研究会報告「プライム市場時代の新しい企業組織の創出に向けて」より。
https://www.cas.go.jp > houkokusho，を参照されたい。

（５）1991 年頃から 1996 年まで続いた金融危機によって企業集団の中心に位置したメインバンクの地位が揺らいだことも企業集団の結束が弱まった一因である。それを象徴しているのが三井銀行と住友銀行の合併である。

（６）外国人投資家の株式保有状況などは，日本取引所グループ（JPX）の以下のホームページを参照されたい。
http://www.jpx.co.jp/markets/statistics-equities/examination/01.html
第一生命経済研究所の以下のホームページを参照されたい。
https://www.dlri.co.jp/report/macro/282774.html

（７）中小企業庁の事業承継については以下のホームページを参照されたい。
http://www.chusho.meti.go.jp/zaimu/shoukei/shoukei_sindan.htm

（８）金融機関の取組みについては差し当たり日本銀行の以下の資料を参照されたい。
日本銀行金融機構局金融高度化センター「金融機関における事業承継支援」，2018 年 11 月。https://www.boj.or.jp/　また，地方自治体の取組みについては，東京都による地域金融機関による事業承継促進事業などがある。地域金融機関による事業承継促進事業の具体的事例については東京都産業労働局の取組みを参照されたい。

（９）会社再建のために外部から経営者を招いた事例としては，2010 年に日本航空（JAL）再建を託して京セラ会長の稲盛和夫氏を会長として招いたことが知られている。

（10）コーポレート・ガバナンスと日米企業の不祥事については以下の研究を参照されたい。
平田光弘「日米企業の不祥事とコーポレート・ガバナンス」『経営論集』東洋大学，第 57 号，2002 年 11 月。

（11）帝国データバンクの以下のホームページを参照されたい。
https://www.tdb.co.jp/report/watching/press/p231210.html

（12）この後にもトヨタグループの豊田自動織機が 2024 年 1 月 29 日に自動車用エンジンに

ついて認証不正があったとの記者会見をしている。こうした現場レベルのトヨタグ
ループにおける不正については，タイトな生産システムの弊害との意見も出されてい
る。

(13) 財務省法人企業統計調査については以下のホームページを参照されたい。
https://www.mof.go.jp/pri/reference/ssc/index.htm

(14) 降旗武彦『経営管理過程論の新展開—Management Theory Jungle への一試論』日本
生産性本部，1970 年。

(15) これについては，占部都美「バーナード—サイモンの組織均衡理論の批判的検討」『国
民経済雑誌』神戸大学，1965 年，第 111 巻 2 号，を参照されたい。

(16) 詳しくは入山章栄『世界標準の経営理論』ダイヤモンド社，2019 年，を参照されたい。

(17) パナソニックの現在の組織については同社の以下のホームページを参照されたい。
https://www.panasonic.com/jp/corporate/profile/segments.html
なお，最近のパナソニックの動向を含めた記事としては NHK による取材記事がある。
以下のホームページを参照されたい。
https://www3.nhk.or.jp/news/html/20201221/k10012776241000.html

【勉強を深めるために参考となる文献】

石井耕『現代日本企業の経営者：内部昇進の経営学』文眞堂，1996 年 11 月。

伊藤健市「トップ・マネジメント視察団は何をアメリカから学んだのか (1) —日本生産性
本部海外視察団からの教訓—」『関西大學商學論集』関西大学，第 54 巻，3 号，2009 年
8 月。

今井祐『経営者支配とは何か：日本版コーポレート・ガバナンス・コードとは』文眞堂，
2014 年 6 月。

入山章栄『世界標準の経営理論』ダイヤモンド社，2019 年 12 月。

岡田行正「行動科学的管理の出現と特徴」『北海学園大学経営論集』北海学園大学，第 2 巻 1
号，2004 年 6 月。

川本真哉「20 世紀日本における内部昇進型経営者—その概観と登用要因」『企業研究』中央
大学企業研究所，第 15 号，2009 年。

小松章『経営学』新世社，第 3 版，2016 年 3 月。

志賀秀樹「PDCA と管理過程論に関する研究」『立教ビジネスデザイン研究』立教大学，第
11 号，2014 年。

平野隆「『日本的経営』の歴史的形成に関する議論の変遷：歴史把握と現状認識の関係」『三田商学研究』慶応大学，第54巻5号，2011年12月。

森川英正「内部昇進型経営者企業の一考察：終身雇用と中途採用」『慶応経営論集』慶応大学，第15巻，第2号，1998年3月。

【Coffee Break】
2人の小説家と経営

　ここでは，生きた時代もその生きざまもまったく異なる2人の小説家の経営との係わりについて語りたい。1人は五千円札の肖像で有名な，日本最初の職業女流小説家といわれている樋口一葉である。彼女は，官吏を務めていた父親がはやくに亡くなり，若くして樋口家の家督を相続して一家（母親と妹）の生計を一手に引き受けることになった。貧乏から抜けだそうと一葉はあらゆることを手がけたが，その1つが現在の東京都台東区竜泉に開いた荒物屋の経営であった。ここで彼女は，店主として商品の仕入れから販売までを引き受け，妹の助けを借りながらも商売を続けたのである。しかし，この荒物屋の経営も近くに商売敵が現れたことによりうまくいかなくなり，1年足らずで店を畳むことになった。ただ，この荒物屋での経験が後の小説に活かされることになる。はやくから一葉の才能を見抜いていた父親が歌塾（和歌などを学ぶ塾）に通わせたおかげで，一葉はそこで文学の世界に接し，歌塾の先輩が小説を出版して大金を得たことに刺激され，貧乏から抜け出す手段として小説を書くことを思い立ったのである。彼女は24歳という若さでこの世を去るが，代表作である『にごりえ』や『たけくらべ』といった作品は，亡くなる2年足らずの間に執筆したものである。そこに描かれた世界こそ，荒物屋の経営での経験やその後移り住んだ旧丸山福山町（現在の文京区西片）近辺において一葉が見聞きした，生活のためには体を売らざるを得ない市井の女たちの姿だったのである。

　もう1人の小説家は，「経済小説」の開拓者である城山三郎である。

城山は丹念な取材と観察眼で，企業経営者や働く人々の生きざまを小説の世界で表現した。彼は『総会屋錦城』で直木賞を受賞し，小説家としての地位を確立したが，その後も次々と話題作を発表し，企業経営者も一目置く存在となった。城山のすごさは，企業経営の世界を経営者におもねることなく鋭い洞察力で，その時々の社会状況を念頭に置いて圧倒的な文筆力で描き上げたことである。多くの著名な企業経営者が城山の取材に快く応じたのも，やはり彼の描く経営者像に魅かれるものがあったからに他ならない。

　以上，2人の小説家を取り上げたが，2人に共通するのは自分が置かれた状況，すなわち身の回りや社会を鋭い観察眼でとらえ，それを作品にしたことである。そして，一葉は荒物屋を切り盛りすることで，城山は企業経営者とのふれあいのなかで，「経営」の世界に触れていたのである。

ちょっと一息

第4章▶経営戦略と経営組織について学ぶ

要　点

　戦略とは，「中長期的な競争優位を築くための具体的な計画」のことである。企業が存続していくためには，（短期的にではなく）中長期的に，市場で競争相手よりもすぐれた地位を築く必要がある。そのための具体的な計画が戦略である。

　戦略には，企業戦略，事業戦略，機能別戦略という3つの階層がある。企業戦略は，企業全体にかかわる戦略である。事業ドメイン（領域）の設定，事業ごとの経営資源配分などが検討される。事業戦略は，1つひとつの事業を競争に負けないように方向づけていくものである。機能別戦略は，企業のさまざまな機能—生産，販売，人事など—ごとに立てられるものである。これらの戦略を立てることによって，企業は，自社の進むべき方向性とそれに向けての具体的な実行計画を定めていくのである。

　また，戦略を実行するためには，組織編成（チーム編成）が適切に行われることが必要である。組織編成がうまく行われると，意思決定のスピードが早まり，チーム間の協力もしやすくなるからである。

　組織編成を行うときには，2つの基本的な考え方がある。機能別組織と事業部別組織である。機能別組織とは，仕事の種類ごと—生産，販売，人事など—にチーム編成を行うものである。事業部別組織とは，製品や地域ごとに事業部といわれるチームを編成し，そのなかに必要な機能をまとめていくものである。どちらの方法にも一長一短がある。企業規模に応じてそれらをうまく組み合わせるなど，戦略を実行しやすい組織編成を行うことが重要である。また，チーム間の調整がうまく進むよう，社内のコミュニケーションを促進したり，指揮命令系統を明確にしたりするなどの工夫も企業にとっては必要になる。

Key word

▶企業戦略　▶事業（競争）戦略　▶事業ドメイン　▶機能別組織
▶事業部別組織

————注目！

1. 経営戦略

（1）経営戦略とは

　戦略という言葉をみなさんはどのようなときに使うだろうか。スポーツの試合でどうすれば相手に勝てるかを考えるとき，あるいはゲームで高得点を獲得しようとするときだろうか。戦略という言葉は，もともとは戦いの進め方を意味する軍事用語だが，いまでは意外と身近なものになっている。

　企業経営にとっても同様である。企業経営の現場で最もよく使われる言葉の1つが戦略だといってもいいだろう。ここでは，企業経営における戦略の意味，役割，考え方などについて学んでいこう。

（a）経営戦略の誕生

　もともとは軍事用語であった戦略が，経営とのかかわりにおいて考えられるようになったのは1960年代からである。アンゾフ（Ansoff）やチャンドラー（Chandler）などの米国の経営学者が，戦略と経営，戦略と組織とのかかわりを論じたのがその始まりである。

　なぜ，いまから50年ほど前に経営において戦略という考え方が注目されるようになったのか。そこには，企業の大規模化という問題があった。

　経済や科学技術の進歩によって，20世紀の米国では，フォード（自動車），ゼネラル・モーターズ（自動車），ゼネラル・エレクトリック（電機など），ゼロックス（複写機），シアーズ・ローバック（小売業）などの企業が誕生し，大きな成長を遂げていった。このような大企業をどのように経営し，さらに成長させていけばよいのか。これが経営戦略という考え方が誕生した背景である[1]。したがって，この頃の経営戦略は，（（2）で述べるような）企業全体をどのように管理し，成長させていくかという企業戦略の考え方が中心となっていた。

（b）ビジョン，戦略，戦術

つぎに，戦略とビジョン，戦術との違いについて確認しておこう。

戦略とは「中長期的な競争優位を築くための具体的な計画」のことである。企業は，ゴーイングコンサーン（going concern）といわれるように，永く続くことが想定されている。そのためには，（短期的でなく）継続的に，市場において競争相手よりもすぐれた地位を築いていく必要がある。そのための，実行可能な具体性を持った計画が戦略と呼ばれるものである。

一方，それほど具体的でない構想，すなわち"このような企業でありたい"，"このような企業として成長したい"という「成長の方向性を構想として示したもの」がビジョンである。企業のあるべき姿を示した「経営理念」にもとづいて，ビジョンが描かれることが多い。

また，戦略が中長期的な計画であるのに対し，戦術とは「短期的・局所的な実行計画」のことである。例えば，中長期的な収益を確保するために，企業としてどのような製品をどのような順序で開発・販売するべきかを考えるのは戦略だが，特定の製品をどこでどのように販売すべきかを考えるのは戦術である。

このように，戦略を「中長期的な競争優位を築くための具体的な計画」と定義すれば，（具体的でない）その方向性を描いたものがビジョン，中長期的でない短期的・局所的な計画が戦術ということになる[2]。

（c）戦略の階層性

戦略は，大きく3つの階層に分けて考えることができる（図表4-1）。企業戦略，事業戦略，機能別戦略の3つである。

企業戦略は，企業全体にかかわる戦略で，どのような事業を行うか（あるいはどの事業をやめるか），どの事業にどれだけの経営資源を投下するか，国際化の問題をどう取り扱うかなどについて考えるものである。

事業戦略は，競争戦略と呼ばれることもある。1つひとつの事業において，どのように競争に負けないように戦うべきかを考えるものである。もし企業が1つの事業しか行っていない場合は，企業戦略と事業戦略は同じものになる。

図表 4 − 1　戦略の階層性

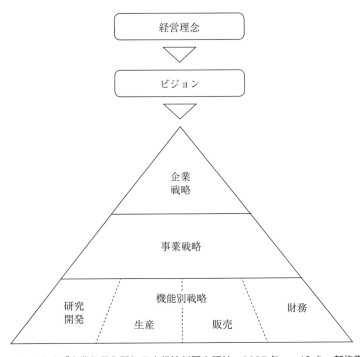

出所：遠藤功『企業経営入門』日本経済新聞出版社，2005 年，p.46 を一部修正。

　機能別戦略は，企業のなかでのさまざまな機能（職能ともいう）──例えば，研究開発，生産，販売，財務，人事など──ごとに考えられるものである。この機能別戦略は，事業ごとに別個に検討される場合もあるが，企業全体として生産活動をどう方向づけていくべきかを考える場合などのように，事業をまたがって検討されることもある。

（2）企業戦略

（a）企業戦略で検討すべきこと

　企業戦略で検討すべきことは 3 つある。事業ドメイン（事業領域）をどう設定するか，事業ごとの経営資源配分をどう行うか，そして国際化への対応をど

図表4－2　企業戦略の全体像

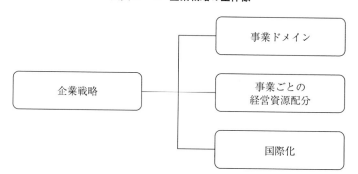

出所：伊丹敬之『経営を見る眼』東洋経済新報社，2007年，pp.192-203
を参考に作成。

うするかの3つである（図表4－2）[3]。それぞれについてみていこう。

（b）事業ドメイン（事業領域）

　事業ドメイン（domain）とは，事業を行う分野，領域のことである。企業と
してどのような事業を行うかを決めることは，企業戦略の根幹である。この事
業ドメインという言葉には，（いま行っている）現在の事業領域を示す場合と将
来的な成長の方向性を考慮した戦略的な事業領域をあらわす場合がある[4]。
経営戦略は中長期的な競争優位を築くためのものであるから，後者の戦略的な
事業領域を考えていくことがより重要である。

　事業ドメインを決定するときに重要なことが2点ある。1つは事業をモノと
して（物理的に）考えるのではなく，コトで（機能的に）考えたほうがよいとい
うことである。もう1つは，事業ドメインは一度決めたら変更しないというも
のではなく，経営環境や事業の成長性などに応じて，考え直す（再定義する）必
要があるということである[5]。

　事業ドメインをコトで，すなわち機能的に考えたほうがよいということは，
レビットという米国のマーケティング学者が示すように，米国の鉄道会社の例
をみるとわかる。米国の鉄道会社は，鉄道以外の新たな運送手段（自動車，航空

機など）に顧客を奪われ衰退してしまったが，それは自分たちの事業ドメインを鉄道事業と考えてしまったからだという[6]。かれらが，もし自分たちの事業を鉄道というモノではなく輸送事業（人や物を運ぶコト）と考えていれば，自動車や航空機などの新たな輸送手段を取り込んで，引き続き成長をつづける可能性もあったのである。このように，事業ドメインを考える場合，モノ（物理的な定義）にこだわっていると変化への対応が行いにくくなることがある。

　また，事業ドメインは，ときに再定義することも必要である。企業の成長を自然な流れにまかせていると，慣性（それまでと同じ考え方や行動をとらせようとする性質）が働き，変化への対応力が弱くなったり，企業イメージを社会的に印象づける力が弱くなったりすることがある。そこで，タイミングをみて事業ドメインを再定義し，はたらく人たちの意欲や結束を強めたり，社会に対して企業の存在意義を改めて印象づけたりすることが必要になってくるのである[7]。

　企業ドメインを再定義して生き残りを図った企業に富士フイルムがある。同社は，長らく写真用フィルム事業から多くの利益をあげていたが，デジタルカメラの成長で2000年を境に写真用フィルムの需要が激減するという状況に直面した。そこで，同社は液晶ディスプレイ用フィルム，携帯電話用プラスチックレンズ，医療用画像診断システム，医薬品，化粧品などの新たな事業に進出し（つまり事業ドメインを再定義して），その後も売上高を拡大していったのである。

　この例からもわかるように，事業ドメインの決定や再定義は企業の浮き沈みを大きく左右するもので，企業戦略の重要な一面となっている。

(c) 事業ごとの経営資源配分

　企業が複数の事業を営んでいる場合には，限りある経営資源をどの事業にどれだけ振り向けるかを決めることが重要になる。成長見込みの高い事業に人や資金が不足していたり，あるいは逆に成長見込みの少ない事業に多くの経営資源が使われていたりすれば，企業全体としての成長は望めないからである。

　このような事業ごとの経営資源配分に関して参考になる考え方に，1970年代に米国のコンサルティング会社である「ボストン・コンサルティング・グ

ループ（BCG）」が開発した「プロダクト・ポートフォリオ・マネジメント」
（PPM）がある（図表4－3）。

　この考え方は，市場成長率と相対的市場シェア（自社シェア÷自社を除く最大競
争相手のシェア）という2つの見方からいくつかの事業を位置づけ，それぞれに
必要な対応を取っていこうとするものである。

　縦軸の市場成長率は資金の流出を示している。なぜなら，市場成長率が高け
れば高いほど，生産設備への投資や販売促進活動などのために多額の資金が必
要になるからである。また，横軸の相対的市場シェアは資金の流入を示してい
る。なぜなら，市場シェアが高ければ高いほど，規模の経済性（大量に生産する
ことによって製品1単位あたりのコストが安くなること）や経験効果（その製品を他社よ
り多く製造しているため，生産上の工夫などによってコストが安くなる効果─第6章「生産
管理」【Coffee Break】を参照）により利益が高まるからである。

図表4－3　プロダクト・ポートフォリオ・マネジメント

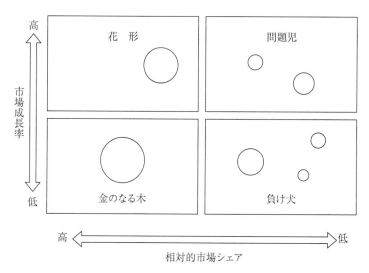

○　事業（○の大きさは事業規模）

出所：J.C. アベグレン，ボストン・コンサルティング・グループ編『ポート
フォリオ戦略』プレジデント社，1977 年，p.80 に基づき作成。

　このような考え方にもとづき，プロダクト・ポートフォリオ・マネジメントでは，事業を「花形」(市場成長率：高－市場シェア：高)，「金のなる木」(市場成長率：低－市場シェア：高)，「問題児」(市場成長率：高－市場シェア：低)，「負け犬」(市場成長率：低－市場シェア：低) の４つに分類する。そして，「金のなる木」の事業 (市場成長率が低く投資が必要とされない一方で，市場シェアが高いことから利益性が高い事業) から市場シェアの低い「問題児」の事業へと資金を振り向けることで，その事業を「花形」へと育成するという対応が取られたり，「負け犬」の事業から撤退してムダな資金投下を避けるなどの対応が取られたりするのである。

(d) 国際化

　どの活動をどこの国で行うかという国際化の意思決定も，企業全体にかかわる大きな問題である。海外での事業展開は，経済，文化，制度などの状況が異なるため，国内での事業展開とは違ったさまざまな問題に直面する。

　事業の国際化には，海外でも本国と同じ方法で事業を展開する「標準化」，(本国とは異なる) 現地に適応した方法を採用する「現地化」，国ごとのさまざまな違いを活用する「裁定」などの考え方がある[8]。

　最近では，新興国の成長とともに，先進国とは異なるそれらの需要にどう対応するかが大きな課題となっている。このような国際化の展開については，改めて第11章「経営の国際化」で学ぶことになる。

（3）事業（競争）戦略

　企業戦略とは異なり，事業戦略は１つひとつの事業をどのように競争に負けないように方向づけていくかを考えるものである。「(1)(a) 経営戦略の誕生」でも述べたように，経営戦略は，はじめは企業戦略について考えることが中心であった。ところが，その後，個々の事業が弱くては企業全体も不安定になるため，１つひとつの事業を強化することの重要性が再認識され，事業戦略への関心が高まることになったのである。

　ここでは，経営環境の分析，基本的な競争戦略という流れで事業戦略につい

て学んでいく。また，その後で，企業の持つ経営資源を重視した事業戦略のあり方についても紹介する。

（a）経営環境の分析

　戦略を立てるうえで，経営環境（企業を取り巻く状況）についての理解が不可欠なことはいうまでもない。ここでは，経営環境を分析する3つの方法について紹介しよう。

　まず，「3C分析」と呼ばれるものである（図表4－4）。

　これは，経営環境を顧客（Customer），競合（Competitor），自社（Company）の3つの視点（3C）から分析するものである。シンプルな考え方だが，経営環境を全体的に把握するうえで役に立つ考え方である。

　「顧客」を分析するときには，顧客数や全体の購入金額（市場規模），その成長性，ニーズ，購買にいたるプロセスなどについて検討する。「競合」の分析では，自社と競合する企業数，それぞれのシェア，強み・弱みなどを検討する。そして「自社」の分析では，自社の収益性，経営資源の状況（量と質），企業イメージなどについて検討することになる。

　2つめの分析手法が「SWOT分析」と呼ばれるものである（図表4－5）。SWOTとは，Strength（強み），Weakness（弱み），Opportunity（機会），Threat（脅威）の頭文字をとったもので，自社の内部環境を「S」（強み）と

図表4－4　3C分析

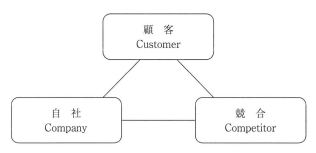

出所：遠藤功『企業経営入門』日本経済新聞出版社，2005年，p.58を一部修正。

128────○

「W」（弱み）の視点から，外部環境を「O」（機会）と「T」（脅威）の視点からとらえようとするものである。

　自社の強みと弱み，外部環境における機会（チャンス）と脅威をつかむことができれば，それらを組み合わせることで，①自社を成長させるために強化すべき施策（強みを生かして機会を生かす）と，②自社を競争から守るための施策（弱みを強化して脅威から身を守る）を明確にすることができる。

　3つめの分析手法は「ファイブ・フォース分析」（もしくはファイブ・フォーシズ分析）と呼ばれるものである（図表4－6）。これは，米国のハーバード大学教授であるM.ポーターの提示した方法だが，企業の所属する「業界」に焦点をあわせた手法である。業界に焦点をあわせるのは，業界は類似の製品やサービスを提供する企業の集まりであるために，その状況に対応することが最も重要になるという考え方によるものである。この分析手法は，業界を（それに影響を及ぼす）5つの力から分析することから，ファイブ・フォース分析と呼ばれるのである。

　5つの力とは，新規参入業者の脅威，業者間の敵対関係の強さ，代替品からの圧力，買い手の交渉力，売り手（供給業者）の交渉力である。

　「新規参入業者の脅威」とは，新たにその業界に入ってこようとする企業が多いかどうかということである。そのような企業が多ければ，そこは競争の激しい業界となることが予想される。「業者間の敵対関係の強さ」とは，競合企業の数や規模，その業界の成長率などに左右される。競合企業の数が多く規模も同程度であれば，競争は激しくなるだろうし，市場の成長率が鈍ければ，さらに競争の激しさが増加することが予想できる。「代替品からの圧力」とは，

図表4－5　SWOT分析

	（＋）要因	（－）要因
外部環境	機会（Opportunity）	脅威（Threat）
内部環境	強み（Strength）	弱み（Weakness）

出所：遠藤功『企業経営入門』日本経済新聞出版社，2005年，p.59を一部修正。

図表4－6　ファイブ・フォース分析

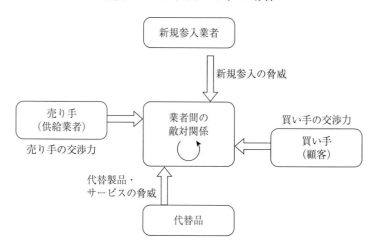

出所：M. ポーター『競争の戦略』ダイヤモンド社，1982年，p.18を一部修正。

その業界の生産している製品やサービスの代わりになるもの（代替品）が出て
きやすいかどうかということである。例えば，スマートフォンの誕生は，パソ
コン，デジタルカメラ，電子辞書，地図など多くの業界に影響を与えている。
「買い手の交渉力」とは，その製品・サービスを購入する顧客の影響力が強い
かどうかということである。顧客の知識が豊富だったり，顧客にとってその業
界の重要度がそれほど高くなかったりすれば，買い手（顧客）の影響力は大き
くなる。「売り手（供給業者）の交渉力」とは，その業界に原料などを提供して
いる供給業者がどれだけの力を持っているかということである。供給業者が少
なかったり，他の供給業者からは入手できない希少な原料を取り扱っていたり
する場合は，供給業者の影響力は大きくなる。

　このように，ファイブ・フォース分析は，5つの力から業界の状況を分析する
ものである。しかし，実際にこの分析を行う場合には，業界に関するかなり深い
知識がないと難しい。そこで，ファイブ・フォース分析は，5つの要因について
個別にくわしく分析するよりも，5つの力のうち，どの要因が最も重要かを見き
わめることに役立てたり[9]，将来の予測に使うと良いという見方もある[10]。

　ここまで，経営環境を分析するための３つの手法を紹介した。事業戦略を考える際には，これらの手法を活用しながら，まずは経営環境についての理解を深めることが重要なのである。

（b）基本的な競争戦略

　経営環境の分析にもとづいて，競争に勝ち抜くための戦略を立てることになる。M.ポーターによれば，個々の事業において競争相手よりも優位な立場に立つ方法は３つあるとされている（図表４−７）。

　これらの３つの戦略は，競争優位のタイプと顧客ターゲットの幅の組み合わせから導き出されるものである。顧客ターゲットを広くとり，他社よりも低コストで製品を開発・販売して優位に立とうとする戦略が「コスト・リーダーシップ戦略」である。また，同様に顧客ターゲットを広くとるものの，製品やサービスなどで他社との違いを際立たせることで優位に立とうとする戦略が「差別化戦略」である。一方，顧客ターゲットを狭くとり，低コストか差別化のいずれかの方法で競争に対抗していこうとするのが「集中化戦略」である。

　日本の自動車会社を例に考えてみよう。「コスト・リーダーシップ戦略」はトヨタ自動車の採用する戦略である。同社は世界でも最大規模の生産台数を誇

図表４−７　基本的な競争戦略

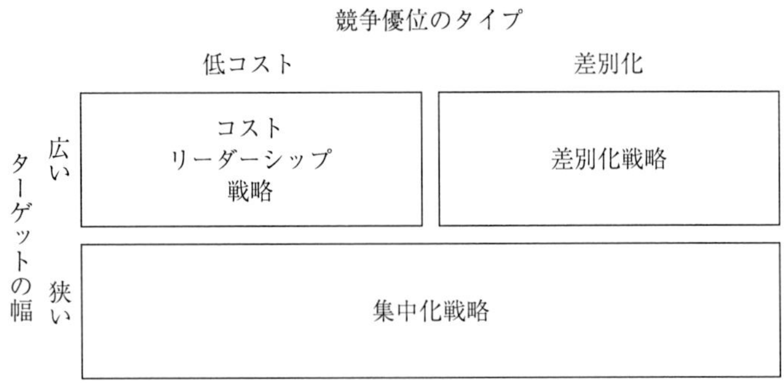

競争優位のタイプ

		低コスト	差別化
ターゲットの幅	広い	コスト リーダーシップ 戦略	差別化戦略
	狭い	集中化戦略	

出所：M.ポーター『競争の戦略』ダイヤモンド社，1982年，p.61を一部修正。

り，基本的には品質を維持しながら低価格の自動車をより多くの顧客に対して販売していこうという立場である。

「差別化戦略」としては，ホンダを思い浮かべることができる。ホンダは販売台数はトヨタ自動車の3分の1程度の規模だが（2022年時点），以前から同社ならではの特徴のある自動車を開発していこうという立場である。

「集中化戦略」には，スズキがあてはまる。スズキは，トヨタ自動車のように幅広い顧客をターゲットにさまざまな車種を開発・販売することをせず，軽自動車を中心とし，海外での販売先もインドなどの新興国に力を入れるなど，独自の領域に経営資源を集中させているのである。

このような例からもわかるように，実際の企業も，経営環境に応じて3つの基本戦略のうちのどれかを採用しているのである。

(c) 経営資源への着目

（b）で紹介した基本的な競争戦略は，おもに市場でのポジショニング（位置取り）を重視したものであった。それは，市場においてなるべく競争の少ない場所を見つけ出し，そこで事業を展開すれば競争優位につながるはずだという考え方である。

このような考え方に対し，1980年代の後半から，企業の持つ資源に注目した見方が現れるようになった。このような考え方を「リソース・ベースド・ビュー」（Resource Based View, 資源にもとづいた視点）という。この考え方では，企業の保有する人材，技術，知識，スキル，ノウハウなどが重視されている。つまり，これらの資源がすぐれていれば，他社と同じ事業を展開していても，競争優位を得ることができるという考え方である。

例えば，コンビニエンス・ストアで考えてみよう。我々の回りには多くのコンビニエンス・ストアがある。しかし，同じコンビニエンス・ストアでも，セブン-イレブンの日販（1日あたりの1店舗平均の売上高）が約67万円であるのに対し，ローソンが約52万円，ファミリーマートが約53万円であることを聞けば（2022年度）[11]，その差はいったい何によるものなのかという疑問がわく。

そして，この日販の差が１年限りのものでなく，長く続いているものであることを考えるとき，セブン－イレブンとその他のコンビニエンス・ストアとの間には，商品開発や店舗運営などに関する技術やノウハウに差があるのではないかと考えざるを得なくなるのである。

このような例からもわかるように，競争優位につながる技術やノウハウなどの資源は作り上げるまでに時間がかかるだけに，ひとたび作り上げてしまうと（他社がすぐには真似できないため）その優位性が持続するという特徴がある。

他社との違いを打ち出すための３つの競争戦略と，このような技術やノウハウなどを重視する考え方とどちらがすぐれているかということではない。事業戦略を考えるうえではどちらも重要な視点を提供してくれているのである。したがって，すぐれた事業戦略を立てるには，３つの基本戦略のうちのどれを採用するかを明確にすると同時に，事業を支える技術，スキル，ノウハウなどの資源についても強化していくことが重要なのである。

２．経営組織

（１）企業経営と組織

企業をうまく運営するためには，部門化といわれるチーム編成を適切に行うことが必要である。業務をムダなく分担し，意思決定のスピードを早め，かつチーム間の協力がしやすいような組織編成が行われれば，企業は「個人の集まり」を超えた存在として，さまざまな問題に適切に対応していくことができるからである。

また，組織のあり方は戦略とも密接に関係している。戦略と組織の関係については「組織は戦略に従う」という有名な命題が提示されているが[12]，戦略が変われば，それを実行するための組織も変わらざるをえないのである。ここでは，企業内での業務の役割分担や協力のあり方を規定する組織編成という問題について考えよう。

（2）機能別組織と事業部別組織

　企業のなかでチーム編成を行うときには，2つの基本的な考え方がある。1つは「機能（職能）別組織」といわれるもので，知識や技能の異なる仕事の種類ごとにチーム編成を行うものである（図表4−8）。もう1つは「事業部別組織」といわれるものである。この場合は，製品や地域ごとに事業部と呼ばれるチームを編成し，そのなかに必要な機能をまとめていく（図表4−9）。

　これらの2つの組織には，それぞれ長所と短所がある。

　「機能別組織」は機能ごとにチーム編成を行っていることから，担当業務に関する知識や技能を高めていきやすい（例えば，製造部に所属すれば，製造のための知識や技術を専門的に身に付けていく）。つまり，スペシャリストを養成しやすい組織なのである。また，機能別組織では，業務が重なって行われることがなくムダが少ない，業務に関する“規模の経済”を発揮できるなどの長所もある。ちなみに，規模の経済とは，業務を1カ所にまとめることによって，それを分散して行うよりも少人数で行うことができたり，部品や資材を（一括購入により）より安く購入できたりすることである。

　一方，機能別組織には短所もある。まず，各部門からのさまざまな情報をトップ・マネジメント（社長を含めた経営陣）が直接収集・分析・判断しなければならず，経営陣の負担が大きくなることである。また，チーム間で対立や衝突が起きたときなどは，経営陣が直接調整にあたらなければならない。この他にも，機能別組織はスペシャリストの養成に向くが，それは（逆に考えれば）さまざまな業務を理解したうえで幅広い問題に対処できるゼネラリストを養成しづらいということにもなってしまうのである。

　つぎに，「事業部別組織」について考えてみよう。事業部別組織の長所は，事業部ごとに事業部長と呼ばれる一定の責任と権限を持った職位が存在することから，トップ・マネジメントが直接情報の収集やチーム間の調整に乗り出さずにすむことである。その結果，トップ・マネジメントは戦略立案などの中長期的な業務に多くの時間を割くことができる。また，事業部別組織を採用して事業部同士をよい意味でのライバル関係と位置づければ，企業のなかに競争意

図表 4 － 8　機能別組織

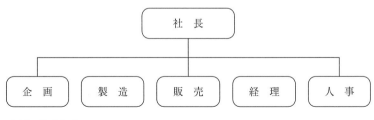

出所：筆者作成。

図表 4 － 9　事業部別組織

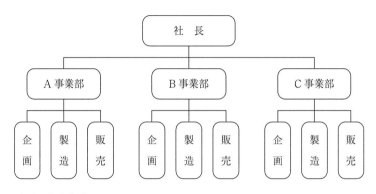

出所：筆者作成。

識を生み出すことも可能になる。さらに，事業部長を経験させることで，業務
の全般を理解したゼネラリストが養成でき，社長の後継者を育成しやすいこと
も長所の１つである。

　一方，事業部別組織の短所は，全社的にみて業務の重なりが起きてしまうこ
と，事業部同士での協力や調整が行いにくいことなどをあげることができる。

　このように，機能別組織と事業部別組織にはそれぞれ（表裏の関係にある）長
所と短所がある。これらを考えれば，機能別組織は単一の（もしくは少数の）事
業を行っていて，かつトップ・マネジメントが強いリーダーシップや高い調整
能力を持っている場合に有効だといえる。事実，単一の事業を行っていた企業

が複数の事業を営むようになると，機能別組織から事業部別組織へと移り変わっていく例が多いのである[13]。

（3）マトリクス組織

　機能別組織と事業部別組織には，どちらも一長一短があった。そこで，機能別組織と事業部別組織を組み合わせた組織を編成すればよいのではないか，という発想から生み出されたのが「マトリクス組織」と呼ばれるものである（図表4－10）。

　マトリクス組織は，機能別のチーム編成と事業部別のチーム編成の両方を行う二元的な組織である。この組織に所属する人は，例えばA事業部と企画部の両方に所属し，A事業部長と企画部長の2人と相談しながら業務をすすめることになる。もともとは，複雑で変化の激しい環境に対応するために，アメリカ航空宇宙局（NASA）の衛星プロジェクトにおいて生まれたものだという[14]。

　この組織の最大の短所は，1人の社員に2人の上司ができることである。それぞれの上司が別のチームに所属し，別の業務に責任を負っていることから，

図表4－10　マトリクス組織

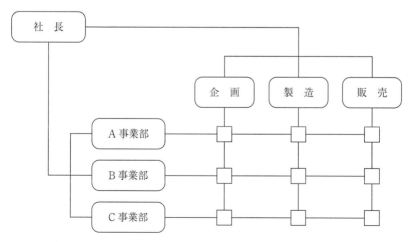

出所：筆者作成。

2人の上司の指示が食い違う場合があると，その下ではたらく社員は非常に業務を進めにくくなる（例えば，A事業部では売上増のために製品数を増やしたいが，製造部ではコスト削減のために製品数を減らしたい場合など）。このようなことから，マトリクス組織はアイデアとしてはよいものの，実際には成功しないことが多いといわれている。

（4）現実的な組織編成

　ここまで，機能別組織や事業部別組織にはそれぞれ一長一短があること，そして，それらを組み合わせたマトリクス組織もうまく機能しない場合が多いことなどをみてきた。それでは，実際の企業はどのように対応しているのだろうか。

　現実には，多くの企業で図表4－11のような組織編成が行われている。

　つまり，事業部別組織を基本としながらも，企画，人事，財務・経理などのどの事業部にも関連するような業務は，機能別組織の形で独立させるのである。このような組織編成を行えば，製造や販売などの現場は事業部長のもとで管理・監督されるため，市場の状況に応じたすばやい対応が可能になる。また，人事や財務・経理などの業務も，全社的な視点を失わずより効率的な運営が可能になるのである。複数の事業を展開する企業では，現実にはこのような

図表4－11　現実的な組織編成

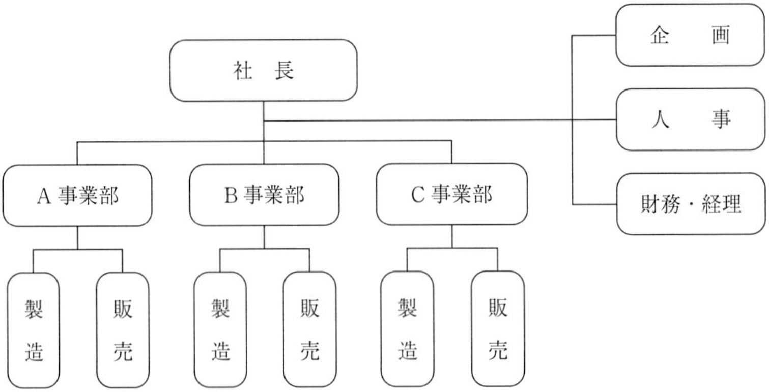

出所：筆者作成。

組織編成が行われていることが多い[15]。

（5）チーム間の調整

　企業をうまく運営するためには，チーム編成のあり方を工夫すると同時に，チーム間の連絡・調整のあり方も考える必要がある。チーム間の連絡・調整がうまく行われてこそ，企業として一体感のあるムダのない経営が可能となるからである。

　チーム間の調整を図るには，コミュニケーションの促進，指揮命令系統の設定，公式化（プログラム化ともいう）の 3 つの方法がある（図表 4 - 12）[16]。

　チーム間の調整を行ううえで，コミュニケーションが重要な役割を果たすのは，いうまでもないだろう。コミュニケーションを促進するために，企業では定期的に会議が行われたり，報・連・相（報告・連絡・相談）といった行動が重視されたりするのである。また，ICT（情報通信技術）の進展にともなって，企業内の電子掲示板などを活用してチーム間の情報交換を促進しようとする企業もある。

　指揮命令系統とは，誰が誰に対して業務上の指示を出せるのかを明らかにしたものである。指揮命令系統を確立し，それを社員の間で共有化しておけば，チーム間の報告や相談の流れがスムーズになるため，チーム間の連携がよりすすめやすくなるのである。

　公式化（プログラム化）とは，ある問題が発生したときにどのような行動を取

図表 4 - 12　チーム間の調整手法

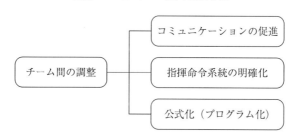

出所：上林憲雄他『経験から学ぶ経営学入門』有斐閣，2007 年，pp.187-194 を参考に作成。

るべきかをあらかじめ決めておくことである。特定の問題と取るべき行動との関係が明確になっていると，その問題が実際に発生したときに，対応方法や役割分担などについてチーム間であらためて相談を行う必要がなく，コミュニケーションの手間を省くことができる。このような公式化という手段も，事前にチーム間の調整を図っておくという意味で有益なものである。

　このように，組織をうまく機能させるためには，チーム編成のあり方を考えると同時に，チーム間調整のあり方についても工夫しておくことが必要なのである。

【*Review exercise*】

1．複数の事業を展開している企業を1社取り上げ，その企業の事業ドメインや経営資源配分のあり方について考えなさい。
2．差別化戦略によって競争優位を築いていると思われる企業を1社あげ，その差別化の源泉が何かを考えなさい。
3．ホームページなどで実際の企業の組織について調べ，そこにどのような特徴があるか考えなさい。

考えてみよう！

【注】

（1）三品和広『戦略不全の論理』東洋経済新報社，2004年，pp.4-7。
（2）高橋俊介『ヒューマン・リソース・マネジメント』ダイヤモンド社，2004年，pp.17-19。
（3）伊丹敬之『経営を見る眼』東洋経済新報社，2007年，pp.192-203。
（4）榊原清則『事業ドメインの戦略論』中公新書，1992年，p.12。
（5）榊原清則『事業ドメインの戦略論』中公新書，1992年，pp.93-98。
（6）T.レビット「マーケティング近視眼」『マーケティング論』ダイヤモンド社，2006年。
（7）榊原清則『事業ドメインの戦略論』中公新書，1992年，pp.93-98。
（8）P.ゲマワット『コークの味は国ごとに違うべきか』文芸春秋，2009年，pp.264-303。
（9）浅羽茂・牛島辰男『経営戦略をつかむ』有斐閣，2010年，pp.54-55。

(10) 入山章栄『世界標準の経営理論』ダイヤモンド社，2019 年，p.53。

(11) 『日経 MJ』2023 年 8 月 16 日号。

(12) A. チャンドラー，Jr.『組織は戦略に従う』ダイヤモンド社，2004 年。

(13) A. チャンドラー，Jr. は，デュポン，ゼネラル・モーターズ，シアーズ・ローバックなどの組織変更の歴史を分析し，事業の多角化という戦略の結果，事業部別組織が生み出されたとしている（前掲書）。

(14) 藤田誠『スタンダード経営学』中央経済社，2011 年，p.140。

(15) このような組織形態は「一部事業部制」といわれることがある。

(16) 上林憲雄他『経験から学ぶ経営学入門［第 2 版］』有斐閣，2018 年，pp.183-190。

【勉強を深めるために参考となる文献】

浅羽茂・牛島辰男『経営戦略をつかむ』有斐閣，2010 年。

伊丹敬之『経営を見る眼』東洋経済新報社，2007 年。

加護野忠男・吉村典久『1 からの経営学［第 3 版］』中央経済社，2021 年。

上林憲雄他『経験から学ぶ経営学入門［第 2 版］』有斐閣，2018 年。

【Coffee Break】

ティール組織

　2018 年に F. ラルーという経営思想家による『ティール組織』という書籍が出版された（原著は 2014 年の出版）。そこでは，発達心理学の考え方から，人の意識や世界観の進化とともに組織のあり方は変化し，その発展段階は，おもに下記の 5 つに分類できるとされている。ティール組織というのは，その最も進化した形態のことである（ラルーは，それぞれの段階を色によって識別しているが，ティールとは青緑色という意味である）。

　＜ラルーによる組織の発展段階＞

1. 衝動型組織（レッド）

　人類がようやく自我に目覚めた頃の組織である。自己と他者を区別できるようになったため役割分化がはじまるが，自己中心主義に基づいて組織は強力な上下関係に支配されていた。この時期の組織は「オオカミ

の群れ」に例えられる。

2. 順応型組織（アンバー）

　部族社会から農耕社会に移行し，将来に向けた計画が立てられるようになった頃の組織である。自民族中心主義が芽生え，安定した構造の組織が形成されるようになった。この時期の組織は「教会」や「軍隊」に例えられる。

3. 達成型組織（オレンジ）

　さらに資本主義社会に至ると，「有効性」や「効率性」が判断基準になり，目標達成やイノベーションの実現に向けてトップダウン型の組織が形成されるようになった。この時期の組織は「機械」に例えられる。

4. 多元型組織（グリーン）

　達成型組織の負の部分を意識し，平等，公平，協力などの価値観を尊重するようになる。そのため，ボトムアップ型のプロセスを重視し，権限移譲や多様なステークホルダーへの配慮などが行われるようになる。この時期の組織は「家族」に例えられる。

5. 進化型組織（ティール）

　これからの組織を理念的に示したものである。変化の激しい時代に適応するために，自主経営（指示されることなく仲間との関係を通じて仕事を進める），全体性（本来の自分を見失うことなく，組織と一体感をもつ），組織の存在目的（組織が何のために存在し，どこに向かうのか）を重視し，組織の階層や統制を不要にするものである。このような組織は「生命体」，「生物」に例えられる。

　これら5つのうち，達成型組織は現在でも多くの企業で採用されている形態である。しかし，ICT（情報通信技術）の進化，人と組織との関係の変化（ワークライフバランスの重視，副業の許可など）等をふまえると，「ティール組織」の考え方は，将来的な組織変化の方向性に関して一定の示唆を与えてくれるように思われる。

ちょっと一息

第5章▶ヒトの役割，人的資源管理について学ぶ

要　点

　ヒトは経営資源のなかでも最も重要な経営資源であり，その管理を人的資源管理という。人的資源管理は，経営目的の達成を念頭に，経営戦略にそって，ヒトを管理し，結果として企業業績の向上につなげていく，というポジティブな経営管理活動の流れのなかでとらえられる。

　人的資源は他の経営資源と違って生身の人間であることから，労働の対価として賃金を得てその賃金で生活を維持していること，過度の労働を続けていくと健康を害すること，など人的資源をめぐる事柄は多岐にわたる。

　本章では，労働法，賃金，労働時間，昇進・昇格，福利厚生制度などを学びながら，人的資源管理の今日的な課題に言及する。

　課題としては，「2018年問題」「M字カーブ」「働き方改革」，働き方改革関連法案の目玉といわれている「裁量労働制」「高度プロフェッショナル制度」「同一労働同一賃金」を取り上げ，人的資源管理の重要性と難しさも指摘している。

　また，この章では，「正社員」のように「社員」を従業員の意味で使用している。この場合は，第2章の社員＝出資者の意味ではないことに注意してほしい。

　なお，新型コロナウイルス禍（下）の影響による変化についても補足して叙述している。

Key word

▶人事考課　▶労働時間　▶賃金形態　▶賃金体系　▶残業

▶36協定　▶報酬　▶労働法　▶働き方改革　▶ジョブ型雇用

▶ワークライフバランス　▶同一労働同一賃金　▶M字カーブ

▶みなし労働時間　▶裁量労働制　▶高度プロフェッショナル制度

注目！

1. 企業経営と人的資源管理

(1) 人的資源と人的資源管理

昨今,「人生100年時代」「一億総活躍社会」「働き方改革の推進」「ワークラ
イフバランス」が議論され,罰則付きの残業上限の制度化,高度プロフェッ
ショナル制度の創設,同一労働同一賃金の導入などが具体化されてきた。これ
らのことも念頭に,まず,人的資源管理の基本を学ぶことにしよう。

すでに第1章で,「経営学では,ヒトを経営資源(=人的資源)ととらえ,こ
れを対象とした管理を人的資源管理という。企業は,年次計画,生産計画,人
員計画にもとづいて,ヒトを最適な雇用形態で募集し,採用し,訓練し,処遇
し,配置する。ヒト=人的資源をいかに管理し,ひいては企業業績の向上につ
なげていくか,これらについて学ぶことも経営学の重要な範疇である。」(p.27)
と書いている。

下線部分の「募集」「採用」「訓練」「処遇」「配置」には細かくは「育成」
「評価」「賃金」「労働時間」「労使関係」「福利厚生」「安全衛生」「異動」「退
職」等々も含まれているが,もう1つ大切なことは「企業業績の向上につなげ
ていく」のところである。

同じく第1章で,「企業には経営目的があり,経営理念は経営目的を価値的
規範的な側面から表現したものである。企業は経営理念にもとづいて中長期的
に達成しようとする経営目標を策定するが,経営理念と経営目標を明確化して
初めて有効な経営戦略を打ち出すことができる。そしてその経営戦略にそって
長期,中期,年次計画を策定していく。」(p.22 − 23) とも書いている。

下線部分の「経営目的があり」「経営戦略にそって」のところにも注目して
ほしい。

つまり,人的資源管理は,経営目的の達成を念頭に,経営戦略にそって,ヒ
トを管理し,結果として企業業績の向上につなげていく,というポジティブな
経営管理活動の流れのなかでとらえられる。本章では基礎的な事柄を学びなが

ら，今日の大きな課題になっている働き方改革にも言及し，人的資源管理の重要性と難しさを指摘する。専門的な知識をより深く学ぶきっかけにしてほしい。

（2）人的資源管理と労働法

さて，人的資源管理という言葉からわかるように，企業はヒトを管理「する」，ヒトは管理「される」という立場になるので，賃金と労働時間など労働条件は利害が対立することが多い。

つまり，企業の側は，支払う賃金は少なく労働時間は長く，労働者の側は，受け取る賃金は多く労働時間は短く，ということを望む。

また両者の力関係は，雇う側が強く，雇われる側（個人）が弱い。この力関係を比較的対等に保つためには，労働者の団結＝労働組合が必要になるし，さまざまな労働法の制定，整備も不可欠となる。

労働法については，工場労働者の保護を目的とした工場法（明治44年公布）が，日本における近代的な労働法の端緒といわれている[1]。

現在でも労働法という名の法律はなく，労働関係の法律を総称して労働法という。そのうちの，労働関係調整法，労働基準法，労働組合法を労働三法といい，戦後まもなく出来た法律である（それぞれ昭和21，22，24年。工場法は労働基準法施行により廃止）。

この三法のほかにも，現在は下記のような法律がある（法律の一部，矢印の右が法律名，長い法律名は略称にした）。

○　個別的労働関係法　⇒　労働契約法，労働基準法，労働安全衛生法，男女雇用機会均等法，パートタイム労働法，育児介護休業法，最低賃金法，じん肺法，労働時間等設定改善法
○　集団的労働関係法　⇒　労働組合法，労働関係調整法
○　労働争訟法　⇒　労働審判法
○　労働市場法　⇒　職業安定法，雇用保険法，労働者災害補償保険法，労働者派遣法，雇用対策法

　これらの法律の条文は，e-Gov 法令検索を利用すれば簡単にパソコン画面に表示することができる。必要に応じて読んでみよう。

　　http://elaws.e-gov.go.jp/search/elawsSearch/elaws_search/lsg0100/

　また，東京都産業労働局の Web サイトにはたくさんの発行資料が掲載されている。なかでも『使用者のための労働法』『ポケット労働法』『働く人のための労働保険・社会保険』は本章の参考資料としても必携である。ダウンロードして読んでほしい。

　　http://www.hataraku.metro.tokyo.jp/sodan/siryo/index.html

　これらの労働法は隅々まで精通するのは大変であるが，企業の側（人事部）が詳細に理解しているべきなのはいうまでもない。労働者の側も，必要最小限のことを知っているだけでもトラブルを未然に防ぐことができる。

　というのは，例えば，人手不足の時も，昨今の新型コロナ禍（下）にあっても，最低賃金法違反として摘発されるケースが頻繁に起こっているからである。

　最低賃金については最低賃金法によって定められている。

　そのうちの各都道府県ごとに定められた「地域別最低賃金」は毎年 10 月初旬頃に改定されるが，対象は雇用形態に関係なく各都道府県内の事業所で働くすべての労働者が対象となる。

　令和 5 年度（2023 年度）の地域別最低賃金額（1 時間あたり）は，北海道 960 円，東京 1,113 円，神奈川 1,112 円，愛知 1,027 円，京都 1,008 円，大阪 1,064 円，福岡 941 円，沖縄 896 円，というように都道府県ごとに決められており，年齢，性別，国籍にかかわらずすべての労働者が対象となる。最低賃金にはもう 1 つ，特定（産業別）最低賃金があり，地域別最低賃金と比べて高いほうの最低賃金を支払わなければならない。

☆なお，令和 2 年度の最低賃金については，例年と違って新型コロナウイルスの影響を受け，北海道，東京，静岡，京都，大阪，広島，山口の 7 都道府県が

据え置き，他の40県が「数円」の引き上げであった。

　通常，中央最低賃金審議会で，その年度の地域別最低賃金額改定の目安が示され，地方最低賃金審議会の答申ののち，10月初旬に発効される。

　経営者が最低賃金のことを知っていながら，最低賃金以下の賃金を支払う悪質な事例もあるが，なかには経営者にその知識がなかったというケースもある。

　厚生労働省が公表している個別労働紛争の総合労働相談件数は，15年連続で100万件を超えているという（令和4年度は124万8,368件）。

　労働組合法にもとづいて設置されている中央労働委員会のWebサイトには，たくさんの命令や裁判例のデータベースが収録されている。

　これを一覧すると，みんなが生活を楽しんでいるかに見える日本で，労働をめぐってたくさんの問題があることの一端を知ることができる。

　　　http://www.mhlw.go.jp/churoi/

（3）労働者・賃金・報酬の定義

　雇用されている「ヒト」は，使用人，従業員，労働者などいろいろな呼称があるが，労働基準法第9条では「この法律で労働者とは，職業の種類を問わず，事業又は事務所に使用される者で，賃金を支払われる者をいう。」と，労働者を定義している。

　労働者が働くのは（最も大きな理由は）労働の対価を得るためであり，支払われる金銭については，賃金，給料，給与などといわれるが，労働基準法第11条では「この法律で賃金とは，賃金，給料，手当，賞与その他名称の如何を問わず，労働の対償として使用者が労働者に支払うすべてのものをいう。」と，賃金を定義している。

　取締役に支払われる金品は賃金ではなく報酬といい，役員報酬ともいわれる。役員報酬に対しては，雇用者報酬という用語もある。

　雇用者報酬は賃金よりも意味合いが広く，所得税などを控除する前の現金給与および，現物で支給された物品，雇用主が負担する社会保険料などが含まれ

図表5-1　給与明細書の例

給与明細書	2025年	10月分
(社員No)	10111	○○●●様
	営業3課	

支給	基　本　給	役職手当	技術・資格手当	勤務地手当		
		通　勤　手　当	家　族　手　当	住　宅　手　当		
		残　業　手　当	休日出勤手当	深夜勤務手当		支　給　額　計

控除	健　康　保　険	介　護　保　険	厚生年金保険	雇　用　保　険		保険料計
	所　得　税	住　民　税				
					年末調整	控　除　計

勤怠	出　勤　日　数	有　給　日　数	欠　勤　日　数	出　勤　時　間		
	残　業　時　間	休　出　日　数	休　出　時　間	深　夜　残　業		
			遅　早　回　数	遅　早　時　間		

記事	課税累計額	税扶養人数				給　与　振　込

出所：筆者作成。介護保険料の支払いは40歳以上。

る（このことについては後述する）。

　健康保険法では第3条5項で，報酬を，「賃金，給料，俸給，手当，賞与その他いかなる名称であるかを問わず，労働者が，労働の対償として受けるすべてのものをいう。」と定義している。

　健康保険法で「報酬」を定義している理由は，保険料を算出するときに，報酬の範囲を明確にし，各自の「標準報酬月額・標準賞与額」をもとに，保険料額を算出する必要があるからである。算出された保険料は，労働者（被保険者という）と使用者（事業主という）が折半で支払うことになる（厚生年金保険も介護保険も考え方は同じ）。

　図表 5 - 1 は，給与明細書の例であるが，労働者負担分は月々の給料から控除される。給与明細書には使用者負担分はもちろん表記されないが，同額が負担されている。

　なお，社会保険（健康保険，介護保険，厚生年金保険）の負担割合は労働者使用者折半であるが，労働保険（雇用保険，労災保険）は，雇用保険料が折半ではなく使用者が多め，労災保険料は全額が使用者負担である。

　企業が労働者を雇用するときに支出する費用の合計を「労働費用」というが，労働費用の内訳は，「現金給与」（上記の賃金）と「現金給与以外の労働費用」の合計であり，社会保険・労働保険料の使用者負担分は「現金給与以外の労働費用」のなかに入る。

＊現金給与　＋　現金給与以外の労働費用　＝　労働費用
＊現金給与　＋　福利厚生費　＋　退職金・年金費用等　＝　人件費
＊人件費　＋　教育訓練費　＋　募集採用関係費等　＝　労働費用

　労働基準法第 24 条には，「賃金は，<u>通貨</u>で，<u>直接</u>労働者に，その<u>全額</u>を支払わなければならない」，「賃金は，<u>毎月一回以上</u>，<u>一定の期日</u>を定めて支払わなければならない」と定められており（一部略），そのうちの下線を引いた部分を「賃金支払いの 5 原則」という。

　すなわち，賃金支払いの 5 原則とは，通貨払いの原則，直接払いの原則，全額払いの原則，毎月 1 回以上払いの原則，一定期日払いの原則，のことをいう。

　「直接」「全額」とはいえ，実際は，所定の手続きを経て，各種の保険料や所得税住民税等が天引きされ，銀行振り込みで支払われることが多い。

★　なお，2023 年 4 月 1 日に施行された「労働基準法施行規則の一部を改正する省令」により，一定の手続きののち，賃金のデジタル払いが可能となっている（デジタル給与解禁）。

（4）労働時間と割増賃金

　同じく，労働基準法第32条には，「使用者は，労働者に，休憩時間を除き一週間について四十時間を超えて，労働させてはならない」，「使用者は，一週間の各日については，労働者に，休憩時間を除き一日について八時間を超えて，労働させてはならない」と定められており，この「1日8時間，1週40時間」を法定労働時間という。

　法定労働時間を超えて時間外労働や休日労働をさせる場合には，労働基準法第36条にもとづく手続き（３６協定）を行ったうえで，割増賃金を支払うことが義務づけられている（第37条）。

　○時間外労働割増賃金は25％以上　　　⇒　時間外手当（残業手当）

　　＊法定労働時間を超えたとき　25％以上

　　＊限度時間（1か月45時間・1年360時間）を超えたとき　25％を超える率に努める

　　＊1か月60時間を超えたとき　50％以上（2023年4月から中小企業にも適用）

　○休日労働割増賃金は35％以上　　　⇒　休日手当

　○深夜労働（22〜5時）割増賃金は25％以上　　⇒　深夜手当

　就業規則に「1日7時間」「1日7.5時間」などと記載されていることもあるが，この場合の「1日7時間」「1日7.5時間」は，「法定労働時間」ではなくて，「所定労働時間」という。

　労働時間をめぐっては，残業をしても残業手当を支払わない「サービス残業」「ふろしき残業」の問題や，３６協定を結ぶと残業の上限が月45時間，年間360時間になるが，３６協定に「特別条項」を設けることで事実上の上限なしにでき，日本の労働時間が長いことの一因となっている。このことはさらに後述する。

★　このことに関連して，第7章注（3）で言及している「物流の2024年問題」を参照されたい。

2. ヒトの評価とさまざまな人的資源管理

（1）学卒 4 月一括採用

すでに述べたように，企業は，自社のおかれている経営環境をもとに，当面の事業計画，数年先の経営計画などをふまえたうえで要員計画を策定し，必要な人員を募集することから始める。

過去においては募集するのはほとんど正（正規）社員という時代もあったが，現在では非正規型のさまざまな雇用形態が混在しており，募集する雇用形態も多様となっている。

今でも正社員採用の主流は（高校，専門，短大，大学も含め）学卒 4 月一括採用である。この一括採用は日本独自の雇用慣行であり，大学生の場合，日本経団連の「採用選考指針」に従えば，大学生への広報活動開始は 3 月 1 日以降，選考活動開始は 6 月 1 日以降，ということになる（2020 年度入社対象が最後）。

☆日本経団連の採用選考指針は 2020 年度入社対象が最後となったが，その後は政府が経済団体等に同様の要請をしている（内閣官房の Web サイトに掲載）。

実際には，売り手市場が続くなかで，日本経団連非加盟企業を中心に，3 月 1 日には 3 年生の 10 人に 1 人の割合で内々定，内定を得ているといわれている。

10 月 1 日に内定式を行い，正式採用前から自宅学習や資格取得の課題が出されるなどして，4 月 1 日に正式に入社する。

入社後数カ月は研修や見習いが行われ，入社した社員の勤務ぶりや適性をみるための試用期間とすることが多い。その後は，さまざまな部署に配属され，数年経つと異動や昇進，昇格がなされていく。

このような学卒 4 月一括採用以外にも，必要に応じて中途採用者の通年採用も増えている。この中途採用者はしかるべき経験や技能を持っていることが多

図表5−2 賃金体系の図

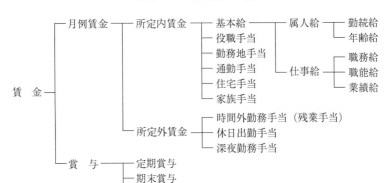

出所：筆者作成。この場合の賃金は狭義の賃金のこと。項目は一例。

く，生え抜き社員との平等性を考慮しながら処遇が決められる。

（2）賃金形態と賃金体系

さて，すでに述べたように，賃金は労働時間と並び，企業の側も労働者の側も大きな関心事となる。

企業側にとっては，労働者と無用な軋轢を生むよりも，できるだけ喜んで働いてもらおうという立場からさまざまな賃金体系が作られる。

図表5−1の給与明細書の例と，図表5−2の賃金体系の図を見るとわかりやすい。

賃金の支払い形態のことを賃金形態というが，この基本は2つに大別される。

すなわち昔から「1日は24時間」という時間の概念にもとづくものであるが，労働者に支払われる賃金は，「1（労働）時間」という単位で計られて賃金額が算定される。時給，日給，週給，完全月給，日給月給などの時間賃金（時間給）がその1つである。

もう1つは出来高賃金（能率給）であるが，もともとは時間賃金から派生し

ている。1時間のうちに標準で何個の製品を作ることができるかを計り，作った成果に応じて賃金が支払われる。つまり標準で1時間に6個の製品を作ると，1個あたり10分の時間をかけたことになる。1時間に7個の製品を作ることができれば，7個分の賃金が支払われる。

　この例の場合には，時間給よりも出来高給のほうが，賃金を誘因として労働意欲を刺激し能率を向上させたことになる。個数賃金はもちろん，歩合給や業績給も出来高給の一種である。

　このように，賃金の支払い形態（賃金形態）の基本は，時間賃金と出来高賃金の2つだけであり，この基本形態をさまざまに発展，組み合わせたものが実際の賃金形態である。

　この賃金形態と似てはいるもののまったく意味の違う言葉に，「賃金体系（給与体系）」がある。

　図表5-1　給与明細書の例と，図表5-2　賃金体系の図には，支払われる賃金の中身にさまざまな手当等が含まれている。これらを賃金項目というが，手当は，時間外勤務・休日出勤・深夜勤務以外は法律で支払いが義務づけられているわけではなく，手当の名称も支給のあるなしも企業によってまちまちである。

　きわめて複雑な賃金全体をわかりやすく，支払い項目別に整理し体系化したものが図表5-2であり，これを賃金体系（給与体系）という。

　この賃金体系も書き方（考え方）によっていくつかあるが，図表5-2は，「所定内賃金」のところに労働協約や労働基準法にもとづく所定労働時間に対応して支払われる項目を入れる，「所定外賃金」のところに所定労働時間以上に労働したときに支払われる項目を入れる，というようにして描かれるものである。

　企業のなかには労働に直接結びついていないような手当を廃止したり，極端な場合には手当を全廃して基本給だけ，というところもある。

　手当を全廃し，かつ基本給も業績給だけにしてしまうと「完全出来高制」となるが，賃金は生活保障的な側面があるので，完全出来高制のみは禁止されて

いる（労働基準法第 27 条，出来高払制の保障給）。

　ただし賃金体系は，自社の従業員へのもてなし方を体現しているともいえるので，同業他社に比較して魅力ある賃金体系が必要とされる。いろいろな手当が存在するのはこのためでもある。

（3）基本給の構成要素

　さて，基本給を構成する要素には，属人給（本人の勤続年数や年齢で決める）と仕事給（仕事の内容や職務遂行能力，仕事の成果で決める）があり，図表5－2にあるように，前者は勤続給と年齢給に，後者は職務給，職能給，業績給に分けられる。これらの要素を組み合わせることを基本給の設計という。

　属人給の割合が多ければ，賃金は右肩上がりのカーブを描く（年功序列賃金）。

　仕事の成果で決める業績給はわかりやすいが，職務給と職能給は初めて聞くと難解な用語に思われる。

　簡単に理解するには，本人の座っているイス（職務，ポスト）にいくらというのが職務給，本人の能力にいくらというのが職能給，と考えれば良い。

　職務給は座るイスが違えば賃金が異なるし，同じイスであれば誰が座ろうと賃金は同じということになる。

　職能給は座っているイスには関係なく，本人の能力に対して賃金が支払われ，能力が違えば賃金は異なるということになる。

　職務給の場合，事前にイス（職務，ポスト）の評価，すなわち仕事の大変さの度合いを明らかにしておく必要がある。職務分析によって対象となるすべての職務について仕事の内容を明確にし，次に職務評価によってそれぞれの職務の相対的価値評価と格付けを行い，賃金率を定めていく。

　職能給の場合，本人の職務遂行能力（職能）を評価する必要があるので，職能資格制度が不可欠である。ただし勤続が長くなると職能評価が上がりやすいので，これも右肩上がりのカーブを描きやすい（勤続年数に能力が比例しているはずだ ⇒ 年功賃金）。

　それでは実際，これらが基本給の構成要素として，どのくらいのウエイトを

占めているのだろうか。

　JILPT（労働政策研究・研修機構）の調査（平成 26 年）[2] では，非管理職層で，従業員規模計で，職能給 33.4，年齢・勤続給 25.4，職務給 16.8，役割・職責給 10.9，成果・業績給 9.0，その他 4.5%，となっている。

　また，非管理職層で，従業員規模 1 万人以上で，職能給 37.0，年齢・勤続給 9.8，職務給 8.9，役割・職責給 27.1，成果・業績給 3.8，その他 13.5%，となっている。

　この統計から読み取れるのは，規模計で，右肩上がりのカーブを描きやすい「職能給と年齢・勤続給の合計」が約 6 割，1990 年代に大きな話題になった「成果主義賃金にあたる成果・業績給」が 1 割未満であることである。

　もう 1 つ興味深いことは，1 万人以上規模では，「職能給と年齢・勤続給の合計」が 5 割に満たないとはいえ，やはり大きな割合を占めていること，職能給は増えているが年齢・勤続給は大幅に下がっていること，また役割・職責給が増えていること，である。

　同調査の管理職層では，従業員規模計で，職能給 30.3，年齢・勤続給 18.4，職務給 15.7，役割・職責給 22.4，成果・業績給 9.4，その他 3.8%，従業員規模 1 万人以上で，職能給 14.1，年齢・勤続給 6.3，職務給 16.7，役割・職責給 24.6，成果・業績給 15.2，その他 23.3%，となっている。管理職層でも役割・職責給が増えていることがわかる。

　役割・職責給は，職務給の一種で，社内の仕事の 1 つひとつを役割と職責で格付けし，それに対応して賃金を決めるというものであるが，非管理職層では従業員規模が大きくなるほど，管理職層では規模の違いを問わずウエイトを高めており，比較的多くの企業で定着しつつあるといえる。

　後述する働き方改革の目玉の 1 つ，同一労働同一賃金の考え方からは，職能給から職務給への転換が予測される。

（4）労働時間管理

　厚生労働省の Web サイトに，過労死等ゼロを目指す取組の強化の 1 つとし

て，「労働基準関係法令違反に係る公表事案」が，掲載されている。

　掲載場所が分かりづらいが，「長時間労働削減に向けた取組」のページのなかに収録されている。一覧には，労働関係衛生法関係の違反が多いが，なかには違法な残業をさせた疑いで書類送検された電通やパナソニックも入っている。

　平成 29 年の年間実労働時間数（1 人平均）は，常用労働者で，1,721 時間（うち所定内労働時間 1,590，所定外労働時間 131），一般労働者は，2,026 時間（所定内 1,850，所定外 176），パートタイム労働者は，1,033 時間（所定内 1,002，所定外 31）となっている（JILPT の算出）。

　このデータのなかで注目すべきは，一般労働者の年間実労働時間数であり，年間 2,000 時間を超えている。労働時間が過度になると，病気や鬱につながり，さらには自殺に追い込まれかねない。本人に取り返しのつかない事態を招くのはもちろんであるが，企業経営にも大きなダメージとなる。

　厚生労働省の公表事案は，厚生労働省のいらだちが読み取れるが，公表された企業は就活生に敬遠される「ブラック企業」にもなる。

　幸い，後述する働き方改革の一環として，罰則付きの上限規制がかけられることになる。今後は，労働時間管理がますます重要になろう。

☆時間外労働の上限は，原則，月 45 時間，年 360 時間
特別条項を結んでいる場合でも，
時間外労働：1 年で 720 時間以内，
時間外労働＋休日労働：1 カ月あたり 100 時間未満，
時間外労働＋休日労働：2 〜 6 カ月平均で 80 時間以内，
特別条項の適用：原則の月 45 時間を超えることができるのは 1 年で 6 ヶ月まで。
罰則は，使用者に 6 カ月以下の懲役または 30 万円以下の罰金。

★　2023 年 4 月 1 日以降，中小企業も月 60 時間超の時間外労働には割増賃金

図表5－3　職能資格制度の一例

階　　層	資格等級	資格要件	職　　位
上級職	9等級	左記の等級に必要とされる要件を筆記する。	部長　　次長
	8等級		
	7等級		
中級職	6等級		課長　係長
	5等級		
	4等級		主任
一般職	3等級		
	2等級		一般社員
	1等級		

出所：筆者作成。

率が50％に統一されている。これは，すでに大企業が2010年から月60時間を超えて時間外労働をさせた場合の割増賃金率が50％以上になっていたものの，中小企業の割増賃金率は25％以上のままに据え置かれ，「猶予」されていた。

　しかし2019年に施行された「働き方改革関連法」により「猶予期間」が廃止されたことにともなうものである。

（5）昇進・昇格管理

　企業によっても違うが，やがて，昇進や昇格が行われる。これも社員のやる気を引き出すための大きな刺激となる。昇進や昇格は，職能資格制度にもとづくことが多い。

　職能資格制度とは，資格等級の区分を職務遂行能力で行い，対象者に求めら

れる資格要件を明確にして，その能力に応じて資格等級を定める制度であり，図表5－3はその一例である。

昇進も昇格もしばしば聞かれる用語であるが，ときには混同して使われてしまうことも多い。

昇進とは，係長が課長に上がったり，課長が次長に上がったり，ポスト（職位）が上がることをいい，昇格とは，職能資格制度などの等級制度において，本人の能力や仕事のレベルアップに応じて資格等級が上がることをいう。

（6）福利厚生制度

現金給与 ＋ 福利厚生費 ＋ 退職金・年金費用等 ＝ 人件費

この等式についてはすでに述べた。また，福利厚生費の内訳は，法定福利厚生費と法定外福利厚生費であり，前者の法定福利厚生費は社会保険・労働保険料の使用者負担分のこと，等についてもすでに述べた（厳密には，こども・子育て拠出金と労働基準法に定める休業補償を含む）。

後者の法定外福利厚生費は，今では各企業がすぐれた人材を獲得，養成し，企業への愛着心を育てるためにもなくてはならない費用であり，企業が就活生に説明会を催すときに欠かすことができないのが，この法定外福利厚生制度の紹介である。

具体的には，住宅（社宅，独身寮，持家援助），医療・保健（病院，診療所，健康診断），生活補助（食堂，給食，売店，制服，作業服，通勤バス，駐車場），慶弔・共済（慶弔金，共済会），文化・体育・レクリエーション（体育館，クラブハウス，保養所），資金貸付（住宅資金貸付）などがある。

このなかでも，病院を自前で持つのは資金の豊富な大企業に限られるが，最近では従業員のニーズが多様化しているので，企業が福利厚生費をポイントとして従業員に配分し，従業員がそのポイントを使って，用意された福利厚生メニューから自由に選んで利用するカフェテリアプランの導入や，カフェテリアプランそのものを外部委託している企業も増えている。

図表 5 － 4　労働費用，人件費，広義の賃金の概念図

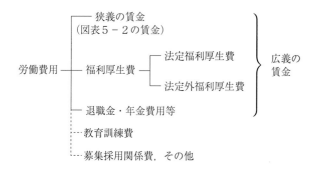

出所：筆者作成。実線を人件費，点線まで含めて労働費用という。法定福利厚生費は会計の
　　　勘定科目では法定福利費という。第 1 章，図表 1 － 6 の報酬コストには，募集採用
　　　関係費や教育訓練費など国際比較するうえで入手不可能な費用は含まれていない。

　また，福利厚生制度は正社員が中心の制度であったが，後述する「同一労働
同一賃金」の考え方から，今後は，非正社員への配慮・充実が必要とされる。
　図表 5 － 4 は，「労働費用，人件費，広義の賃金の概念図」である。図表 5
－ 2 の「賃金体系の図」と合わせて，広義の賃金の全体像や労働費用について
理解してほしい。
　なお，上記カフェテリアプランは，トヨタ自動車では「ウェルチョイス」と
いい，そのメニューは Web サイトで見ることができる。具体例として参考に
されたい。http://toyota-saiyo.com/environment/welfare.html

3．人的資源管理の課題

（1）2018 年問題
　「2018 年問題」は，大学受験年齢である 18 歳人口が構造的に減り始め，受
験生減少という大学経営に大きな影響を与えることとして何年も前から語られ
てきたことである。

図表 5 － 5　無期転換ルール

（2013 年 4 月開始で契約期間 1 年の場合）

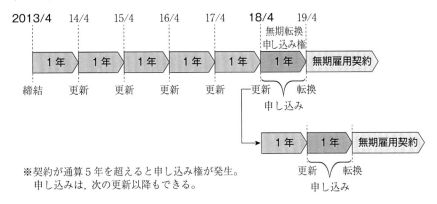

※契約が通算 5 年を超えると申し込み権が発生。
　申し込みは，次の更新以降もできる。

出所：『毎日新聞』2018 年 2 月 12 日付。「2018 年問題，変わる「非正規」のルール，4 月
　　　と 10 月」。

　（この 18 歳人口が減り続けることは，日本の労働力人口が減り続けることでもあるので，
本章とは無関係ではないのであるが）このこととは違って，もう 1 つの「2018 年問題」が注目されてきた。

　これは，改正労働契約法が 2013 年（平成 25 年）4 月に施行され，このうちの無期転換ルールが 2018 年（平成 30 年）4 月から運用されることから派生する問題である（同法第 18，19 条）。

　契約社員やパート，派遣など非正規社員の多くは，企業と 1 年や半年等の有期雇用契約を結んでいる。無期転換ルールの導入で，雇用契約が繰り返し更新され，通算 5 年を超えると，無期雇用契約を申し込む権利が得られるというものである（図表 5 － 5 を参照）。

　法律の趣旨は，非正規の不安定な身分を安定した身分に変えようというものであるが，そうなる前に「雇い止め」（解雇や契約更新拒否）をするという動きが，多くの企業（国立大学の有期雇用職員でさえも）で見受けられる。また無期雇用になったとしても，正社員ではなく「無期転換社員」という新たな社員区分

を作るのが主流といわれている。

　もう 1 つは，改正労働者派遣法が 2015 年（平成 27 年）9 月に施行されているが，この施行にともなって派遣社員を同じ職場に派遣できる期間を 3 年に統一する「派遣 3 年ルール」が，2018 年（平成 30 年）10 月から運用された。

　3 年以上，同一の派遣社員が同じ職場で働くには，派遣先で直接雇用するか派遣元で無期雇用にすることが必要になる。

　これも法律の趣旨とは違って，同じく「雇い止め」が不安視されている。

　2017 年（平成 29 年）の雇用者のなかに占める非正規雇用者の割合は 37.3％，実人数はパート 997 万人，アルバイト 417 万人，派遣 134 万人，契約 291 万人，嘱託 120 万人，合計 2,036 万人，である（総務省「労働力調査」）。

　この 2 つの改正法にともなう 2 点の「2018 年問題」は，非正規雇用者自身にとって直面する大問題であるとともに，正規雇用者の調整弁，穴埋めとして使ってきた企業の側に，従来の発想を変えた制度の見直しや再設計が必要とされている。

（2）M 字カーブ

　上述の非正規雇用とも関連するが，M 字カーブについて学ぶことにしよう。

　M 字カーブとは，女性の労働力率を年齢階級別にグラフ化すると「M」の形のような曲線になることをいう。

　女性が（中学，高校，専門，短大，大学を）卒業して就職をする。やがて結婚・出産を機に退職してずっと家庭にとどまれば，グラフは左側に 1 つの山型ができるだけである。

　出産，育児の数年間を家庭で過ごして，例えば 40 代で再び就職して 50 ～ 60 代まで働き続けると，左の山ほどには高くはないが，右側にも山ができる。左にひと山，中に谷，右にもうひと山できるので，合わせると M 字型のカーブができる，というわけである。

　時代によって，上位校への進学率が高まり，労働観，結婚観（晩婚化，離婚，シングルマザー，独身），子供の数を含めた家族観も変化してきているので一概に

は言えないが，雇用労働政策としてはＭ字型から逆Ｕ字型に変わることが，長い間，１つの目標とされてきた。

　その理由の１つは，「寿退社（職）」という言葉があったように，結婚や出産を機会に退職する（させる）「慣習」「制度」があったことである。

　今では考えられないが，厚生労働省（労働省）『働く女性の実情』の過去の版には，参考として〈結婚退職〉〈若年定年〉〈男女別定年〉〈退職勧奨〉などの裁判例が掲載されているので，そのことの一端を知ることができる。男女雇用機会均等法が作られたのは，このような男女差別を明確に禁止することでもあった。

　もう１つの理由は，男性と同様に働いて自己実現を果たしたいという女性の立場からの意識の高揚と，他方で企業が人手としての安価な女性労働力を必要としたことである。

　Ｍ字カーブについては，『働く女性の実情』平成28年版で，都道府県ごと

図表５－６　女性の労働力人口比率

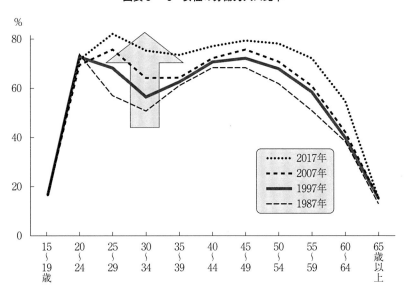

出所：『日本経済新聞』2018年２月23日付。「Ｍ字から台形に移りつつある」。

の分析もしているので，詳細はこれを参照してほしい。Web サイトで公表されている。

　近年，M 字型の谷がほぼなくなりつつあることは新聞各紙が伝えているが，『日本経済新聞』でも頻繁に取り上げられている。

　簡単に紹介すると，「M 字カーブ，谷緩やかに，30 ～ 40 代女性の離職歯止め」という見出しのもと「近年は欧米とほぼ遜色のない形に近づいており，女性の労働市場は歴史的な構造変化を遂げつつある」とまで述べている（2017 年 9 月 9 日付）。

　2018 年 1 月 30 日付の電子版のビジュアルデータでは，「女性の労働参加，M 字から逆 U 字に」という見出しでグラフを表示している。

　同 2 月 23 日付には，「M 字カーブほぼ解消，女性就労 7 割，30 代離職が減少」という見出しのもとに，図表 5 - 6，5 - 7 を掲載している。この記事の本文では，2017 年は 15 ～ 64 歳で働く女性の労働力率は「69.4 ％と過去最高を記録し・・16 年には米国やフランス（ともに 67 ％）を上回った」と書かれている。

　実に興味深いデータと記事であるが，ここには日本の労働に関係する問題点が凝縮されており，早急に解決されなければならない課題が読み取れる。

① 　M 字カーブがほぼ解消されつつあるとはいえ，保育園不足のように負担が個々の家庭にしわ寄せされていないか，されているとしたら，将来的にいっそうの人口減，労働力人口減につながるであろう[3]。

② 　女性の雇用形態は非正規の割合が高く，出産育児のあとの再就職時には非正規の割合がとくに高い。非正規で働くことを望む女性が多いのは事実であるが，やむを得ず非正規で，という「不本意非正規」も多い。

③ 　男性も含めて，正規と非正規の間には賃金格差が大きいだけでなく，(1) 2018 年問題で述べた身分の不安定性，後で述べる賃金以外の待遇格差，という問題が加わる。不本意非正規をなくし，賃金格差，身分の不安定性，賃金以外の待遇格差等の解消が喫緊の課題となる[4]。

④ 　家庭内の家事の分業はいうまでもないが，夫婦ともに働き過ぎにならな

図表 5 − 7 女性の労働力率の国際比較

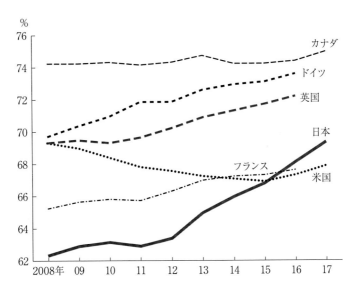

（原注）15 〜 64 歳の女性の労働力率。国際労働機関（ILO）の集計。
出所：『日本経済新聞』2018 年 2 月 23 日付。「女性の労働力率は米仏を上回った」。

いよう，それぞれの勤務先の労働時間見直しも必要とされる。後述する
が，個人では解決できない働き方改革やワークライフバランスにつなが
る課題となる。

（3）働き方改革

続いて働き方改革について学ぼう。

「働き方改革」という言葉は，数年前から耳にすることが多くなってきたの
で，知らない人はほとんどいないであろう。

また働き方改革をしていくと，労働時間が短縮され自由な時間が増え，仕事
と生活が調和する（ワークライフバランス）ようなイメージがある。

しかし，平成 30 年（2018 年）の第 196 回国会で審議された「働き方改革関連
法案」全体は非常に分かりづらい。

　その理由は，「働き方改革一括法案」という別名があるように，雇用対策法，労働基準法，労働時間等設定改善法，労働安全衛生法，じん肺法，パートタイム労働法，労働契約法，労働者派遣法の8つの法律の一括改正となっている点，つまり，法律の趣旨が違う8つの法律を束ね，一括審議としている点である。議論百出の様相を見せていたが，企業経営をしていくうえでも重要な局面を迎えていた。

　①　働き方改革は，厚生労働省のWebサイトに，次のように書かれている。

「働き方改革」の目指すもの

●我が国は，「少子高齢化に伴う生産年齢人口の減少」「育児や介護との両立など，働く方のニーズの多様化」などの状況に直面しています。

●こうした中，投資やイノベーションによる生産性向上とともに，就業機会の拡大や意欲・能力を存分に発揮できる環境を作ることが重要な課題になっています。

「働き方改革」は，この課題の解決のため，働く方の置かれた個々の事情に応じ，多様な働き方を選択できる社会を実現し，働く方一人ひとりがより良い将来の展望を持てるようにすることを目指しています。

----

　②　また，平成29年9月の「働き方改革を推進するための関係法律の整備に関する法律案要綱」の概要は以下のように書かれている。

Ⅰ：働き方改革の総合的かつ継続的な推進（雇用対策法改正）

Ⅱ：長時間労働の是正と多様で柔軟な働き方の実現等（労働基準法等改正）

　(1) 時間外労働の上限規制の導入

　(2) 長時間労働抑制策・年次有給休暇取得促進策

　(3) フレックスタイム制の見直し

  (4) 企画型裁量労働制の対象業務の追加

  (5) 高度プロフェッショナル制度の創設

  (6) 勤務間インターバル制度の普及促進（労働時間等設定改善法改正）

  (7) 産業医・産業保健機能の強化（労働安全衛生法・じん肺法改正）

Ⅲ：雇用形態にかかわらない公正な待遇の確保

  (1) 不合理な待遇差を解消するための規定（パートタイム労働法・労働契約法改正）

  (2) 派遣先との均等・均衡待遇方式か労使協定方式かを選択（労働者派遣法の改正）

  (3) 労働者に対する待遇に関する説明義務の強化

  (4) 行政による履行確保措置と裁判外紛争解決手続（行政ADR）の整備

　本章冒頭で，「賃金と労働時間など労働条件は利害が対立することが多い」と書いたが，この働き方改革関連法案もその1つであった。

　平成30年1月22日に，安倍晋三内閣総理大臣が施政方針演説をし，働き方改革関連法案は第196回国会の最重要法案の1つと位置づけられたものの，裁量労働のほうが「一般労働者より労働時間が短いというデータもある」と誤った答弁をして，その後，答弁撤回，「働き方改革関連法案」から裁量労働制の対象を拡大する部分を削除することとなった（上記概要のⅡ(4)の下線部分）[5]。準備が不十分な法案であったが，第196回国会で成立し，施行は平成31年（2019年）4月1日等となった[6]。

（4）裁量労働制

　裁量労働制とは何か。また，「働き方改革関連法案」から「裁量労働制の対象を拡大する部分を削除することとなった」とはどのようなことか。このことを学ぶことにしよう。

　裁量労働については，いま突然始まった制度ではなく，「トヨタ労組，裁量労働の実質拡大を承認，定期大会で」（『日本経済新聞』2017年10月14日付）のよ

うに，企業によってはすでに，社員の働き方の選択肢を増やし生産性向上につなげる制度として定着している。

　厚生労働省の調査では，平成 29 年調査計で，適用労働者割合が，専門業務型裁量労働制 1.4％，企画業務型裁量労働制 0.4％，となっている。企業規模では，1,000 人以上がそれぞれ，2.0％，0.9％と，規模が大きくなるほどパーセントが高くなっている（厚生労働省「平成 29 年就労条件総合調査」）。

　すでに，第 1 節 (4) 労働時間と割増賃金のところで，法定労働時間「1 日 8 時間，1 週 40 時間」と，それを超えると割増賃金の支払いが必要になることを述べている。

　しかし，社会が進歩し人々の暮らしが変化して，企業のなかでも仕事の種類や働き方の多様化が進んでくると，労働時間の長短と仕事の成果がかならずしも対応しなくなり，賃金（報酬）と成果とを対応させるための制度として，昭和 62 年の労働基準法改正により導入されたのが裁量労働制である（第 38 条 3。昭和 63 年施行）。

　この制度では，業務の性質上，その遂行の方法を大幅に労働者の裁量にゆだね，所定の時間を労働したものとみなすというものである。

　この制度を「専門業務型裁量労働制」といい，対象は当初は，研究開発の業務等に限定されていたが，現在では下記の 20 業務に拡大している。

　○法令で定める 20 業務
　1　新商品・新技術の研究開発，人文科学・自然科学に関する研究業務
　2　情報処理システムの分析・設計業務
　3　新聞・出版事業における記事の取材・編集業務，放送制作の取材・編集業務
　4　衣服，室内装飾，工業製品，広告等の新たなデザインの考案業務
　5　放送番組，映画等の制作の事業におけるプロデューサー・ディレクター業務
　6　コピーライター業務

7　システムコンサルタント業務

8　インテリアコーディネーター業務

9　ゲーム用ソフトウェアの創作業務

10　証券アナリスト業務

11　金融工学等の知識を用いて行う金融商品の開発業務

12　大学教授研究の業務

13　公認会計士業務

14　弁護士業務

15　建築士（一級建築士，二級建築士及び木造建築士）業務

16　不動産鑑定士業務

17　弁理士業務

18　税理士業務

19　中小企業診断士業務

20　M&A アドバイザーの業務（2024年4月追加）

　その後，平成10年の労働基準法改正の際に，対象に「事業の運営に関する事項についての企画，立案，調査及び分析の業務」も含まれることになり（第38条4。平成12年施行），この制度を「企画業務型裁量労働制」という。

　「働き方改革関連法案」から裁量労働制の対象を拡大する部分を削除したというのは，この後者の制度のことである。

　「専門業務型裁量労働制」の場合，対象業務は厚生労働省令で定められ，職場の労働者の過半数代表と使用者との間で労使協定を締結し，労働基準監督署へ届け出る必要がある。

　あらかじめ「8時間労働したものとみなす」と決めていれば，実際に働いた時間が4時間であっても10時間であっても，8時間となる。みなし労働時間が法定労働時間を超える場合，超える部分は割増賃金を支払う。

　法定休日や深夜に労働した場合にも割増賃金を支払う。

　この制度は，労働者の側にも，効率よく仕事を進め自分のライフスタイルに

合わせて仕事をしていくことができれば，自由時間が増えワークライフバランスの実現にもつながるというメリットがある。

　他方で，労働が不規則になったり長時間労働が常態化しやすいというデメリットもある。というのは上の例でいえば，いつも 6 時間とか 7 時間とかで仕事が終われば良いが，与えられた仕事の課題が過多で 10 時間働くことが常態化したらどうだろうか。「10 時間働いても 8 時間とみなす」・・・企業側のメリットのほうが大きいといえよう。

　もう 1 つの「企画業務型裁量労働制」は，手続きが複雑なので，規模の小さな企業にはあまり導入されていない。

　企画業務型裁量労働制を導入するには，使用者と労働者代表で構成される労使委員会を設置して，その委員の 5 分 4 以上の多数による議決により，①対象となる業務の具体的な範囲　②対象労働者の具体的な範囲　③労働したものとみなす時間　④本人の同意を得なければならないこと，など 7 つの項目を決議して，労働基準監督署へ届け出る必要がある。

　割増賃金の考え方は，専門業務型裁量労働制と同じであり，法定休日や深夜に労働した場合にも割増賃金を支払う。

　重要なことは，対象となる事業場が会社経営の中枢であるか重要な影響を及ぼす本社や本店などの，「事業運営の企画，立案，調査，分析を行う業務」というところである。業務の具体例は，「労働基準法第 38 条の 4 第 1 項の規定により同項第 1 号の業務に従事する労働者の適正な労働条件の確保を図るための指針」に書かれている。

　「働き方改革関連法案」から削除された裁量労働制の対象を拡大する部分というのは，「法人顧客の事業の運営に関する事項についての企画立案調査分析と一体的に行う商品やサービス内容に係る課題解決型提案営業の業務」「事業の運営に関する事項の実施の管理と，その実施状況の検証結果に基づく事業の運営に関する事項の企画立案調査分析を一体的に行う業務」である。

　なお，フレックスタイム制度との違いは，フレックスタイムは「変形労働時間制」の 1 つであり，出社時刻，退社時刻を労働者が自由に設定でき，定めら

れた時間数を勤務する制度である。

（5）高度プロフェッショナル制度

　高度プロフェッショナル制度とは何か。

　すでに述べたように，現在，2つの裁量労働制が，みなし労働時間の規定として定められているが，その制度の1つができたときから30年も経ち，この間，産業構造も就業構造も大きく変わってきた。そのため平成18年に「ホワイトカラー・エグゼンプション」という制度が考えられたものの，実現せず，今回，「高度プロフェッショナル制度」として法案が再登場したというわけである。

　裁量労働制との違いは，裁量労働制が法定休日や深夜等の割増賃金が支払われる（つまり労働時間管理の対象になる）のに対し，高度プロフェッショナル制度は割増賃金は一切支給されないで（つまり労働時間管理の対象から外れて），成果だけで賃金が決まることになる。

　対象になるのは，今のところ，「研究開発や金融，コンサルタントなど高度な専門的知識を必要とする業務に就く年収1,075万円以上の労働者」とされているが，やがては業務が拡大されたり，年収の金額も引き下げられたりされかねないので，これでは過労死を招く「残業代ゼロ法案だ」という批判が労働者（労働組合）の側からなされている。

★　「高度プロフェッショナル制度が当初の説明とかけ離れた実態に　過労死
　　ライン超えも　安倍元首相の主導で導入」『東京新聞』2022年9月26日付。
★　「自由に働く高プロ苦戦　3年で導入21社のみ，適用対象狭く　特別扱い
　　避ける企業」『日本経済新聞』2022年10月10日付。

（6）同一労働同一賃金

　同一労働同一賃金も，働き方改革関連法案のなかで，重要なテーマとなっていた。このことを学ぼう。

　同一労働同一賃金といっても，企業横断的に同一職種で「同一労働同一賃金」を目指すというのではなく，あくまでもそれぞれの企業内で，正社員と非正社員との間の不合理な格差をなくすという意味である。

　すでに，改正労働契約法にも，期間の定めがあることによる不合理な労働条件を禁止している第20条がある。

　現在，日本では，正社員と非正社員との間で，賃金の面で格差が非常に大きい。平成29年（2017年）のデータでは，平均で，一般労働者（正社員）1,937円，一般労働者（正社員以外）1,293円，短時間労働者（正社員以外）1,081円，一番格差が出る50〜54歳層で，一般労働者（正社員）2,403円，一般労働者（正社員以外）1,259円，短時間労働者（正社員以外）1,091円，である（時給換算。厚生労働省「賃金構造基本統計調査」）。

　正社員と非正社員との間の格差は，賃金だけでなく，福利厚生施設の利用，慶弔休暇，教育訓練などでも存在しており，ひどいところでは非正社員は昼食時のスペースさえも使えない（差別されている）企業もある。

　したがって，働き方改革関連法案との関連で議論となっていた同一労働同一賃金には，賃金以外の待遇格差の改善も含まれており，正社員と非正社員の間で，基本給や賞与，昇格，手当などの待遇で，不合理な格差を禁止し，格差がある場合には企業に説明責任が課される。

　同一労働同一賃金ガイドラインは，厚生労働省のWebサイトに掲載されている。また，働き方改革関連法成立後の同一労働同一賃金の規定は，図表5－8のとおりである。施行は，大企業が2020年4月，中小企業は21年4月。

　『日本経済新聞』は，「同一労働同一賃金」が導入される前に，ライオン株式会社が非正規技能者の時給を1.5倍にする事例や，トヨタ自動車株式会社が期間従業員に社員と同等の家族手当を支給する事例を紹介している（2018年3月26日付）。人手不足のもと，先行して待遇を改善して人材囲い込みをはかっているというわけである。

☆正社員と非正社員との待遇格差について，2020年10月に，最高裁による2

つの判決（確定）が出ている。

＊「非正社員の退職金・賞与なし‥最高裁 "不合理でない"」『朝日新聞』
2020年10月14日付。

＊「扶養手当や有休格差 "不合理"‥最高裁，契約社員へ支給求める」『朝
日新聞』2020年10月16日付。

各企業において今後，どのように見直しされるか，注目される。

（7）コロナ禍（下）の問題と課題

令和2年（2020年）は，ほぼ1年間，新型コロナウイルスの影響で企業経営
についても大きな問題が生じた。

帝国データバンクの統計では，その影響を受けた倒産（法人および個人事業主）
は，累計で，「全国で955判明（2021年1月29日16時現在）」と伝えている（件数
は2020年2月以降の累計）。

内訳は，法的整理859件（破産816件，会社更生法1件，民事再生法37件，特別清
算5件），事業停止96件。業種別上位は「飲食店」（154件），「建設・工事業」
（78件），「ホテル・旅館」（74件），「アパレル・小売店」（54件），「食品卸」（47
件），「食品小売」（32件）など。

この統計に含まれていない倒産も，あるいは倒産までには至らなくてもその
危機を感じている企業も急増していると思われる。

もちろんこれらの倒産のなかには新型コロナ禍が主因というのではなく，例
えば，レナウン（株式会社レナウン，アパレルの老舗，東証1部）のように，コロナ
前からその兆候を見せていた企業も入っており，コロナで止めを刺されたとも
いえる。

経営難や倒産あるいは廃業は，従業員に賃金等の雇用条件の引き下げや「早
期・希望退職」の募集，そしてついには失業まで招くことになる。

事実，総務省統計局「労働力調査（基本集計）」の2020年（令和2年）11月分
結果は，「完全失業者数は195万人。前年同月に比べ44万人の増加。10か月
連続の増加」となっている。また，厚生労働省は，「新型コロナウイルス感染

図表5－8　働き方改革関連法成立後の同一労働同一賃金の規定

	パート社員	有期契約社員	派遣社員		無期転換後のフルタイム社員
差別的扱いの禁止（均等規定）	あり	＊あり	＊あり	＊労使協定を結べば均等・均衡規定を除外する規定もあり	なし
不合理な処遇の相違の禁止（均衡規定）	あり	あり	＊あり		なし
均衡を考慮する努力義務	あり	＊あり	あり		＊の部分が新設規定

出所：『日本経済新聞』2018年3月12日付。一部修正。

拡大に関連する解雇や雇い止めは25日時点で，見込みを含めて7万9,522人」と発表している（2020年12月28日）。

　他方，ニューノーマル（new normal），外出自粛，ネットショッピング，在宅勤務，テレワーク，リモートワーク，出社しない働き方，という事態が常態化し，「テレワーク鬱」という言葉（病名）も生まれ，そして職務内容と給与（職務給）を明確にして雇用契約を結ぶ「ジョブ型雇用」を導入する企業も目立つようになった。

　ちなみに，「ジョブ型雇用」に対応する雇用形態を「メンバーシップ型」（給与は職能給が一般的）という。

　また，2021年4月には，70歳定年が事業主の努力義務となる70歳定年法（改正高年齢者等の雇用の安定等に関する法律）が施行された。これまでの65歳「義務」が，「努力義務」とはいえ5歳引き上げられたので，経営側の対応が急がれる[7]。

☆＊65歳までの雇用確保（義務）に加え，65歳から70歳までの就業機会を確保するため，高年齢者就業確保措置として，以下のいずれかの措置を講ずる努力義務を新設。

① 70歳までの定年引き上げ

② 定年制の廃止

③ 70歳までの継続雇用制度（再雇用制度・勤務延長制度）の導入（特殊関係事業主に加えて，他の事業主によるものを含む）

④ 70歳まで継続的に業務委託契約を締結する制度の導入

⑤ 70歳まで継続的に以下の事業に従事できる制度の導入

a. 事業主が自ら実施する社会貢献事業

b. 事業主が委託，出資（資金提供）等する団体が行う社会貢献事業

　以上のように，人的資源管理の課題として，「2018年問題」から「同一労働同一賃金」，そして「コロナ禍（下）の問題」まで，議論すべきことを指摘した。これ以外にも，「高齢者」や「外国人」のことなど課題になりそうなことはたくさんある[8]。

　これらを人的資源管理という本章のテーマに即していえば，政府が働き方改革を前面に押し出し，企業経営に，無期転換ルールの開始，有期雇用派遣の期限の到来，同一労働同一賃金の導入が大きなインパクトを与え，かつ，終息・収束の兆しが見えない新型コロナウイルス禍（下）の時こそ，そのインパクトやわざわいをバネに，いかにヒトを管理し，企業経営の維持と企業業績の向上につなげて行くことができるか，経営者の手腕が問われるところである。

★　「情報7daysニュースキャスター（TBSテレビ，2024年3月2日放送）」は，アメリカのギャラップ社「世界125か国で仕事にやる気がある人の割合，やる気度ランキング」で，日本は世界最低水準の124位，5.31%，同じ調査でアメリカは1位の34.1%であることを伝えている。

　　番組の中で，「現状の働き方改革は社員のやりがいとか成長に対する配慮に欠けている」「日本企業に今必要なのは，働き方改革ではなく働きがい改革だ」（渋谷和宏氏）という発言に注目したい。

　　「仕事にやる気がない」だけでなく，「実質賃金の長期低迷」「安い日本」

「GDP4 位転落」などを合わせて考えると，早急に「政府の働き方改革」そのものの見直しが必要と思われる。

【*Review exercise*】

1. 働き方改革を率先して進めていると思われる企業を調べ，その実例をレポートにまとめなさい。
2. 法定外福利厚生制度を充実させることは，優秀な人材を獲得するうえでも必要である。興味のある（就職をしたいと思う）企業の制度を調べなさい。
3. 学生でアルバイトをしている人は多い。改めて就業規則と自分の給与明細書をチェックして，アルバイト先の賃金制度を考えてみなさい。

考えてみよう！

【注】

（1）この頃の工場の労働事情を知るには，農商務省から刊行された『職工事情』（明治 36 年）がある。文庫本（岩波文庫）が出版されているので興味があれば読んでほしい。この報告書はやがて工場法の成立につながる。第 1 章 5 節でふれた和田英の『富岡日記』は，明治 40 年に出版されている。

（2）JILPT（労働政策研究・研修機構）「Business Labor Trend」2015 年 3 月号。

（3）保育園不足と書いたが，仮に保育園不足が解消されたとしても，しわ寄せが保育園の保育士に向かうことは避けなければならない。保育士（女性）が安心して子供を生み育てられる環境作りが先に必要とされる。このことなしには，保育園不足，保育士不足は解消されない。

次のような記事にも注目し，議論してみよう。

＊「〈妊娠順番制〉おかしくない？　保育士ルールに議論沸騰　背景に人手不足も」『産経新聞』2018 年 4 月 22 日付。

＊「保育士不足で保育園休園に　横浜，37 人転園迫られる」『産経新聞』2018 年 3 月 8 日付。

★ 厚生労働省の発表では，2023年1〜11月の出生数（外国人含む速報値）は69万6,886人で，前年同期比で5.3%減少したという。なお，第一次ベビーブームの昭和22（1947年）〜24年は，年間約270万人であった。

（4）厚生労働省『「非正規雇用」の現状と課題』では，正規と非正規の賃金格差だけでなく，不本意非正規，教育訓練の格差，雇用保険・健康保険・厚生年金・退職金制度・賞与支給制度の適用の格差，非正規に占める65歳以上の高まり，などを数値で指摘している。

（5）平成30年1月29日の衆院予算委員会で，安倍晋三総理大臣が，裁量労働のほうが「一般労働者より労働時間が短いというデータもある」と答弁をしたが，そのデータのもとになった調査が，一般労働者には「1カ月でもっとも長く働いた日の残業時間」を尋ね，裁量労働に関する調査では「1日の労働時間」を尋ねたもので，比較できるデータではなかった。

（6）『週刊ダイヤモンド』2017年5月27日号，「人事部 VS 労基署」では，「働き方改革によって，過重な労働が取り払われ，ゆとりある社会になると思うのは大間違いだ。政府の目指す1億総活躍社会は言ってしまえば，労働者にさらなる生産性向上と競争を強いる1億総勉強社会」だ，と指摘している（p.35）。

なお，働き方改革関連法は，平成30年4月27日に審議入りし，同年6月29日に成立した。

（7）次の記事も読んでみよう。

＊「無期雇用化，同一賃金の衝撃」『週刊東洋経済』2018年3月24日号。

＊「コロナ大再編」『日経ビジネス』2020年6月15日号。

＊「コロナ雇用崩壊」『週刊東洋経済』2020年6月27日号。

＊「働き方ニューノーマル」『日経ビジネス』2020年9月14号。

＊「定年消滅」『週刊東洋経済』2020年10月17日号。

＊「コロナで雇用も脱日本型　欧米流「ジョブ型」急増　解雇容易の懸念も」『東京新聞』2020年9月28日付。

＊「賃金革命」『日経ビジネス』2024年1月8日号。

（8）高齢者の定義には異論もあるが，65〜74歳を前期高齢者という。総務省統計局の人口推計によると，65〜74歳の総人口（日本人人口ではない）は，男女計で，令和3年3月，1,754万人である（概算値）。

また，令和5年6月末の在留外国人数は322万3,858人で，前年末に比べ14万8,645

人（4.8％）増加，過去最高を更新している。うち中長期在留者数 293 万 9,051 人，特別永住者数 28 万 4,807 人（法務省発表の確定値，これ以外に不法滞在者が 6 〜 7 万人と推計されている）。

このような高齢者や外国人のことも，人的資源管理の重要な課題であるといえる。

次の特集も読んでみよう。

＊「隠れ移民大国ニッポン」『週刊東洋経済』2018 年 2 月 3 日号。

＊「外国人材が来ない！」『週刊東洋経済』2023 年 12 月 2 日号。

【勉強を深めるために参考となる文献】

今井慎・新井将司監修『労働基準法 2023 〜 2024 年版』ナツメ社，2023 年。

海野博「賃金」『新版労働経済』ミネルヴァ書房，2000 年。

海野博『賃金の国際比較と労働問題』ミネルヴァ書房，1997 年。

海野博「賃金・労働時間」『現代の労働経済』ミネルヴァ書房，1989 年。

上林憲雄・厨子直之・森田雅也『経験から学ぶ人的資源管理・新版』有斐閣，2018 年。

東京都産業労働局，TOKYO はたらくネット，各種発行資料。

畑隆「人的資源管理」『やさしく学ぶ経営学』創成社，2015 年。

『週刊東洋経済』東洋経済新報社，毎週。

『週刊ダイヤモンド』ダイヤモンド社，毎週。

『日経ビジネス』日経 BP 社，毎週。

【Coffee Break】

労働組合と春闘

　日本の労働組合は，1 つの企業もしくはグループ企業の従業員だけで，しかも職種の区別なく組織化されている企業別労働組合が大半である。

　その企業別組合が産業別に集まって連合体（単産）を結成している。単産には，自動車総連，電機連合，UA ゼンセン，私鉄総連などがある。

　さらに単産が集まって全国的連合組織を形成しているが，そのナショナルセンターの主要な組織には，日本労働組合総連合会（連合），全国労働組合総連合（全労連），全国労働組合連絡協議会（全労協）の 3 組織が

図表 5 - 9 　主要製造業の賃上げを
　　　　　　伝える記事

出所：『日本経済新聞』2018 年 3 月
　　　15 日付，一面。

ある。

　厚生労働省の「労働組合基礎調査」
によると，令和 5 年 6 月 30 日現在の
産業別組織を通じて加盟している労
働組合員数は，連合 681 万 7 千人，
全労連 46 万 4 千人，全労協 7 万 6 千
人，となっている。

　企業別労働組合のなかには，上部
組織に加わらない組合も，また企業，
職種，産業の枠にとらわれず，個人
単位で加入できる労働組合（合同労組）
もある。

　平成 30 年 3 月 14 日は，主要製造
業の春闘集中回答日であったので，
翌日の『日本経済新聞』はそれを一
面で伝えている（図表 5 - 9）。

　毎年，トヨタ自動車の回答が春闘相場のリード役として大きな影響を
与えてきたが，同社は平成 30 年からベースアップ（ベア）額を非公表と
している。この回答日以降，その他の企業の春季交渉が続いていく。

　春闘は，賃上げだけでなく労働時間短縮など労働条件改善を要求する
労働運動のことであり，「春季生活闘争（連合）」，「春季労使交渉（日本経
団連）」などともいわれ，また平成 26 年から政府が経営者に積極的な賃
上げを要請していることから「官製春闘」ともいわれている。

　ベースアップは賃金水準を一律に引き上げることをいう。勤続年数や
年齢が上がるごとに，賃金が増えることを定期昇給（定昇）といい，両
方を合わせて賃上げという。

　なお，令和 6 年の春闘については，朝日新聞の記事見出しを拾い出す
と以下のとおり（2024 年 2 月 14 日，15 日）。

※「中小企業6割が賃上げ予定，24年度 過半は人手確保の防衛的」

※「春闘で相次ぐ強気な要求，10％賃上げも，デフレ脱却へ重要局面」

※「ベースアップ要求，歴史的高水準に　脱デフレへの試金石，春闘本格化」

※「脱デフレ，春闘本格化，自動車・鉄鋼，強気の要求続々」

※「米国の賃金は30年で2.8倍，日本は？　アジアにも見劣りする事情」

　果たして長年のデフレ状態から脱却して，大企業のみならず中小零細企業まで賃上げの恩恵を受けることができるだろうか。

　ちなみに，令和5年の労働組合の推定組織率は16.3％で2年連続で過去最低を更新したという（厚生労働省「労働組合基礎調査」。最高は，昭和24年の55.8％）。

図表5−10　2024年春闘の集中回答日翌日の記事

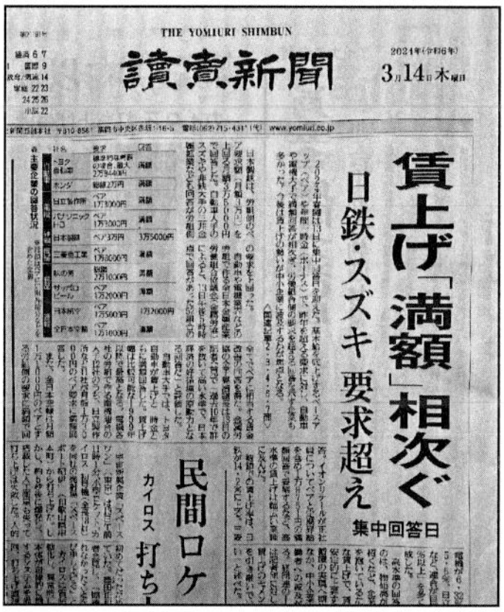

出所：『読売新聞』2024年3月14日付，一面。

ちょっと一息

第6章▶生産管理について学ぶ

要点

　生産とは，材料，人，機械などを使って製品を生み出す活動である。20世紀に入ってから，生産活動は効率化（より少ない費用で多くの製品を生み出す）という観点から，「科学的管理法」「フォード・システム」などの手法が考えられてきた。いずれも，生産活動の発展に大きな貢献を果たしたが，その後1960年頃になると「労働の人間化」という考え方がみられるようになった。そこでは，社員が自ら考える部分を増やしたり，仕事の範囲を広げたりするなど，人間性の重視という観点から，それまでの方法の改善が図られるようになったのである。世界的に知られる「トヨタ生産方式」も，そのような発想のもとに，生産効率と人間性との両立を図ろうとしたものである。

　生産管理では，「QCD」がポイントとなる。「Q」は品質（Quality），「C」はコスト（Cost），「D」は納期（Delivery）である。品質管理では，設計品質と製造品質を継続的に改善していくことが重要になる。コストの管理では，生産に必要な要素価格の引き下げや生産性の向上などの取り組みが大切になる。また，納期の管理では，生産を計画的に行うための日程計画の立案や，計画が実行されるための統制活動などが重要になる。

　一方，変化の激しい時代になると，生産管理という企業内の取り組みだけでなく，サプライチェーン・マネジメント（供給連鎖）といわれる企業同士の協力も必要になる。消費者の求める製品をすばやく生産・供給するためには，原材料の供給業者から製造業者，販売業者までが連携し，情報を共有しながら臨機応変に生産・販売活動を調整していくことが求められるからである。

Key word

▶Q（品質）C（コスト）D（納期）　▶5S（整理・整頓・清掃・清潔・躾）
▶科学的管理法　▶大量生産方式
▶サプライチェーン・マネジメント　▶スマート工場

—注目！

1. 生産とは？

（1）生産の重要性

　生産とは，材料，人（労働力），機械などを使って製品やサービスを生み出す活動である。この生産という活動によって，企業は新たな価値を生み出し，それを販売することで利益を得ているのである。

　一般的に，企業が競争相手より，価格が同等でより良い品質の製品を作れば，製品の売上高は増加する。そのうえ，その製品を競争相手より安い費用で作ることができれば，利益は大きく増えるだろう。つまり，他の企業より優れた生産の仕組みを持っている企業は，競争上，優位な地位に立てるのである。

　このように，企業がどのような生産活動を行っているかは，企業の業績や競争力に影響を与える重要な要因の1つだということを，まずは頭に入れておこう[1]。

（2）生産の流れ

　生産活動は，おもに「企画 → 設計 → 部品調達 → 加工・組立 → 在庫 → 出荷」というプロセスを経る。参考までに，自動車の生産工程についてみてみよう（図表6−1）。

　まず，企画・デザイン段階では，世の中のさまざまな情報やトレンドを参考にして生産する自動車のコンセプトを固め，それを具体的なデザインに落とし込む。つぎに，設計・試験評価段階では，図面やコンピューター・システムによって車両の基本性能を確認するとともに，実際に試験車両を製造し，強度や安全性などの評価を行う。そして，生産準備段階では，安全性や作業のしやすさなどの観点から具体的な生産工程を検討する。このようなプロセスを経て，ようやく工場での生産に取りかかるのである。なお，工場での具体的な生産工程は，プレス → ボデー溶接 → 塗装 → 樹脂成型 → 組立などの工程にわかれている。

図表6－1　自動車生産の流れ

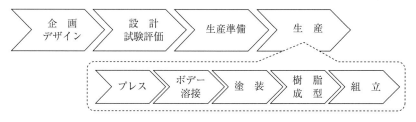

出所：トヨタ車体ホームページ（URL:https://www.toyota-body.co.jp）を参考に作成。

　ここで理解しておきたいことは，良質な製品を生み出すには，工場での生産活動だけでなく，その前段階である企画・設計・生産準備などを含めた全体的な管理が重要になるということである。

（3）生産の種類

　生産活動は，生産時期，生産量，生産方法などによって，いくつかに分類することができる。

（a）生産時期による分類（受注生産・見込み生産）

　これは，いつ生産を行うかによる分類である。注文を受けてから生産を開始するのが「受注生産」，注文を受ける前に（売れる数量の見込みを立てたうえで）生産するのが「見込み生産」である。受注生産の場合は，基本的には在庫リスク（在庫が余ったり不足したりする可能性）がなくなるが，製品の納期が長くなるというデメリットがある。

（b）品種と生産量による分類（少品種多量生産・多品種少量生産）

　少ない品種の製品をそれぞれ多量に生産するのが「少品種多量生産」，多くの品種を少量ずつ生産するのが「多品種少量生産」である。顧客ニーズが多様化するにつれて多品種少量生産の重要性が高まるが，原材料や生産方法の異なる多くの製品を少量ずつ生産するために，（少品種多量生産に比べて）生産管理が

より複雑なものになるという課題がある。

(c) 生産方法による分類（個別生産・ロット生産・連続生産）

　個々の注文に応じて，その都度1回限りの生産を行うのが「個別生産」，品種ごとに一定の数量をまとめて（"ロットをまとめる"という），それらを交互に生産するのが「ロット生産」，同一の製品を継続して生産するのが「連続生産」である。連続生産の場合は，段取り替え（品種や工程が変わる際に生じる作業）が不要になるが，それ以外の生産方法では，その段取り替えをどう効率的に行うかが課題となる。

　このように，生産活動は，生産時期，生産量，生産方法などによって分類することができる。そして，これらの関連性についてまとめたものが図表6－2である。

　「受注生産」は「個別生産」や「多品種少量生産」と関連が強く，「見込み生産」は「連続生産」や「少品種多量生産」と関連が強い。なお，「ロット生産」は，これらの中間的な性格を持った生産方法である（これを「中品種中量生産」と考えることもできる）。

図表6－2　生産活動の分類

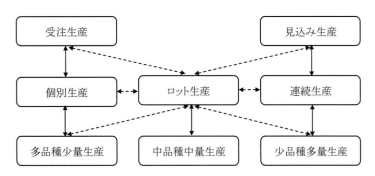

出所：田島悟『生産管理の基本が面白いほどわかる本』KADOKAWA，2017年，p.31を一部修正。

2. 生産管理思想の変化

　ここでは，これまで生産管理がどのような思想（考え方）のもとに発展してきたかを簡単にふり返っておこう。生産活動というと，工場で決められた作業をくり返し行うだけという無機質なイメージを持つ人もいるようである。しかし，生産管理思想の移り変わりをみると，生産活動をより人間的なものにしようとする取り組みが続けられてきたことがわかる。

（1）テイラーの科学的管理法

　F. テイラー（1856 - 1915）は，実際に工場に勤務しながら生産管理のあり方を研究し，のちに「科学的管理法」と呼ばれる管理手法を編み出した。

　彼は，すぐれた作業者の仕事を観察して，どのような動作を行っているのか，それぞれの動作にどれくらいの時間をかけているのかを分析する「時間動作研究」を行い，それにもとづいて1日に必要な標準的な作業量（課業）を計算した。

　つぎに，テイラーは，設定された課業を作業者に達成してもらうために，「差率出来高賃金」といわれる仕組みを考えた。それは，課業を達成した場合には高い賃金を支払い，そうでない場合には低い賃金を支払うというものである。

　テイラーによるこれらの取り組みは「課業管理」と呼ばれている。それは，生産活動をより合理的なものにし，能率を向上させようとするものであった。しかし，その一方で，すぐれた人材の作業量を標準とすることから，訓練に時間をかけないと，労働強化につながるリスクをはらむものであった。

（2）フォード・システム

　H. フォード（1863 - 1947）は，1903年にフォード自動車会社を設立し，一般の消費者向けに安く，品質の良い「T型フォード」といわれる自動車を開発

し成功をおさめた。その基礎となった生産方法が「大量生産方式」である。

　大量生産方式では，「3S」といわれる工夫が行われた。これは，単純化 (Simplification)，標準化 (Specialization)，専門化 (Standardization) の英語の頭文字をとったものである。単純化とは，製品の種類や形を限定することで，作業者の仕事の内容を簡単なものにすること，専門化とは仕事の内容を特定の業務に限定すること，そして標準化とは，製品や部品，作業内容などを一定の基準のもとに統一することである。このような工夫によって，1個当たりの製品価格を引き下げることができたのである。

　しかし，このフォード・システム（大量生産方式）も，顧客の多様なニーズに対応することができない，作業が（単純化・専門化されているために）単調なものになり，作業者が働く意欲を失う場合があるなどの問題が発生するようになった。

（3）労働の人間化

　生産活動を合理的なものにするほど，人間性が犠牲になることがある。そこで，1960年頃から「労働の人間化」といわれる動きがみられるようになった[2]。これは，より人間的な生産活動を行おうとするもので，そこでは，ただ単純な作業を行うのではなく，自ら考える部分を増やしたり，仕事の範囲を広げたり，あるいはチーム単位で仕事を行うなどの方向性が目指されたのである。

　例えば，「セル生産方式」と呼ばれる生産方法がとられるようになった。セル (cell) とは細胞，小さな部屋という意味であり，1人または少数の作業者がチームを組み，製品の完成までを担当するものである。それまでの生産方式と比べて，作業者が受け持つ範囲が広いところがこの方式の特徴である（図表6-3）。

　その他にも，チーム作業を推進するために，作業者の「多能工化」（1人の作業者が多くの業務を担当できるようになること），「自由裁量余地の拡大」（作業者が自分たちの判断で作業方法や手順を決められること），「業績目標の共有」（チームとして協

図表６－３　セル生産方式（２人での分割方式）

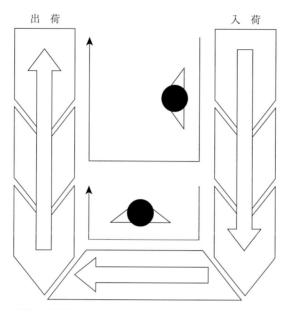

出荷　　　　　　　　　　入荷

出所：筆者作成。

力して達成すべき目標を定めること）などが考えられ，いまでは作業効率と人間性の両立が重要視されるようになっている。

（４）トヨタ生産方式

　ここでは，ここまで紹介したような生産管理思想の変化をふまえ，生産効率と人間性を両立させた生産方式として「トヨタ生産方式」についてみておこう。

　トヨタ生産方式とは，「『お客様にご注文いただいたクルマを，より早くお届けするために，最も短い時間で効率的に造る』ことを目的とし，長い年月の改善を積み重ねて確立された生産管理システム」で，その２本柱は，「自働化」と「ジャスト・イン・タイム」（Just in time）である[3]。

　「自働化」（自動化ではないことに注意）とは，「異常が発生したら機械がただち

に停止して，不良品を造らない」(4) という仕組みである。このような仕組み
を構築するために，トヨタでは「手作業」の重要性を強調している。「手作業
を通じてモノづくりの原理原則を知り，現場で応用することを積み上げていく
と，それが『匠の技能』となります。この匠の技能に磨きをかけ続け，同時に
その匠ならではのカン・コツを機械に織り込む新技術・新技法にチャレンジし
続ける」(5) ことが「自働化」であり，このような継続的な工夫や取り組みを
通じて，磨き上げた技能を機械やロボットに移植していこうというのである。

　「ジャスト・イン・タイム」は，「各工程が必要なものだけを。流れるように
停滞なく生産する考え方」(6) である。そのために，(1) 注文を受けたらなる
べく早く生産ラインに生産指示を出す，(2) 組み立てラインは，どのような注
文にも対応できるよう，すべての部品を少しずつ取りそろえておく，(3) 組み
立てラインは，使用した部品を使用した分だけ，部品を作る工程（前工程）に引
き取りに行く，(4) 前工程では（すべての部品を少しずつ取りそろえておくとともに）
後工程に引き取られた分だけを生産する，という取り組みが行われている(7)。
このような取り組みを通じて，生産現場の効率化を図っているのである。

　この他にも，トヨタ生産方式では，「1個流し」(工程間に仕掛品—生産途中の製
品—を作らず，1個ずつ加工する方式)，「多工程持ち」(作業者が複数の工程を担当する
こと) などの仕組みを採用したり，現場の知恵や提案を引き出す環境づくりを
行ったりすることで，生産効率と人間性の両立を図ってきたのである。

3． 生産管理のポイント

（1）3M

　生産のために不可欠な要素は，人（Man），機械（Machine），材料（Material）
の3つである。これらを英語の頭文字をとって「3M」という。これらは生産
活動への「投入要素」であり，良い製品を生み出すには，それぞれに対するふ
だんからの管理が重要となる。

「人」には管理者や作業者が含まれる。それぞれの知識や技術を高め，働きやすい環境を整えることが必要である。「機械」には，安定して高い性能を発揮することが求められる。そこで，日頃から保全活動（機械の能力を十分に発揮できるような状態に保つこと）を行う必要がある。生産に使用する「材料」は，品質や価格が重要である。サプライヤーの評価や選定などを行う購買管理といわれる活動を通じて，つねに自社の生産活動に適した材料を選別・購入することが必要となる。

（2）QCD

QCDとは，品質 (Quality)，コスト (Cost)，納期 (Delivery) の英語の頭文字をとったものであり，「生産の３条件」といわれる。生産活動にとって最も重要な管理目標である。ここでは，それぞれの管理上のポイントについて確認していこう。

（a）品質の管理

品質には，設計品質と製造品質との２種類がある。「設計品質」とは，製品や工程の設計段階で意図された製品の機能や外観などである。つまり，「ねらった品質」である。一方，「製造品質」とは，顧客がその製品を購入したり使用したりするときに現れる品質のことである。これは「実際の品質」である[8]。品質を維持・向上させるためには，これら２つの品質に対して適切な管理を行っていく必要がある（図表6−4）。

まず，設計品質を向上させるためには，顧客のニーズを適切につかむとともに，そのニーズを製品の仕様（形態・内容）や設計にうまく落とし込むことが必要である。また，この段階では，顧客ニーズを反映するとともに，製品の作りやすさやコストを抑える工夫についても考えておく必要がある。

つぎに，製造品質を向上させるためには，製造段階での加工精度や工程能力を高めることが必要である。「工程能力」とは，製造品質に関するその工程の能力を示すものである[9]。工程能力が高ければ，製造能力が安定し，不良品を出す確率が低くなる。工程能力を高めるためには，作業者の技術をより高い

図表 6 − 4　品質の管理

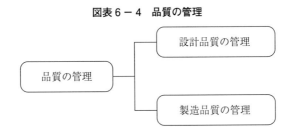

出所：藤本隆宏『生産マネジメント入門Ⅰ』日本経済新聞出版社，
2001 年，p.103 を参考に作成。

レベルで標準化したり，設備や工具の継続的な改善を図ったりするような取り組みが必要になる。

　ところで，品質管理の代表的な活動としては，1960 年代頃から 1970 年代にかけて QC（Quality Control −品質管理）活動が多く展開された。これは，現場での自主的な小集団活動を通じて，生産に関するさまざまな問題を解決し，品質を向上させていこうとするものである。

　そして，この QC 活動をさらに発展させたのが，TQC（Total Quality Control −全社的品質管理）であり，これは，品質管理活動が製造現場から全社的な活動へと拡大されたものである。この TQC は，1980 年代頃から多くみられるようになり，工場における品質管理の考え方や手法をさまざまな部門に適用することで，全社的な業務改善を図ることが目指された。このような全員参加型の活動は，集団主義的な行動が多く，従業員の勤労意欲の高い日本企業によくマッチしたものといわれ，当時の日本の製造業の強さを世界的に示す取り組みとして注目された。

　なお，品質管理は，（1 回限りの取り組みでなく）継続的な取り組みであることから，「PDCA サイクル」（Plan-Do-Check-Action）と呼ばれる管理サイクルにしたがって，計画 → 実行 → 結果確認 → 修正措置という管理行動を繰り返し行っていくことが重要である（図表 6 − 5）。この「PDCA サイクル」は，日本における品質管理運動を指導した W. デミングにより紹介されたものである。

図表6－5　PDCA サイクル

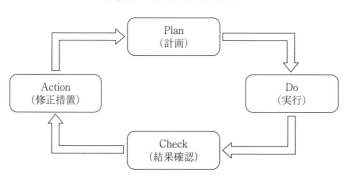

出所：筆者作成。

（b）コストの管理

　コストとは，「製造原価」（製品を1単位生産するために必要な費用）のことである。生産に必要なコストは，（材料，人員，設備などの）製造に必要な要素の価格とその必要量との掛け算で求められる。例えば，原材料が1kgあたり1,000円であり，ある製品を作るためにそれが100kg必要であれば，コストは1,000円×100kgで100,000円となる。

　したがって，コストを削減しようとすれば，要素価格そのものを引き下げるか，あるいはその必要量を減らすかのどちらかが必要になる。そして，後者のような対応を取ることを「生産性を高める」という（図表6－6）。

　まず，要素価格を引き下げるためには，設備や材料の一括購入（量をまとめる）を通じて購入価格を引き下げたり，購買業務を特定の組織に集中して購入に必要な管理コストを引き下げたりするなどの対応が必要となる。

　また，生産性を高めるためには，最も一般的な「労働生産性」を例にとれば[10]，（より少ない労働力でより多くの製品を生み出すために）作業工程や設備の見直しを行ったり，作業者に学習や経験を積み重ねてもらうことで能率を向上させたりするなどの工夫が必要になる。

　なお，作業工程を見直すときには，現在行われている作業を5W1H─誰が（Who），何を（What），いつ（When），どこで（Where），なぜ（Why），どうやっ

図表 6 － 6　コストの管理

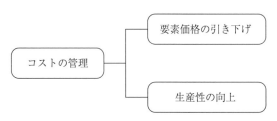

出所：藤本隆宏『生産マネジメント入門Ⅰ』日本経済新聞出版社，
2001 年，p.116 を参考に作成。

て（How）─にもとづいて細かく分解してみるとよい。そのうえで，ムリ（無理
な計画や作業），ムダ（不必要な作業），ムラ（工程に影響を与える作業の変動）を省く
ことができれば，作業工程は改善されることになる。

（c）納期の管理

　納期とは，顧客にとっては製品を注文してから入手するまでの期間である。
納期は正確に守られることが必要であり，また，一般的に短ければより望まし
い。

　納期を管理するためには，材料から製品にいたるまでの全体のプロセスを適
切に計画・管理することが必要である。したがって，納期を管理することを
「納期管理」といわず，「工程管理」ということが多い。

　工程管理の基本は，「生産計画」と「生産統制」である（図表 6 － 7）。

　「生産計画」のうち最も基本となるのは日程計画であり，これは「大日程計
画」「中日程計画」「小日程計画」に分けて考えられることが多い。大日程計画
は 3 カ月～ 1 年程度，中日程計画は 1 カ月～ 3 カ月程度，そして小日程計画は
1 日～ 10 日程度の期間が対象となる。それぞれの計画単位や計画対象などは
図表 6 － 8 のとおりである。

　「生産統制」には，計画の実行前に材料や作業の準備を行う活動（作業準備，
作業指示など）と，計画の実行後に計画通りに生産活動が行われているかを確認
し，もし計画通りに行われていない場合には必要な対策を取る活動（作業統制）

図表6－7　納期の管理─工程管理

出所：藤本隆宏『生産マネジメント入門Ⅰ』日本経済新聞出版
社，2001年，pp.175-177を参考に作成。

図表6－8　日程計画の種類

計画のタイプ	計画期間	日程の単位	計画修正頻度	製品カテゴリー	計画対象
大日程計画	3カ月～1年	月～週	毎月	製品グループ別	全工場
中日程計画	1～3カ月	旬～日	毎月～2週間毎～毎旬	仕様別（大分類）	部門（工程）
小日程計画	1～10日	日～分	毎旬～毎日	仕様別（細分類）	各ステーション（作業者）

出所：藤本隆宏『生産マネジメント入門Ⅰ』日本経済新聞出版社，2001年，p.178を一部
修正。

の両方が含まれる[11]。もし生産活動が計画どおりに行われていないことがわ
かれば，作業のスピードアップや残業などの対応がとられることになる。

（3）5S

　Q（品質），C（コスト），D（納期）の管理を適切に行うためにも，その基礎と
なる「5S」に注意する必要がある。5Sとは，整理，整頓，清掃，清潔，躾（し
つけ）のそれぞれのローマ字表記の頭文字（S）をとったもので，これらがしっ
かりと保たれていることが生産管理の最低条件である。

　「整理」とは不要なものを分別して取り除くこと，「整頓」とは，工具などを
整然と保ち，いつでも使用できるようにすること，「清掃」は，ごみや異物な

どを職場から取り除くこと,「清潔」は,整理・整頓・清掃のよい状態を保つこと,そして,「躾」はそれぞれのメンバーが責任感のある規律ある職場を実現することである[12]。QCD を高い水準で管理するためにも,これらの「5S」が生産管理の基礎となっていることを忘れてはならない。

4. サプライチェーン・マネジメント

(1) 生産管理とサプライチェーン・マネジメント (SCM)

顧客のニーズが多様化し,製品のライフサイクル(製品の導入から衰退までのプロセス)が短くなると,多様な製品をすばやく市場に提供することが必要になる。しかし,そのためには,顧客のニーズを迅速につかんだり,生産活動に必要な原材料をタイムリーに入手したり,製品をすばやく配送したりするなどの取り組みが必要になる。つまり,変化の激しい時代には,自社内で生産管理を徹底するだけでなく,原材料や部品の手配から顧客への販売にいたるまでの全体の流れをうまく設計することが重要になってくるのである。

このような背景から,原材料や部品の供給業者から製造業者,そして製品の販売業者までが連携し,お互いに情報を共有しながら,適切に生産,販売活動を行っていこうとするのがサプライチェーン・マネジメント (Supply Chain Management - SCM, 供給連鎖) と呼ばれる活動である。生産管理は基本的には特定の企業による (社内的な) 取り組みが中心であるのに対し,サプライチェーン・マネジメントは複数の企業同士の取り組みを重視するところに特徴がある (図表6 - 9)。

(2) サプライチェーン・マネジメントの流れ

サプライチェーン・マネジメントがうまく行われると,顧客のニーズを的確につかむことができ,また原材料や部品も効率的に使用されることから,部品や製品に関する「不良在庫」(使用されない在庫,売れない在庫)や「機会損失」を

図表 6 − 9　生産管理と SCM

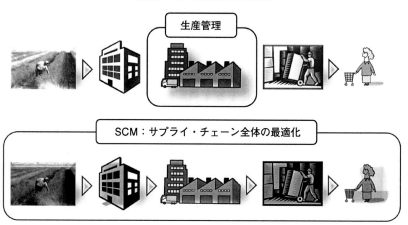

出所：筆者作成。

削減することが可能になる[13]。機会損失とは，顧客が求めているものを提供していなかったり，顧客が求めている製品を開発していても，その在庫が不足しているために販売の機会を逃したりしてしまうことである。

　サプライチェーン・マネジメントがうまく行われれば，このような事態を避けることができる。ここでは，サプライチェーン・マネジメントの流れについてみていこう（図表 6 − 10）。

（a）市場動向の把握

　サプライチェーンをうまく働かせるためには，その製品を必要とする顧客や最終使用者（消費者）のニーズを的確に把握しておくことが必要である。顧客

図表 6 − 10　サプライチェーン・マネジメントの流れ

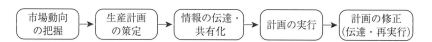

出所：藤野直明『サプライチェーン経営入門』日本経済新聞出版社，1999 年，pp.24-29 を
　　　参考に作成。

は，消費財（家電製品・衣料・食品など）メーカーであれば流通業者（卸売業者や小売業者）であり，生産財（原材料・部品など）メーカーであれば製造業者になる。

　製品の最終使用者である消費者のニーズをつかむには，インターネットによるアンケート調査などが行われることが多いが，企業のニーズをつかむためには，その企業の戦略や生産計画などについて日頃から情報を収集しておくことが不可欠である。

　（b）生産計画の策定

　顧客ニーズにもとづき製品化を行い，生産計画を策定する。計画の策定にあたっては，3.（2）（c）で学んだように，計画期間の異なる日程計画（大日程計画，中日程計画，小日程計画）を立てることが基本である。

　（c）情報の伝達・共有化

　生産計画を策定したあとは，それをサプライチェーンを構成する各企業に伝達し，共有化する。共有化された生産計画にしたがって，資材・部品の供給業者は必要な資材等の購入・生産計画を策定し，その製品の販売業者は販売計画を策定する。また，サプライチェーンにおけるさまざまな活動をムダなく行うために，工場や配送センターにおける在庫状況を共有化しておくことも重要である。

　このように，生産計画や在庫状況を共有化しておけば，ブルウィップ効果（bullwhip，牛を追う鞭の意味）といわれる，販売業者からメーカー，資材・部品の供給業者へとさかのぼるにつれて，生産・在庫数量が多めに見込まれてしまうという弊害を避けることもできる。

　なお，サプライチェーンにおける情報の伝達・共有化にあたっては，情報通信技術（ICT）の活用が重要となることはいうまでもない。

　（d）計画の実行

　サプライチェーンを構成する各社において計画が策定されたら，現場への実行指示を行い，計画を実行する。サプライチェーンを構成するそれぞれの企業

で計画が確実に実行されなければ，情報の共有化による不良在庫や機会損失の削減も絵に描いた餅になってしまう。

(e) 計画の修正 (再伝達・再実行)

　計画の実行後も，製品の販売動向や予想外の市場変動などによって，計画を修正しなければならないことがある。そのような場合は，状況をサプライチェーンを構成する各企業にすばやく伝達し，各社の計画を修正してもらうことが必要になる。サプライチェーン・マネジメントを成功させるカギは，このような迅速な情報共有とそれにもとづく計画修正にあるのである。

（3）優れたサプライチェーンの条件

　すぐれたサプライチェーンの条件として，ハウ・L・リー（米国スタンフォード大学大学院教授）は，「俊敏性」「適応力」「利害の一致」の3つをあげている[14]（図表6-11）。

　「俊敏性」とは，顧客ニーズや市場の短期的な変化にすばやく対応できる能

図表6-11　優れたサプライチェーンの条件

	目　　標	具体策
俊　敏　性	・短期的な市場変化にすばやく対応する ・外的な要因による混乱を円滑に処理する	・供給業者などに積極的に情報を流す ・各社と協力関係を築く ・「後ろ倒し」の原則で設計する ・危機管理計画を立てておく
適　応　力	・市場の構造的な変化，事業戦略などに合わせてサプライチェーンを調整する	・新たな調達先や販売先を見つけておく ・最終消費者のニーズを考える ・製品の設計に柔軟性を与えておく
利害の一致	・サプライチェーン全体の効果が高まるようなインセンティブを組み立てる	・企業間で情報を惜しまず交換する ・各社の役割分担を具体化する ・コスト，利益を公平に配分する

出所：ハウ・L・リー「トリプルAのサプライチェーン」『サプライチェーンの経営学』ダイヤモンド社，2006年，p.9を一部修正。

力である。サプライチェーンの俊敏性を高めるには，先にも述べたように，サプライチェーンを構成する企業同士で積極的に情報を交換したり，日頃から協力関係を築いたりしておくことが必要になる。

　また，俊敏性を高めるために「後ろ倒し」といわれる対応を取る企業もある。例えば，イタリアの衣料品メーカーの「ベネトン」は，すばやい変化対応が求められる衣料品の生産工程において，染色作業を後ろ倒しする（後回しにする）という対応を取った。はじめに染色前の（白い）製品を数多く生産しておき，流行の色が明らかになったあとで，その色に染色して販売するというものである。このような工夫を行うことによって，市場の変化への対応力，すなわち俊敏性を高めることができるのである。

　「適応力」とは，市場の構造変化（消費者や産業の中・長期的な変化）を予想して，それに合わせてサプライチェーンを調整していく能力である。適応力を高めるには，つねに最終使用者（消費者）や競争相手の動きを気にかけておいたり，ふだんから資材や部品の新たな調達先を探しておいたりして，必要に応じてサプライチェーンを組み替えられるようにしておくことが必要となる。また，ここ数年は気候変動に伴う異常気象や大規模な震災が発生していることもあり，サプライチェーンが，災害に対する適応力を備えていることも重要となってきている。

　「利害の一致」は，サプライチェーンを構成する企業同士の協力体制が継続するように，各社のインセンティブ（スキルの向上や相互協力のための動機づけ，誘因）が高まるような工夫を行うことである。そのためには，各社の行動が疑心暗鬼にならないように適切に情報を交換したり，メンバーそれぞれのコスト負担や利益配分を公平なものにしたりするなどの対応が必要となる。

　これらの3つの条件が満たされると，変化にも対応可能で，継続性のある優れたサプライチェーンの構築や運営が可能になるとされている。

　ちなみに，日本には，自動車産業などにみられるような「系列」という企業同士の関係がある。これは，取引を安定的に行うために，資本関係（株式の所有）などを通じて，例えば完成品メーカーが部品メーカーを支配下におくなど

のことをいう。一度このような取引関係が作られると，他の企業がなかなか入り込むことができないため，系列関係は閉鎖的だという批判を受けることがある。しかし，特定の企業を中心とするいくつかの企業が，お互いに協力しながら，品質，コスト，納期などを改善し続けていると考えれば，系列も優れたサプライチェーン・マネジメントのあり方だという見方も可能になる[15]。

　市場の変化が加速する時代には，ここで説明したようなサプライチェーン・マネジメントの考え方がより重要になってくるのである。

5．スマート工場への取り組み

　情報通信技術（ICT）の発展はいうに及ばず，5Gといわれる第5世代移動通信方式の導入，あらゆるものがインターネットにつながる「IoT」(Internet of Things)の進展，人工知能（AI：Artificial Intelligence）の進化などにともない，生産管理の現場でも，それらの活用を通じて生産活動の効率化を図ろうとする「スマート工場」への取り組みがみられるようになった。

　図表6−12は，ある航空エンジン工場におけるスマート工場化への取り組みである。

　日本企業の生産活動は，これまで「カイゼン（改善）」と呼ばれる現場での品質や作業の見直し活動に強みを持っていた。このような現場における地道な取り組みに加え，スマート工場化にみられるような高度な技術・システム活用が進めば，生産管理やサプライチェーン・マネジメントのあり方もより進化していくものと思われる。

図表 6 - 12　スマート工場化への取り組み

取り組み		効　果
・作業員がタブレットを活用し，段取り替えのタイミングを把握	⇨	ムリ・ムダ・ムラの削減により作業効率が向上
・IoTにより，設備の稼働状況を監視	⇨	設備の故障を予測し，生産工程の稼働率を維持
・重要な工程へのロボットの導入	⇨	省人化による効率化とともに納期が安定
・3次元計測装置を導入し，生産工程のバラつきを監視	⇨	不良品の発生を防止し，品質が安定
・クラウドコンピューティングを活用し，部品の供給会社と情報を共有	⇨	サプライチェーン全体の効率が向上

出所：『日経産業新聞』2017年9月22日号11面を修正。

【*Review exercise*】

1. 自分の身の回りにある製品を1つ取り上げ，それがどのような生産方法で作られたものか考えなさい。
2. 「大量生産方式」の長所と短所について説明しなさい。
3. サプライチェーン・マネジメントが優れていると思われる企業を1社取り上げ，その仕組みについて調べなさい。

考えてみよう！

【注】

（1）生産活動だけでなく，製品開発や購買などの活動も含めた全体的な仕組みを「もの造り」ととらえ，その全体に企業の競争力の源泉を見出していこうとする視点もあるが（藤本隆宏『生産マネジメント入門』日本経済新聞出版社，2001年，p.11），本章では生産活動に重点をおいた説明を行っている。

（2）上林憲雄他「生産管理」『経験から学ぶ経営学入門［第2版］』有斐閣，2018年，pp.164-169。

（3）トヨタ自動車ホームページ（http://global.toyota）より。

（4）トヨタ自動車ホームページ。

（5）トヨタ自動車ホームページ。

（6）トヨタ自動車ホームページ。

（7）トヨタ自動車ホームページ。

（8）藤本隆宏『生産マネジメント入門Ⅰ』日本経済新聞出版社，2001年，p.103。

（9）藤本隆宏，前掲書，p.255。

（10）生産性には，「労働生産性」の他に「材料生産性」「設備生産性」などがある。

（11）藤本隆宏，前掲書，p.176。

（12）藤本隆宏，前掲書，p.272。

（13）藤野直明『サプライチェーン経営入門』日本経済新聞出版社，1999年，p.22。

（14）ハウ・L・リー「トリプルAのサプライチェーン」『サプライチェーンの経営学』（DIAMONDハーバード・ビジネス・レビュー編）ダイヤモンド社，2006年。

（15）ジェフリー・K・ライカー，トーマス・Y・チェ「『KEIRETSU』マネジメント」『サプライチェーンの経営学』（DIAMONDハーバード・ビジネス・レビュー編）ダイヤモンド社，2006年。

【勉強を深めるために参考となる文献】

大野耐一『トヨタ生産方式』ダイヤモンド社，1978年。

上林憲雄他「生産管理」『経験から学ぶ経営学入門［第2版］』有斐閣，2018年。

田島悟『生産管理の基本が面白いほどわかる本』KADOKAWA，2017年。

F.テイラー（有賀裕子訳）『新訳　科学的管理法』ダイヤモンド社，2009年。

藤本隆宏『生産マネジメント入門Ⅰ』日本経済新聞社，2001年。

藤本隆宏『生産マネジメント入門Ⅱ』日本経済新聞社，2001年。

【Coffee Break】

学習曲線

　「3．生産管理のポイント」において，コスト管理のためには生産性を高めることが必要であり，そのためには作業者の学習や経験を積み重ねることも重要だと述べた。それに関連して，ここでは，「学習曲線」（学習効果）という考え方を紹介しておこう。

　学習曲線は，ある作業や工程について熟練してくると，製品1個あたりの製造に必要となる「直接労働時間」が少なくなるというものである。例えば，半導体産業では，累積生産量（製造開始からの総生産量）が2倍になると，工数が80％になるといわれている。つまり，製品1個を生み出すのに必要な手間が20％も減ることになり，その分だけ製造コストが安くなるわけである。

　このような効果が出るのは，作業者個人と作業者の所属する組織の両方において「学習」が行われるからだといわれている。個人レベルでは，作業を積み重ねるにつれて技能や作業効率が向上するという学習効果がある。また組織のレベルでも，特定の学習成果を工場全体に広めたり，生産量の増加にあわせて作業設計の改善を行ったりするなどの学習効果が得られるのである。

　この学習曲線と似た考え方に「経験曲線」（経験効果）というものもある。これは，累積生産量と製品1個あたりの「総コスト」に同様の右肩下がりの関係があるというものである。累積生産量が増えるにつれて「直接労働時間」が減少すると考える学習曲線とは少し異なる考え方だが，生産に関する時間や経験の積み重ねが製造コストに影響を与えると考えるところは同じである。

　ただし，どちらの考え方をとるにしても，製造コストの下がり方は，産業，製品，企業，地域などによって異なると考えられている。したがって，削減可能なコストを見積もるときなどには注意が必要である。

（藤本隆宏『生産マネジメント入門 I 』日本経済新聞出版社，2001 年，pp.135-143）

 ちょっと一息

第7章▶モノの流れ，販売と流通について学ぶ

要 点

　小売店の商品棚に陳列されている商品は，生産者　⇒　卸売り　⇒　小売り　というように流れている。卸売業者は生産者と小売業者の仲立ちをしており，その役割には集荷分配機能などがある。

　商品はさらに，小売りから消費者に流れていく（小売り　⇒　消費者）。小売業者の役割にはアソートメント（assortment）機能などがある。

　商品が卸売業者を抜きに流れたり，小売業者も抜きに消費者に直接流れることもある（直販）。このような中抜きは，インターネットの普及でいっそう増えている。

　他方，商品の流れには，商品を保管したり運んだりする運輸業が不可欠である。単に商品を保管・輸配送するだけでなく，今では，包装，流通加工などさまざまな業務までを熟す物流機能がますます重要度を増しており（広義の物流），かつグローバル化も進んでいる（国際物流）。

　最近では，小売業の形態にも大きな変化が見られている。全国各地にモール型の大きなショッピングセンターが展開しているが，通販の利用が拡大して，売上は低迷している。アメリカではすでにモールの閉鎖が各地で相次いでいる。日本ではどうなるだろうか。いずれにしても，販売と流通については，消費者として誰でも毎日かかわっているので関心を持って学びたい。

Key word

▶流通　▶商流　▶物流　▶小売り　▶卸売り

▶製造小売り（SPA）　▶中抜き　▶直販　▶通信販売　▶3PL

▶物流の5大機能　▶戦略物流8大機能　▶業種　▶業態

▶国際商流　▶国際物流　▶ディスインターミディエーション

▶保税・保税倉庫　▶物流の2024年問題

———注目！

1. 商品の流れ，流通

(1) 流通と商流，物流

　私たちは誰でも，日常生活品を購入するために小売店に買い物に行く。ここでは，私たちは消費者として小売店に足を運ぶ。

　小売店には，さまざまな商品が陳列されているが，それらは，生産者（メーカー）から消費者の手に届けられるまで，生産者から卸売りへ，卸売りから小売りへ，小売りから消費者へ，という商取引（売買）と，その途中でトラックや鉄道，船，飛行機による輸送や倉庫での保管など，さまざまな過程を経る。これらのシステムを総称して，流通と呼ぶ。

　流通は，商品の所有権を移転させる商的流通（商流）と，商品を輸送したり保管したりする物的流通（物流）に分けられる。このうち一方の商流を担うのは，卸売業と小売業であり，これらを狭義の流通業という。

(2) 商流と卸売り，小売り

　図表7-1は，生産から販売までの商品の流れを表しているが，生産者から，卸売り，小売りを経て，消費者にわたる。商品の流れるルートを流通経路（流通チャネル）と呼ぶ。

　卸売業者は生産者と小売業者の仲立ちをし，多数の生産者（もしくは他の卸売業者）から商品を集荷し小売業者に分配する役割と，在庫を調整する役割を担っている（集荷分配機能，在庫調整機能）。

　卸売りは，業種や商品によっては，1次卸（元卸，生産者と直取引），そこから仕入れる2次卸（中間卸），2次卸から仕入れる3次卸（最終卸）がある。商品の代価は（現金か他の決済手段かは別として）その都度支払われ，商品の所有権はその都度移転する。

　なお，時には生産者や卸売業者が小売店に販売を委託する委託販売もあるが，この場合には，商品の所有権は委託した生産者や卸売業者が持っている。

図表7－1　生産から販売までの商品の流れ①

出所：筆者作成。

　次に，卸売業者から仕入れた商品は，小売業者の手元にわたる。商品の所有権も小売業者にある。今度は，小売業者が消費者に商品を販売する。商品を売り場に並べる前に，売値を決めて値札をつける。

　例えば，9,000円の仕入値（原価）に粗利益率を40%とすると，

　売値 ＝ 原価÷（1－粗利益率）なので，9,000÷（1－0.4）＝ 15,000円ということになる。

　もちろん実際には，特売品として戦略的に原価を下回って販売したり，他店と比較しにくい商品の場合には，高い粗利益（売値－原価）を確保したりする。

　さて，ここで小売業の役割をいくつか考えてみよう。

① 顧客に対して

　小売店は，その店の主要購買層を念頭に，顧客が求めている商品を適切に把握し，品揃え，小分け，組み合わせ，をして売り場を構成する（品揃え，アソートメント機能）。

　品切れ状態にならないように，ある程度の在庫を持つように発注する（在庫の調整機能）。

　卸値に単純に儲けをプラスしても，競合他店と比較して高ければ当然売れない。その地域の消費者の生活を支援するという意味でも，適切な価格設定が必要である（価格の調整機能）。

　売り場に並べた商品の情報をしっかり認識し，類似商品があればその違いを来店者に説明したり，新商品の場合にはその商品を使うことの利便性を提案できるようにする（情報提供機能）。

　仕入れの段階で，商品の品質や安全性をチェックすることも，小売店の大切

な役割である（品質チェック機能）。

　今では，月末まとめ払いのようなツケで商品の売買をすることは少なくなったが，クレジットカードでの支払いはますます増えている。このような，顧客に商品の販売にかかわるいろいろな便宜や快適性を提供することも，小売店の役割である（便宜や快適性の提供機能）。

　②　卸売業者や生産者に対して

　小売業者は，卸売業者と違って直接，顧客と向き合うので，商品に対するさまざまな情報（満足，苦情，改善など）を得る。POSシステムを導入していれば，膨大なデジタルデータを集めることになるし[1]，小さな小売店でも顧客の生の声を聞くことができる。こうした情報を卸売業者や生産者・メーカーに伝えると，その後の貴重なデータとなる。卸売業者や生産者・メーカーに対する役割の1つが，この消費者情報伝達機能である。

　③　地域社会に対して

　店舗周辺の地域社会に対する小売業の役割もある。

　その1つには，第1章第1節に，「店舗の閉鎖は働く場がなくなることでもあるので，その地域の雇用・労働問題でもある」（p.5）と書いたが，働く場の提供機能という点があげられる。

　同じく，「地域に密着して27年連続で黒字を達成している東京都町田市のでんかのヤマグチ」（p.8）と書いたが，これは地域社会に対する小売業の役割のもう1つ，地域社会への貢献機能を率先して果たした結果が，この黒字達成につながっているといえる。

　上述の売値の計算例は，分かりやすいように粗利益率を40％とした例であるが，でんかのヤマグチ（ライフテクト ヤマグチ）は，JRと小田急線町田駅周辺に大規模家電量販店が進出するなかで，徹底した「高（値）売り」を貫き「商圏を町田と相模原に限定」「ターゲットは高齢者」「顧客台帳管理の徹底」「手厚い御用聞きサービス」「遠くの親戚より近くのヤマグチ」で地域社会の信頼

を得て，粗利益率 45％を達成している(2)。ちなみに，家電量販店の粗利益率は，20 〜 25％といわれている。

（3）物流と運輸業

　他方の物流を担うのは，運輸業である。運輸業のなかには，運送に関する業と倉庫業があるが，両者は関連しているので兼ねている企業も多い。運輸業は，消費者が実際に買い物に行く小売店（小売業）に比べると目立たない業種であるが，これらなしには商品は消費者の手元に届かない。

　空港や港湾，あるいは高速道路の出入り口にたくさんの倉庫の建物を目にするが，それらを営業倉庫（倉庫業法により倉庫業を営む倉庫）といい，「1 類倉庫」「2 類倉庫」「3 類倉庫」「危険品倉庫」「冷蔵倉庫」などがある。

　「運送に関する業」と書いたが，具体的には，輸送機関が鉄道やトラックなど陸上の貨車での輸送を陸運，航空機での輸送を空運，船舶での輸送を海運または水運という。

　東名・新東名高速道路をはじめ主たる高速道路では昼夜間，たくさんのトラックが走っているし，天災や人災でこれらの高速道路が数日不通になった場合の大混乱を考えるだけでも，その重要性は容易に認識できる。

　後述する中抜きの場合でも，物流は不可欠である。

　生産者（メーカー）の立場であれ，卸売りや小売りの立場であれ，いかに廉価に安全に効率よく時間通りに配送できるかは大きな関心事となる。自社にとって最適な物流業者に委託できるかどうかは，その企業の盛衰にもかかわる。

　単に商品を倉庫に保管し，トラック等で輸配送することを指して，狭義の物流という。

　商品を運ぶ「輸配送」，積み込み積み下ろしをする「荷役」，汚れや破損を避けるための「包装や梱包」，商品を倉庫に保存する「保管」，検査や検品，値札付け，セット組などを行う「流通加工」，さらにコンピューターや IT を活用して商品の種類や数と所在（在庫），配送先までを一括管理する「情報管理システム」等・・・今日では，これらを総称して物流（広義の物流）と呼んでおり，

ますます重要度を増している。

　このなかの輸送，保管，荷役，包装，流通加工を指して物流の5大機能，さらに情報，管理，調整の機能を加えて戦略物流8大機能という。

　なお，一般に，業務を他企業に委託することをアウトソーシングというが，この分野で，荷主企業が企業戦略として物流システムの構築や管理業務まで一切を他企業（3PL事業者）に委託することを3PL（third-party logistics）といい，近年，広がりをみせている。例えば，回漕業を創業してから約220年となる老舗の鈴与株式会社（静岡県静岡市）は，「輸送から倉庫保管，倉庫内オペレーション，国際物流までワンストップ対応」を掲げて業績を伸ばしている。

　物流は裏方にあっても，「物流を制する企業は流通を制する」といわれるごとくである[3]。

　輸送業者や倉庫業者が中心となって大規模な物流センターを作る例は珍しくない。

　物流センターとは単なる倉庫ではなく，倉庫＋配送センターの役割を担っている。

　その事例としては，平成25年（2013年）に竣工したヤマトホールディングスの総合物流ターミナル・羽田クロノゲートや29年（2017年）に竣工した関西ゲートウェイがある（図表7-2）。同社では「常に物が流れ続けるスピード輸送」「物が流れる過程で新たな価値を付加する」ことを目指している。同29年（2017年）に竣工した鈴与の新静岡物流センターもその1つである。

　また今日では，物流業者のみならず，生産者（メーカー）や卸売り，小売り自身が，単独もしくは共同で，効率の良い自前の物流センターや物流システムを積極的に構築している。

　国分（酒類・食品の卸売り，元卸，専門商社）の3温度帯対応大型汎用物流拠点「関西総合センター」，ゾゾタウンの約30%省人化に成功したという物流センター「ZOZOBASEつくば3」，ロボットが商品棚を持ち上げて移動するAmazon Roboticsを導入したアマゾンの「千葉みなとFC（フルフィルメントセンター）」，イオングループのオンラインマーケット事業物流拠点「誉田CFC

（顧客フルフィルメントセンター）」，セブン－イレブンの物流システム「温度帯別
共同配送システム」（図表7－3），日本GLPの大規模多機能型物流施設
「ALFALINK相模原」などはその一例である。

図表7－2　ヤマトグループの関西ゲートウェイ

出所：大阪府茨木市で，筆者撮影。左奥に見える倉庫は，日立物流（現ロジスティード）。

図表7－3　セブン－イレブンの物流システム

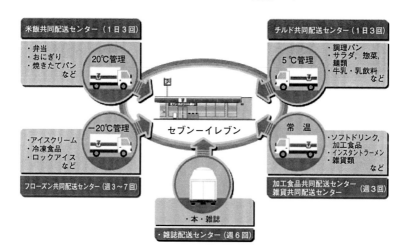

出所：セブン－イレブン・ジャパンのWebサイト（http://www.sej.co.jp/company/
aboutsej/distribution.html）による。

（4）卸売業と中抜き，直販

図表7−4　生産から販売までの商品の流れ②

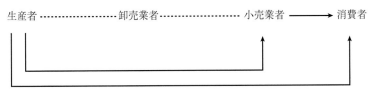

出所：筆者作成。

　図表7−1のように，商品は，生産者（メーカー）から卸売業者の手を経て小売業者にわたっていく。本来は卸売りが仲立ちした方が，良質の商品がスムーズに，より安く消費者の手にわたるはずであるが，他面，古い商慣行の残る分野ではとくに，中間業者が介在すればするほど，最終消費者への商品価格は高止まりする傾向がみられた。

　小売店どうしで同種商品の販売競争が高まれば高まるほど，また，最終消費者が豊かな商品情報を持ち商品価格に敏感になればなるほど，あるいは内外価格差の大きい商品であればあるほど，一方の小売業者は，中間流通コスト削減を企図し，生産者（メーカー）から直接仕入れ，同業者よりも安く販売しようとするようになり，他方の生産者も，自社（もしくは自社の販売会社）から，大量販売の実績や見込みのある小売店（大規模スーパーや大規模量販店，ホールセールクラブなど）に，より安く売り渡すようになる[4][5]。

　あるいは図表7−4のように，生産者が消費者に直接販売することもある。これを直販という。直販は，昔から農産物が農家の庭先で行われてきたが，昨今はインターネットの普及でいっそう増えている。流通チャネルの長さ（階段数のこと）が一番短いのは，この直販ということになる。

　直販で有名な企業には，コンピューター本体やその周辺機器を販売しているデル株式会社（Dell Inc.の日本法人）や株式会社日本HP（にほんエイチピー，2015年からHP Inc.の日本法人）があり，たびたび新聞にも全面広告を掲載している。

ファクトリーオートメーション向けセンサーや 3D プリンターなどを「製造販売」する株式会社キーエンスは，生産設備を持たないファブレス（製造は協力会社にアウトソース）かつ直販で，業績を伸ばしている。

　このように，卸売りを飛ばしてしまうこと，あるいは卸売りと小売りを飛ばしてしまうことを中抜きといい，狭義の流通業が不要になることをディスインターミディエーション（disintermediation）という。

（5）卸売りの役割と変化

　図表７－５は，卸売業の役割を考えるときにしばしば利用される図である。Ｐは生産者，Ｗは卸売り業者，Ｒは小売り業者を意味している。生産者が多くいればいるほど，また小売業者も多くいればいるほど，仲介業者が介在するこ

図表７－５　卸売業の役割

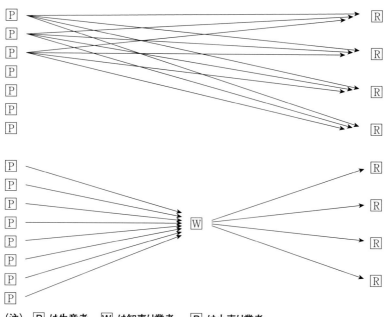

　（注） Ｐ は生産者，　Ｗ は卸売り業者，　Ｒ は小売り業者。
　出所：筆者作成。

とにより取引が簡素化されることがわかる。

　卸売業者は，上述した集荷分配機能と在庫調整機能のほかに，生産者からも小売店からもさまざまな商品関連情報が集積されるので，情報機能も，また，小売店からの支払いを代金後払い（掛け売り）にする場合には，金融機能も担う。

　しかし，生産者（メーカー）も小売り業者も規模が大きくなり，数が限られてくればくるほど，仲介業者（卸売り）の存在意義は薄まる。大手家電メーカー各社（またはその販売会社）が直接，大規模家電量販店と取引しているのはその一例であるし，この場合，販売会社は卸売りの役割を担っている。

　卸売業も歴史的に必要があって生まれ発展してきた業種であり，東京のかっぱ橋問屋街（道具類）や名古屋の長者町問屋街（繊維製品）をはじめ，全国に問屋街として栄えてきた町も多いが，最近では衰退している卸売りや問屋街も多く見受けられる。

　もちろん卸売業であっても上述の国分（国分グループ本社株式会社）や三菱食品株式会社，三井食品株式会社のように，今や食品流通の中核をなしている企業もある。食品関係の場合には，生産者と商品の数があまりにも膨大で，卸売りなしには流通（商流）が機能しないからであり，一部で直販がなされてもきわめて限定的にならざるを得ないからであるが，それでもその食品卸のなかでは，大手食品卸の寡占化と中堅中小卸の苦戦，業界再編の嵐のなかにある。

　昔から「そうは問屋が卸さない」という言葉があるが，卸売業はこれからも必要な役割を担う。

　経済産業省『平成 26 年商業統計調査』によれば，平成 26 年調査における全国の商業事業所数（卸売業と小売業の合計，集計対象事業所）は，103 万 9,079 事業所，このうち卸売業の事業所数は 26 万 3,883 事業所，商業事業所に占める割合は 25.4 ％であった。

　業種別では，農畜産物・水産物卸売業（2 万 9,136 事業所，構成比 11.0 ％），食料・飲料卸売業（2 万 8,744 事業所，同 10.9 ％），建築材料卸売業（2 万 6,346 事業所，同 10.0 ％），産業機械器具卸売業（2 万 5,542 事業所，同 9.7 ％）がそれぞれ 2 万事業

所を超えており，これら上位 4 業種で卸売業全体の 4 割強を占めている。その他，電気機械器具卸売業（1 万 6,591 事業所，同 6.3％），自動車卸売業（1 万 4,653 事業所，同 5.6％），化学製品卸売業（1 万 4,014 事業所，同 5.3％），医薬品・化粧品等卸売業（1 万 3,149 事業所，同 5.0％）などとなっている。

　なお，「商業統計調査」はこの調査をもって廃止され，「経済構造実態調査」に統合・再編されている。

　いずれにしても，卸売業は，総合商社も含めて今やその役割が大きく変わり，変化の荒波にあることは確かである。

（6）製造小売り（SPA）

　第 1 章でもふれたが，企画，開発，素材の選定，製造，流通，販売を一貫して行う製造小売り（SPA = Speciality store retailer of Private label Apparel）の形態でも，卸売業は介在しない。SPA はもともとアメリカのカジュアル衣料大手のGAP（Gap Inc., 日本法人はギャップジャパン株式会社）が手がけたビジネスモデルである。

　図表 7 − 6 は，「中国製衣料の流通ルート」であるが，左図のユニクロ（株式会社ファーストリテイリング）の場合，中国の委託工場に，原材料の生地を確保したうえで，自社が企画した製品を直接発注し，発注した製品はすべて買い取り，返品はしないで自店舗で売り切る（信用状の発行代行などのため商社を経由することもあるが，企画はあくまでもユニクロ）。

　このユニクロモデルこそユニクロが急成長した秘密であるが，このモデルには，中国での生産の優位性，とくに，きわめて安価で豊富な若年労働力の存在が不可欠であった。昨今の中国の経済成長＝中国国内の人件費等の急上昇で，委託工場の，ベトナムやバングラデシュ，インドネシア，カンボジア，タイなど他の東南アジアへのシフトが広がっている。ユニクロの店頭で，製品についている表示タグで生産国を確認してみよう。Made in China 以外の国名が増えているのに気がつくであろう。

図表 7 − 6　中国製衣料の流通ルート

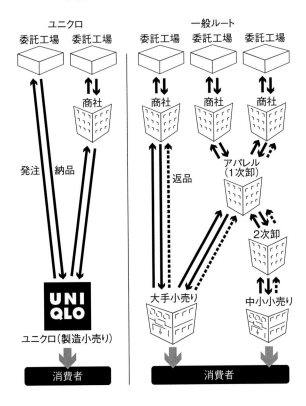

出所：『日経ビジネス』2001 年 4 月 16 日号による。

2．小売りの現状と流通のグローバル化

（1）小売業，業種と業態

　コストコ（Costco Wholesale Corporation）に買い物に行ったことがあるだろう
か。入荷したままのパレットに乗っている商品を，大型の倉庫に並べて販売す
る会員制倉庫型店舗である。同社は，1976 年にアメリカ，カリフォルニア州
にある飛行機の格納庫を改造して作られた「プライスクラブ」という名前の倉

図表 7 − 7　各地に相次いで出店される大型店舗

出所：イオンモール浜松市野店とコストコ久山倉庫店（1 号店），筆者撮影。

庫店から始まった。日本では，平成 11 年の 1 号店（福岡県の久山倉庫店）のほ
か，令和 5 年（2023 年）8 月現在で 33 の倉庫店がある（世界では 871）。

　ホールセールクラブでは，他にアメリカウォルマートのサムズクラブ（Sam's
Club）が知られているが，日本にはまだ未上陸である。

　コストコのみならず，ここ 20 〜 30 年ほどを振り返ってみても，①②③④⑤
のような形の小売店がいろいろ現れている（図表 7 − 7）。なかにはすでに飽和
状態になっている業態もある。

①　ホールセールクラブ（会員制のディスカウント店。コストコなど）

②　アウトレットショップ（ブランド品の過剰在庫や旧モデルの在庫品を格安で売
　　る。軽井沢プリンスショッピングプラザ，御殿場プレミアムアウトレット，三井ア
　　ウトレットパーク木更津，ジアウトレット北九州など）

③　カテゴリーキラー（特定の商品を豊富に揃えている。ヤマダ電機，ユニクロ，マ
　　ツモトキヨシ，ビックカメラ，ニトリ，ワークマン，青山商事など）

④　ワンプライスショップ（全商品を均一価格で販売する。キャンドゥ，ダイソー，
　　セリア，SHOP99 など）

⑤　スーパーセンター（ワンフロアの広大な売り場に衣食住の生活必需品を豊富に取
　　り揃える。ベイシア＋カインズホーム，イオンスーパーセンター，スーパーセン

　タートライアルなど）

☆作業服の販売で近年話題の株式会社ワークマンは，ベイシアグループの企業
で，このグループ全体の年間売上高は直近で，1兆円を超えている。

　＊「ベイシアグループ　ワークマンを生んだ群馬の野武士」『週刊ダイヤモ
　　ンド』2021年1月9日号。

　＊「群馬の巨人　ベイシアグループの正体」『週刊東洋経済』2021年1月16
　　日号。

　ところで，昔からある呼び名として，肉屋，魚屋，米屋，パン屋等がある。
肉を売っているから肉屋，魚を売っているから魚屋，米を売っているから米
屋・・・，というように，何（絞り込んだ種類の商品）を販売しているかで分類
したのが業種である。漫画のサザエさん（昭和21～49年）に登場する小売店は
ほとんどがこの名称である。

　他方，どのような売り方（セルフ方式である等）をするかで分けたのが業態で
ある。

　経済産業省では，小売業の業態をおおよそ次のように定義している。

① 　百貨店：「衣」「食」「住」にわたる各種商品を小売りし，そのいずれも
　　小売販売額の10％以上70％未満の範囲内にあり，従業者が50人以上の
　　事業所で非セルフ方式。

② 　総合スーパー：「衣」「食」「住」にわたる各種商品を小売りし，そのい
　　ずれも小売販売額の10％以上70％未満の範囲内にあり，従業者が50人
　　以上の事業所でセルフ方式。

③ 　専門スーパー：衣料品専門スーパー，食料品専門スーパー，住関連専門
　　スーパーに分類されており，売り場面積が250㎡以上で「衣」「食」
　　「住」の商品割合がそれぞれ70％以上のセルフ店。

④ 　専門店：衣料品，食料品，住関連のセルフ方式を採用していない小売店

で，「衣」「食」「住」の商品割合がそれぞれ 90％以上の店。

⑤　中心店：衣料品，食料品，住関連のセルフ方式を採用していない小売店で，「衣」「食」「住」の商品割合がそれぞれ 50％以上の店。

⑥　コンビニエンスストア：売り場面積が 30㎡以上 250㎡未満の飲食料品を扱っているセルフ店で，14 時間以上営業している小売店。

⑦　広義ドラッグストア：医薬品を扱っているセルフ店。

⑧　その他のスーパー：総合スーパー，専門スーパー，コンビニエンスストア，広義ドラッグストア以外の，セルフ店。

⑨　家電大型専門店：売り場面積が 500㎡以上の家電を扱っている非セルフ方式。

⑩　無店舗販売：売り場面積が 0㎡の非セルフ方式。

図表 7 － 8　2022 年の商業販売額

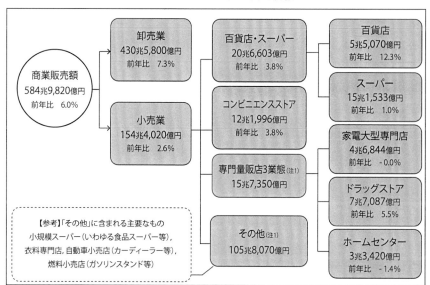

出所：経済産業省経済解析室，ミニ経済分析による。
（原注）「専門量販店 3 業態」と「その他」の数値は，経済解析室で計算した値。

　上述の経済産業省『平成26年商業統計調査』によれば，全国の商業事業所数（卸売業と小売業の合計，集計対象事業所）のうち小売業の事業所数は，77万5,196事業所，商業事業所に占める割合は74.6％であった。

　そのなかの構成比では，百貨店・総合スーパー（1,608事業所，構成比0.2％），野菜・果実小売業（1万5,220事業所，同2.0％），食肉小売業（9,467事業所，同1.2％），鮮魚小売業（1万1,118事業所，同1.4％），酒小売業（2万8,287事業所，同3.6％），菓子・パン小売業（4万7,095事業所，同6.1％），医薬品・化粧品小売業（7万471事業所，同9.1％），書籍・文房具小売業（2万9,115事業所，同3.8％），通信販売・訪問販売小売業（2万1,476事業所，同2.8％）などとなっている。

　小売業の事業所数は，昭和57年（172万1,465事業所）をピークに減少が続いているが，肉屋，魚屋といった零細小売店が減り，シャッター通りが増えていることを数字が表しているといってよい。

　他方，業態の統計については，『商業動態統計』より作成された「2022年の商業販売額」がある（図表7－8。経済産業省経済解析室による）。

　経済産業省経済解析室の分析では，2022年は「業態別では，百貨店，ドラッグストア，コンビニエンスストア，スーパーの販売額が増加し，ホームセンター，家電大型専門店の販売額が減少。販売額の伸び率（前年比）について，店舗数，1店舗当たり販売額に要因分解すると，百貨店販売額は，1店舗当たり販売額が増加し，前年比12.3％の増加。コンビニエンスストア販売額は，1店舗当たり販売額が増加し，前年比3.8％の増加。スーパーは，店舗数が増加し，前年比1.0％の増加。専門量販店3業態については，ドラッグストア販売額は，食品，調剤医薬品等の販売額が増加し，前年比5.5％の増加。ホームセンター販売額は，インテリア，DIY用具・素材等が減少し，前年比1.4％の減少。」等，指摘している。

（2）通信販売の現状

　今日では，私たちは近くの小売店に買い物に行くのと同様の感覚で，通販を利用している。家電などの大規模量販店で現物を見て，（その量販店とは別の）通

図表7－9　通信販売売上高の推移

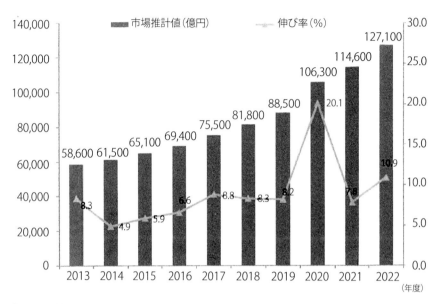

出所：公益社団法人日本通信販売協会 Web サイト（http://www.jadma.org/）による。
　　　推計値は物販を中心とした協会会員企業の売上＋有力非会員 355 社の売上の合計。

販で購入する人もいる（ショールーミング）。

　通販は，無店舗型小売業に分類される。通販には，インターネット通販，テレビ通販，ラジオ通販，カタログ通販などがあるが，カタログ通販の落ち込みの反面，インターネット通販（ネット商店街）の伸びが著しい。

　通信販売を行っている企業には，第1章でふれたアマゾンなどのほか，ジャパネットたかたやセシールのような専業企業と，ファンケルのような店頭小売と兼業する企業がある。もっとも昨今では，店頭小売りを主としつつも通信販売に参入する企業も，その逆の通信販売を主としつつもリアル店舗を開く企業も増えている。

　アマゾンもアメリカでは年々リアル店舗を増やしているし，日本でも期間限定の店舗が開かれている。

☆株式会社ファンケルは，2019年にキリンHDと資本業務提携（事業継承）。アマゾンの常設のリアル店舗は，日本にはまだない。

★　上述 (p.206) の「イオングループの誉田 CFC」について。

　この CFC（千葉市緑区）は令和5年（2023年）7月10日から，イオンネクストのオンラインマーケット事業「Green Beans」の物流拠点として稼働している。

　「ネットなのに新鮮ではなくネットだから新鮮」をコンセプトにして事業展開を図っている。会員登録料，年会費ともに無料であり，サービス地域の拡大にともなう数年後の認知度と業績の拡大が注目される。

　公益社団法人 日本通信販売協会（正会員415社）によれば，2022年度（2022年4月—2023年3月）の通信販売市場売上高は，前年比10.9％増の12兆7,100億円，マイナス成長を記録した1998年度以来，24年連続して増加傾向が続き，直近10年の平均成長率は9.0％であるという（図表7－9）。

（3）流通関連企業と，物流のグローバル化

　海外で採掘された原材料を日本に輸入する，あるいは日本で作られた製品を海外に輸出する，その場合には船舶を利用したり（海運），航空機を利用したり（空運），鉄道やトラックを利用したり（陸運），あるいはその組み合わせなどさまざまである。このようなことは昔から行われてきたことであるが，昨今では冷凍・冷蔵技術の飛躍的進歩により，野菜や肉，魚といった生鮮品の輸出入がいっそう増えている。株式会社テクニカンの「凍眠」のような画期的な冷凍技術も生まれている。

　そのため，遠方から荷物を日本に輸入する，その逆に日本から輸出するという業務がますます重要度を増しており，運輸業のグローバル化がいっそう進むということになる。

　ちなみに，国際間のモノの流れを国際物流といい，国際的な商取引の流れが貿易（国際商流）と呼ばれる。国際物流の機能は，基本的にはすでに述べた物

流の機能（輸配送，荷役，包装や梱包，保管，流通加工，情報管理システム）と変わらないが，サプライチェーン（原材料・部品の調達から，製造，在庫管理，販売，配送までの全体的な流れ）の距離が長くなれば，それにあわせて国際輸送のリードタイム（発注から注文品到着までの期間）も長く，複雑になる。

　複雑である理由の1つは，通関前の輸出，輸入の許可を受けていない貨物は保税地域のなかに蔵置されることである。保税とは一時的に関税の徴収を留保することを指し，保税地域にある倉庫のことを保税倉庫という。

　発注元企業は，えてして重複在庫（無駄）を抱えてしまうことになるが，それを避けるために情報管理システムがいっそう重要となる。

　他方，小売業の国際化は製造業に比べると遅れている。その理由は，1つの店舗の商圏範囲が狭く，消費者のニーズや習慣を充分に把握しにくいということにある。

　とはいえ，すでに取り上げたコストコは，消費者のニーズや地域の特産品を積極的に取り込んで，年々，店舗数，会員数，売上高を伸ばしている。

　イケア（イケア・ジャパン株式会社，スウェーデンの家具販売店）も同様に店舗数を増やしているが，カルフール（フランスのスーパーマーケット）はすでに撤退している。

　また，アマゾンは猛烈な勢いで日本における売上高を増やしているし，株式会社西友は，もともと旧西武グループ・西武百貨店の系列であったが，一時は世界最大のスーパーマーケットチェーンの日本法人，ウォルマート・ジャパン・ホールディングス株式会社の完全子会社になっていた[6]。

★　「国際物流」については，本稿第3版執筆時，パナマ運河の渇水，スエズ運河・紅海封鎖という「海の物流危機」を抱えている。『日経ビジネス』2024年3月11日号。

　日本の小売業が海外に事業展開する事例も増えており，ユニクロやセブン−イレブンはその一例である。製造業に比べると遅れている感がある小売業の分野でも，ますます内へも外へも国際化，グローバル化が進むことが予想される。

図表 7 - 10　流通関連企業の国内ランキング（2023 年 3 月期末）

業界順位	総合商社	（売上高）	電子商取引（EC）	（売上高）
1	三菱商事	21 兆 5,719 億円	アマゾンジャパン	243 億 9,600 万ドル
2	三井物産	14 兆 3,064 億円	楽天 G	1 兆 858 億円
3	伊藤忠商事	13 兆 9,456 億円	LINE ヤフー	8,364 億円

業界順位	スーパー	（売上高）	コンビニエンスストア	（チェーン国内全店 売上高）
1	セブン＆アイ HD	11 兆 8,113 億円	セブン−イレブン・ジャパン	5 兆 1,487 億円
2	イオン	9 兆 1,168 億円	ファミリーマート	2 兆 9,575 億円
3	PPIH	1 兆 8,312 億円	ローソン	2 兆 2,995 億円

業界順位	陸　運	（売上高）	倉　庫	（売上高）
1	日本郵便	1 兆 9,978 億円	三井倉庫 HD	3,008 億円
2	ヤマト HD	1 兆 8,006 億円	三菱倉庫	3,005 億円
3	SGHD（佐川）	1 兆 4,346 億円	住友倉庫	2,239 億円

業界順位	海　運	（売上高）	家電量販店	（売上高）
1	日本郵船	2 兆 6,160 億円	ヤマダ HD	1 兆 6,005 億円
2	商船三井	1 兆 6,119 億円	ビックカメラ	7,923 億円
3	川崎汽船	9,426 億円	ヨドバシカメラ	7,530 億円

出所：『日経業界地図（2024 年版）』日本経済新聞出版による。

　なお，図表 7 - 10 は，『日経業界地図（2024 年版）』を利用して，流通関連の「総合商社」「電子商取引（e コマース）」「スーパー」「コンビニエンスストア」「陸運」「倉庫」「海運」「家電量販店」の売上高上位 3 社（2022 年度）を列挙したものである。

　図表 7 - 11 は，『フォーチュン・グローバル 500，2022 年版』の世界上位 10 社，日本企業上位 7 社について，表にまとめたものである（全業種，売上高，

図表 7 − 11　売上高，世界上位 10 社（2021 年）

順位	企業名	売上高 (10 億ドル)	国　名
1	ウォルマート	572.8	アメリカ
2	アマゾン	469.8	アメリカ
3	ステートグリッド	460.6	中　　国
4	中国石油天然気集団公司	411.7	中　　国
5	シノペック	401.3	中　　国
6	サウジアラムコ	400.4	サウジアラビア
7	アップル	365.8	アメリカ
8	フォルクスワーゲン	295.8	ド　イ　ツ
9	中国建築股份有限公司	293.7	中　　国
10	ＣＶＳヘルス	292.1	アメリカ

出所：“FORTUNE GLOBAL 500 2022”（https://fortune.com/global500/）による。

売上高 1,000 億ドル以上，日本企業上位 7 社（2021 年）

世界順位	国内順位	企業名	売上高 (10 億ドル)
13	1	トヨタ自動車	279.3
41	2	三菱商事	153.7
61	3	本田技研工業	129.5
78	4	伊藤忠商事	109.4
83	5	日本電信電話（NTT）	108.2
88	6	三井物産	104.7
94	7	日本郵政	100.3

出所：“FORTUNE GLOBAL 500 2022”（https://fortune.com/global500/）による。

2021 会計年度）。

　これらの表を一覧しながら，勢いを増すグローバル化について認識するとともに，世界的に比較した場合の日本企業の売上高の意外な小ささ，中国企業のアメリカを凌駕するほどの台頭についても理解しておきたい。

【*Review exercise*】

1. 日本の卸売業と小売業の歴史について調べなさい。
2. 問屋という言葉は，一般的には卸売業とほぼ同様に使われている。しかし厳密には同義ではない。問屋の歴史を調べながら，この違いについて述べなさい。
3. 近くにある複数の業態店に行き，店内を見学しながらそれらの特徴について調べなさい。

考えてみよう！

【注】

（1） POS システムについては，第 1 章でふれているが，全国のスーパーマーケット，コンビニエンスストア，ドラッグストアなどから POS データを収集すると，集まったデジタルデータは宝の山となる。日本経済新聞社の「日経 POS 情報」はその 1 つであるが，年に一度，「日経 POS セレクション売上 No.1」を発表している。

（2） でんかのヤマグチ（ライフテクト ヤマグチ）は，多くのテレビ番組や雑誌記事に取り上げられている。番組名や雑誌名が同社の Web サイトに紹介されているので参考にされたい（http://d-yamaguchi.co.jp/greeting/）。

（3） 宅配の全国翌日配達や時間指定配達，近郊の即日配達，あるいは商品の無料配達など，私たちの生活はますます便利になっている。しかしその反面で，トラック運転手の高齢化が進むとともに運転手不足は恒常化しており，物流システムは限界に達している。この運転手不足を 1 つの理由として，ヤマト運輸の宅急便が 2024 年 4 月に，佐川急便の飛脚宅配便も 4 月に，日本郵便のゆうパックが 2023 年 10 月に値上げされている。

将来，自動運転やドローン宅配といった無人配送化が実現する可能性はあるが，現在では，運送業界の適正な運賃体系の構築，賃金の引き上げ，不規則な労働時間の改善，積み込み積み下ろし作業等を補助できるような機械化が不可欠となっている。

★ 「物流の 2024 年問題」についても知っておきたい。これは，2024 年 4 月からトラックドライバーの時間外労働の 960 時間上限規制と自動車運転者の労働時間等の改善のための基準（改正改善基準告示）が適用され，ドライバーの労働時間が短くなることで輸送能力が不足し，「モノが運べなくなる」ことが予測されることをいう。

同時に高齢トラックドライバーの退職が重なることにより，「モノが売られていて当たり前」，「モノが運ばれて当たり前」が様変わりしかねない。

（4）例えば家電の分野では，メーカー各社（あるいはその販売会社）が直接，大規模家電量販店と取引しているが，その場合には数量に応じた卸値（大量になればなるほど低い卸値）で引き渡されるのみならず，実売実績に応じたリベート（割戻金，報奨金）が支払われてきた。

（5）とはいえ，なかには，千疋屋総本店のように，生産地で果物の出来具合を調査しつつも，生産農家から直接仕入れないで，あえて卸売市場で最高品質の果物を買い付ける企業もある（高価格であるが最高品質の果物を販売するという経営戦略）。

　文中で，画期的な冷凍技術のテクニカンにふれているが，この会社と銀座千疋屋（千疋屋総本店からのれん分け）がコラボして，「銀座フレッシュリー・フローズン・フルーツ」が誕生している。

（6）西友とウォルマートとの関係は複雑でややこしい。

　西友は，平成14年，ウォルマート・ストアーズと包括的業務・資本提携，平成20年にその完全子会社，平成21年にウォルマート・ジャパン・ホールディングス合同会社の完全子会社に移行かつ株式会社から合同会社に変更，また，平成27年にウォルマート・ジャパン・ホールディングスが合同会社から株式会社に変更している。

　株式会社から合同会社に，あるいはその逆の合同会社から株式会社に，なぜわざわざ組織の変更をしているのだろうか。この理由は，合同会社のほうが迅速な意思決定が可能であることなど，株式会社のほうがM&Aをしやすいことなど，ウォルマートの経営戦略によるものである。

　親会社のウォルマートは，2018年から，正式社名をWalmart Stores Inc. から Walmart Inc. に変更している。

★　本稿第3版執筆時には，株式会社西友は持株会社である株式会社西友ホールディングスの子会社。そして西友HDの株主は，アメリカ投資ファンドのKKR（85%）とWalmart（15%）となっている。第1章3−4ページも参照のこと。

【勉強を深めるために参考となる文献】

経済産業省『商業統計調査』。

経済産業省『商業統計表（二次加工統計表）』。

経済産業省『経済構造実態調査』令和元年より。

『会社四季報　業界地図』東洋経済新報社，各年。

『日経ビジネス』日経BP社，毎週。

『週刊ダイヤモンド』ダイヤモンド社，毎週。

『週刊東洋経済』東洋経済新報社，毎週。

【*Coffee Break*】

宅急便の生みの親，小倉昌男氏

　インターネットで「クロネコ」と検索すると，最上位に「ヤマト運輸」や「クロネコヤマト宅急便」が表示される。もちろんわざわざ検索しなくても，クロネコや宅急便は私たちによく知られている。

　意外に知られていないが，宅急便とはヤマト運輸の宅配便サービスの商標であり，小さな荷物を各戸へ配送する輸送便は「宅配便」といわれる。同様の宅配便サービスは他社も行っているが，郵便局ではゆうパック，佐川急便では飛脚宅配便という。

　今日の宅配便サービスは，日常生活にごく当たり前のサービスとして定着しているが，それを始めるには小倉昌男氏の誰も考えなかった発想と実行力があり，実現までの長年にわたる努力の賜物であった。

　現在のヤマトホールディングス株式会社（ヤマトグループの統括会社）は，元は大和運輸といい，大正8年創立の中小の運送会社であった。

　昭和46年に父親・康臣氏の跡を継いで社長に就任した小倉昌男氏は，「小口の荷物をたくさん取り扱えば会社の収入は多くなるはずだ」と確信したという。当時は，個人が荷物を送るには，郵便局の小包か鉄道による手荷物輸送（チッキ）だけできわめて不便であった。

　国の規制がとくに強かった分野だけに同氏の構想が実現するためには，旧運輸省や旧郵政省との粘り強い交渉が必要であった。そしてようやく昭和51年，「電話1本で集荷，1個でも家庭の戸口まで集荷，翌日に指定先に配達，運賃は安価で明瞭，荷造りが簡単」という「宅急便サービス」が始まり，平成9年の小笠原諸島での営業開始で，離島を含む全国展開が完了した。

　同氏は，晩年はヤマト福祉財団理事長として，障害者が自立して働く場所作りに精力的に取り組んだ（ヤマト福祉財団は平成5年9月に設立，平成23年4月から公益財団法人ヤマト福祉財団）。

★　なお，関連して次の記事も参照されたい。

「ヤマト，メール便配達を日本郵便に移管　ネコポスも」『日本経済新聞』2023年6月19日付。「ヤマトと日本郵便が歴史的な和解，背景の2024年問題へ柔軟な対応を」『読売新聞』2023年7月5日付。両記事とも，日本の物流問題が顕在化していることとして注目される。

★　「国交省，ヤマトなど初の是正勧告　長時間荷待ち強制疑い」『日本経済新聞』2024年1月26日付。小倉昌男氏が存命であれば，この記事にどう思うであろうか。

ちょっと一息

【*Coffee Break*】

「本家」を救ったセブン−イレブン・ジャパン

　本書でしばしば取り上げているセブン−イレブンは，今では郊外でも車で数分走れば必ず見かけるコンビニエンスストアである。このコンビニはセブン＆アイグループの持株会社（セブン＆アイ・ホールディングス）の子会社であるセブン−イレブン・ジャパンによって事業展開されており，国内の店舗数（累計）は今や，令和6年（2024年）2月末で21,535店舗となっている。

　全都道府県のなかで，沖縄の出店が最後となったが，2019年7月11日に，写真の糸満兼城サンプラザ糸満店を含む14店舗が開店し，念願の47都道府県出店となった（なお，沖縄は，株式会社セブン-イレブン・ジャパンの100％子会社，株式

出所：開店間近のセブン−イレブン糸満兼城サンプラザ糸満店，筆者撮影。

会社セブン－イレブン・沖縄による運営）。

　出店しても全域を網羅していない道県もあるが，これは同社の「高密度集中出店方式（ドミナント方式）」によるものである。

　ところでセブン－イレブン発祥の地はアメリカテキサス州オーククリフにあり，7-Eleven, Inc. の前身であるサウスランド・アイス社（Southland Ice Company, のちサウスランド社）は 1927 年に創業されている。昭和 48 年（1973 年），イトーヨーカ堂の子会社・ヨークセブン（現セブン－イレブン・ジャパン）がアメリカのサウスランド社とエリアサービスおよびライセンス契約を締結して，日本で事業を開始した。

　しかし 1980 年代になってライセンス元のサウスランド社が経営に行き詰まり，逆に業績を伸ばしていたセブン－イレブン・ジャパンの支援や資本・経営参加を経て，平成 17 年（2005 年）3 月に同社の子会社化，11 月に完全子会社化した。

　この間，平成 11 年（1999 年）から社名がサウスランド社からセブン－イレブン（7-Eleven, Inc.）に変わっているが，アメリカのセブン－イレブンでも，単品管理など日本のセブン－イレブン流のコンビニ商品管理システムを導入するなど積極的に梃入れし，「本家」7-Eleven, Inc. の経営を立て直した。

　なお，本文に書いたように，コンビニの店舗は今では飽和状態になっているだけでなく，人手不足，人件費増，売上高減，24 時間営業（深夜営業）という問題だけでなく，本部（本社）と加盟店オーナーとの間のトラブル等，ビジネスモデルとしての限界が感じられる。

──── ちょっと一息

第**8**章▶マーケティングについて学ぶ

要 点

　マーケティングとは，市場創造と市場適応のための仕組みづくりである。市場創造とは，いままでにない新たな需要を作り出すこと，市場適応とは，現在の消費者の（まだ満たされていない）需要に応えることである。

　マーケティング活動は，「STP」と「4P」を基本として行われる。「STP」はSegmentation（市場細分化），Targeting（ターゲット消費者の設定），Positioning（製品・サービスの特徴の明確化）のことである。市場（消費者の集まり）を何らかの変数によっていくつかの部分に細分化し，どの消費者をターゲットとするかを決め，そのターゲット消費者に対して，自社の製品やサービスを明確な特徴・イメージを持つものとして位置づけていくのである。

　このように，「誰に対してどのような価値を提供するか」を決めることが「STP」のポイントだが，これが定まると，それに合わせて「4P」を組み立てていく。「4P」とは，Product（製品），Price（価格），Promotion（プロモーション：販売促進），Place（販売チャネル）のことである。つまり，ターゲット消費者に特定の価値を提供するための製品を設計し，いくらで売るかを決め，広告などのプロモーションを考え，どこでどのように売るかを決めるのである。

　しかし，消費者が一度，製品を購入したからといって，それを買い続けてくれる保証はない。そこで，「ブランド価値」が重要になる。ブランド価値とは，品質や機能を超えた付加価値のことである。消費者が自社の製品やサービスにブランド価値を感じてくれれば，他社の製品との差別化が可能になる。そこで，マーケティング活動では，ブランド価値を高めるための取り組みが重要となるのである。

Key word

▶マーケティング・コンセプト　▶ STP　▶ 4P　▶ブランド価値

注目！☞

1. マーケティング・コンセプト

（1）マーケティングとは

　毎年12月頃になると，その年の「ヒット商品番付」が発表される。その年に人気が出て，多くの人が購入した商品がランキング形式で発表されるのである。なぜ，このようなヒット商品が生まれるのだろうか。ヒット商品を生み出した企業は，どのような工夫を行ったのだろうか。

　消費者に新製品を手に取ってもらうには，おもに2つの方法がある。消費者に「何これ，初めてみた，面白そう！」と思ってもらうか，「そうそう，前からこういうモノが欲しかったのよね！」と思ってもらうかである。前者はいままでにない新たな需要を作り出すことであり，「市場創造」と呼ぶことができる。後者は現在の消費者の（まだ満たされていない）需要に応えることであり，「市場適応」と呼ぶことができる。ここでの「市場」とは，"消費者の集まり"という意味だが，これらの市場創造や市場適応という活動を通じて，企業は自社の製品やサービスを消費者に購入してもらっているのである。

　このような市場創造と市場適応のためのさまざまな取り組みが，マーケティングと呼ばれる活動に他ならない。ここでは，「市場創造と市場適応のための仕組みづくり」がマーケティングであると理解しておこう。

（もちろん，自社の製品を一度，買ってもらったからといって，消費者がそれを購入しつづけてくれる保証はない。消費者のニーズ―Needs，欲求・要求―はつねに変化するからである。そこで，企業は必要に応じて自社の製品を見直して，消費者のニーズに合うように改良していく必要がある。このような製品の改良も「市場適応」という活動には含まれている）

（2）マーケティング・アプローチの変化

　マーケティングという考え方は，20世紀初めの米国で現れた。工業の発展により生産力が高まった企業は，生産した製品を消費者により多く購入してもらうために，製品の特徴の明確化や広告など，現在ではマーケティングと呼ば

れる活動に取り組んだのである。一方，日本でマーケティングが広まったのは，1960年代以降のことであった⁽¹⁾。

今日までの歴史のなかで，マーケティングに取り組む意識や考え方（"マーケティング・コンセプト"という）も変化してきている。経済の高度成長期には，作り手の発想を中心とした「製品志向」と呼ばれる考え方が強かった。製品を"作れば売れる"という考え方である。

しかし，多くの企業が生産体制を整え，製品の供給量が増えてくると，今度は"作ったものをがんばって売り込もう"という考え方が強まった。「販売志向」と呼ばれる考え方である。しかし，作れば売れるという発想で生み出された製品は，売り込むのにも限界がある。消費者のニーズに対する配慮や理解が少ないからである。

そこで，「消費者志向」と呼ばれる考え方が広まることになった。この消費者志向，つまり消費者ニーズに合った製品を開発することが重要なのだという考え方が，現代の代表的なマーケティング・コンセプトになっている。つまり，消費者ニーズに合った製品を開発すれば，（売り込まなくても）しぜんとその製品は売れていくはずだという考え方である。このような考え方は，ドラッカーの「マーケティングの理想は販売を不要にすること」⁽²⁾という言葉にも表れている。

その後，1990年代に入ってからは，「ソーシャル（社会）志向」という考え方が注目されるようになった。CSR（Corporate Social Responsibility，企業の社会的責任）や企業市民（Corporate Citizenship）などの言葉に代表されるように，現在の企業は，ただ製品を製造して販売するだけでなく，社会問題への対応が求められている。そこで，マーケティングを行う場合にも，社会への配慮を組み込む必要があるというのがソーシャル（社会）志向の考え方である。これも新たな時代の重要なマーケティング・コンセプトであり⁽³⁾，今後は，消費者志向と社会志向の両方を意識したマーケティング活動を行っていくことが重要になってくる。

（3）マーケティングの種類

　マーケティングは，有形のモノを消費者に販売するものとして考えられることが多い。しかし，販売されるものは有形のモノだけではない。形のない「サービス」(医療，教育，理美容など) も取引の対象となる。また，製品やサービスの買い手も消費者だけとは限らない。原材料や部品などの場合には，その買い手は消費者ではなく「企業」なのである。

　ここでは，販売するもの（商品）と購入者（買い手）の組み合わせによって，マーケティングの種類について整理しておこう（図表8 - 1）。

　まず，モノを消費者に販売する「伝統的マーケティング」がある。これまでのマーケティングは，多くの場合，モノを消費者に対して販売するという前提で考えられてきた。

　つぎに，「サービス」を消費者や企業に対して販売する「サービス・マーケティング」がある。ここでは，形のないサービスを取引の対象とすることから，（モノの取引とは異なり）在庫ができない，品質が安定しづらいなど，サービス特有の問題への対応を考える必要がある。

図表8 - 1　マーケティングの種類

買い手のタイプ

	消費者	企　業
モノ	伝統的マーケティング	ビジネスマーケティング
サービス	サービスマーケティング	

商品のタイプ

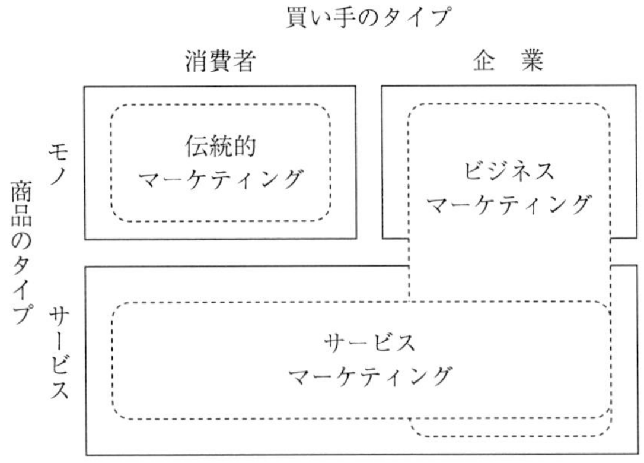

出所：矢作敏行「流通・マーケティング研究の境界を越えて」
　　　『RIRI 流通産業』，1998 年 4 月号，p.19 を一部修正。

　そして，「ビジネス・マーケティング」がある。ここでは，買い手が「企業」であることから，購入するかどうかが（個人でなく）組織として決定される，取引が高額で継続的なものになる等の点を考慮した対応が求められることになる。

　このように，マーケティングにはいくつかの種類がある。しかし，一般的に取り上げられるのは「伝統的マーケティング」である。したがって，本章でも，基本的にはモノを消費者に販売するという前提で説明を行っていく。

２．　マーケティングの基本体系

　ここでは，マーケティング活動の基本的な内容について説明しよう。ここでのキーワードは，「STP」と「4P」である。マーケティングとは，「市場創造と市場適応のための仕組みづくり」だと述べたが，その活動はこれらの「STP」と「4P」を基本として行われるのである。

（1）STP

　「STP」とは，Segmentation（セグメンテーション），Targeting（ターゲティング），Positioning（ポジショニング）の頭文字を表したものである。

　現在では，（モノの行き渡っていない時代とは違って）考え方や好みの異なる多様な消費者がみられることから，効果的なマーケティングを行うには，どのような消費者を狙って製品を提供していくかという「ターゲティング（ターゲット消費者の設定）」が重要になる。そして，そのために必要なプロセスが「セグメンテーション（市場細分化）」である。

　セグメンテーションとは，市場（＝消費者）をいくつかの部分に分割することである。分割する基準には，性別や年令などの人口統計的基準，住んでいる地域や気候などの地理的基準，社会階層やライフスタイル（生活・行動のしかた）などの心理的基準，購買動機や使用頻度などの行動的基準などがある。日本は

比較的同質的な社会であることから，これまでは性別や年齢などの人口統計的基準で市場を分割したうえで，ターゲット消費者が設定されることが多かった[4]（例えば，20歳代の男性をターゲットに商品を開発する，40歳代の女性をターゲットにしたサービスを考えるなど）。しかし，最近では，宗教や性自認・性的志向の多様性に応じたターゲット設定も行われるようになっている[5]。

このように，いくつかの視点からターゲット消費者を設定したあとは，その消費者に対してこれから開発しようとする製品をどのような製品として位置づけるか（ポジショニングするか）を考えなければならない。このような，他の製品との違いを際立たせるための特徴やイメージを決めることが「ポジショニング」である。例えば，同じ自動車でも，ベンツ，ポルシェ，プリウスでは，消費者が頭のなかに抱くイメージがそれぞれ異なるのではないだろうか。

このように，セグメンテーション（市場細分化）によって市場をいくつかに分割し，ターゲティング（ターゲット消費者の設定）を通じてそのなかのどの部分を狙うかを決め，そのうえで自社の製品に（他の製品との違いを際立たせるために）どのようなイメージを持たせるべきかを考える，ポジショニングという作業を行っていくことが「STP」と呼ばれるものである。

（2）4P

STPというプロセスにおいて，ターゲット消費者と製品のポジショニングが明確になったあとは，それをどのように提供していくかの具体策を決める必要がある。この具体策を決めるときの基本的な考え方が「4P」（"マーケティング・ミックス"とも呼ばれる）である。「4P」とは，Product（製品），Price（価格），Promotion（プロモーション），Place（販売チャネル）の頭文字をとったものである。つまり，どのような製品を，いくらで，どのような広告や販売促進策を使って，どのような店舗で販売していくかを考える枠組みである。

4Pのうちでは，Product（製品）とPrice（価格）が消費者に提供する価値を作り出すこと，Promotion（プロモーション）とPlace（販売チャネル）がその価値をいかに実現するかに関するものである（図表8-2）。以下，それぞれの基本

図表8−2　マーケティング活動の進め方

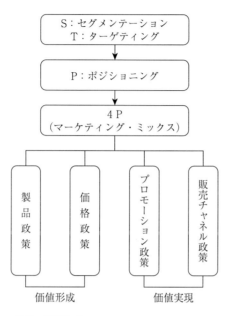

出所：筆者作成。

的な考え方や手法について説明しよう。

（a）製品政策（Product）

　製品開発にあたっては，まず消費者に提供する便益（具体的な価値）を明らか
にすることが必要である。製品の便益とは，第4章の事業ドメインの部分で米
国の鉄道会社を例にあげて述べたように，消費者に提供できるコト（機能的な
価値）のことである。電動ドリルを購入した顧客が欲しかったものは，電動ド
リル自体ではなく，それがもたらす「穴」だというのは有名なたとえ話であ
る。このように，製品開発にあたっては，その製品が消費者に対して実際にど
のような価値をもたらすのかという視点を持つことが重要である。

　製品の便益を明確にしたあとは，それを具体的な製品として設計していくこ

とになる。そこで考慮すべき点は，素材，形態，パッケージ，容量，色，ネーミングなどさまざまである。このように，製品開発の基本的な流れは，便益の明確化→製品化→市場導入というプロセスを経るが，正式な市場導入の前に販売テストが行われる場合もある。

　ちなみに，日本において販売テストがよく行われる地域は，札幌，仙台，静岡，広島，福岡などだといわれている。これらの地域は，ある程度の市場規模があり，標準的な所得水準を持ち，また近隣の地域からの影響が少ないなどの特徴を持っているからである[6]。

　ところで，製品政策は，製品を開発したらそれで終わりというものではない。製品には「製品ライフサイクル」と呼ばれる成長から衰退にいたるプロセスがあるからである（図表8 - 3）。

　製品ライフサイクルは，製品が発売されて間もなくまだ売上高の小さい「導入期」，製品への需要が拡大して売上高が急激に上昇する「成長期」，製品がひととおり行き渡って売上の伸びが鈍くなる「成熟期」，需要が縮小して売上高が減少していく「衰退期」の4つの期間に分けることができる。

　このサイクルにしたがえば，製品は発売後，何もしなければ，しぜんと衰退への道をたどることになる。そこで，定期的に製品の売上高をチェックして，売上が低下傾向にあると思われたときは，製品をリニューアル（製品の成分・組

図表8 - 3　製品ライフサイクル

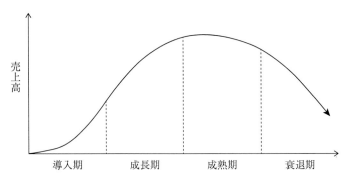

出所：筆者作成。

成の変更，パッケージの改良など）したり，広告量を増やしたり，あるいは価格を引き下げたりするなどの対応をとる必要が出てくるのである。このような対応をとることにより，製品のライフサイクルをより長くすることができる。

　しかし，近年は製品ライフサイクルが非常に短くなっている（急に売れ始めて急に売れなくなる）といわれている。そこで，企業も，新製品の開発プロセスをスピードアップさせたり，複数の製品開発プロジェクトを同時進行させたりするなどの対応が求められるようになっている。

　(b)　価格政策（Price）

　価格は，その製品の価値を表したものである。しかし，作り手の独りよがりにならず，消費者にも支持される価格設定を行うには，「値ごろ感」をよく考えることが必要である。

　値ごろ感とは，機能やデザインなどからみて，消費者がこの製品はこのくらいの価格であろうと考える，製品の価値と価格に関する納得感のことである（これを式で表せば「値ごろ感＝製品の価値÷価格」となる[7]）。消費者がある製品に対し，このような値ごろ感を持ったとき，その製品はより購入されやすくなるといえる。

　消費者の値ごろ感を重視して価格設定を行うこのような方式は，「需要志向型」といわれる。この他にも，その製品を製造したり販売したりするために必要なコストを考えて（それを上回る）価格を設定する方式を「コスト志向型」，競合製品の販売価格を参考にして（競争に負けないような）価格を設定する方式を「競合志向型」と呼ぶ。製品の価値や消費者の納得感を重視するのはいうまでもないが，企業としては，コストや競合相手の動きも考慮して製品の販売価格を決定することが必要なのである。

　また，実際に価格を設定するときには，消費者の心理的側面を利用することも多い。例えば，スーパーマーケットなどでよくみられる価格設定に"398円"や"1,990円"がある。これらは400円や2,000円と比較すれば，実際には"2円"や"10円"しか違わない。しかし，私たちにその価格差以上の安さを感

じさせる価格設定になっている。少しだけの価格差を利用して安さを訴えかけるこのような方式は，「端数価格」と呼ばれている。

　一方，これとは逆に，あえて高い価格を設定することで，製品の価値を高めようとする場合もある。例えば，宝飾品やブランド物のバッグなどは価格が高いほど，より高級なイメージがある。これは，価格には製品の価値を感じさせるはたらきがあるからである。そこで，これを利用して高価格設定を行う方式を「威光価格」（または「威信価格」）という。このように，製品の価格設定にあたっては，消費者の心理的な側面を考えた対応がとられることも多いのである。

　ところで，価格政策も，一度，価格が設定されればそれで終わりというわけではない。販売価格の管理という問題がある。ここで重要なのが「価格弾力性」という考え方である。

　「価格弾力性」とは，販売価格を変化させることによって，売上がどのくらい増加するのかを示す指標である。販売価格を引き下げたときに売上高が大きく増加すれば，その製品は“価格弾力性が高い”といわれる。反対に，価格を引き下げても売上高があまり増加しなければ，その製品は“価格弾力性が低い”といわれる（図表8-4）。

　企業は，製品の売上高が低下してきたとき（製品ライフサイクルでいえば，成熟期に入ったとき），製品の価格を引き下げて売上高を回復させようとすることがある。つまり，価格弾力性を利用しようとするわけである。

　しかし，販売価格は一度，引き下げてしまうと，消費者の参照価格（この製品はこのくらいの価格であろうという消費者の感覚）が下がってしまうために，再び値上げしたときに以前と同じ程度の売上高が得られなくなってしまう場合が多い。価格弾力性の高低は，値下げの頻度とも関係してくることに注意しておくべきである。

　競争が激しく，イオンやセブン＆アイグループのような大手小売チェーンの価格交渉力も強まっている現在では，価格政策だけで製品の売上高を維持していくことには限界がある。価格は，その製品の価値を表すものだという原点に

図表 8 − 4　価格弾力性

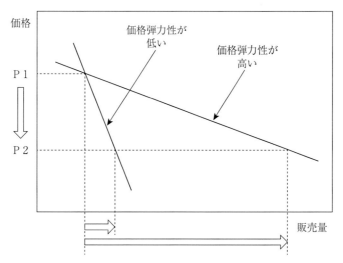

出所：石井淳蔵他『ゼミナール マーケティング入門（第 2 版）』日本経済
　　　新聞出版社，2013 年，p.75 を一部修正。

立って，消費者に対して独自の便益を提供できる製品を開発し，そのうえで消費者の値ごろ感を考慮した価格設定を行っていくことがより重要になっている。

（c）プロモーション政策（Promotion）

　消費者に製品の存在や価値を知らせたり，その製品への関心を高めたりする活動が「プロモーション」といわれるものである。プロモーション活動には，図表 8 − 5 に示されるような 4 つの種類がある。

　広告活動は，テレビ・ラジオなどの電波媒体，新聞・雑誌などの印刷媒体，あるいは屋外看板などを使って，積極的に多くの消費者に製品の情報を伝えようとするものである。近年では，スマートフォンの普及にともない，インターネット広告の重要性が高まっている。

　PR（public relations）活動は，製品の発売時やイベントの実施時などに報道関係者を対象とした発表会や展示会を行い，新聞，雑誌，テレビなどに記事とし

238 ─────○

図表 8 − 5　プロモーションの活動

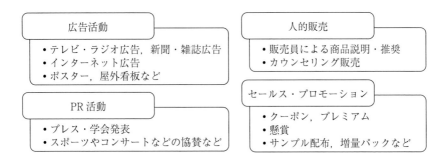

出所：石井淳蔵他『ゼミナール マーケティング入門（第 2 版）』日本経済新聞出版社，2013
年，p.108 を一部修正。

　て取り上げてもらう活動である。また，スポーツの試合や音楽コンサートなど
への協賛を行って，間接的に電波媒体や印刷媒体への露出を図る活動も含まれ
る。
　人的販売とは，営業担当者や販売員が小売業者や消費者と直接的な接点を持
ち，製品の情報を直接アピールしていく活動である。営業担当者が小売業者に
対して直接，新製品の紹介を行ったり，百貨店で化粧品のカウンセリング販売
やワインの試飲販売を行ったりすることなどがあてはまる。小売業者や消費者
に対して直接情報を伝えられることから，コミュニケーション効果は高くなる。
　セールス・プロモーションは，割引クーポン，サンプル（試供品），懸賞
（例：1 名様に自動車をプレゼント）などの手段を使って，製品に対する関心を高め
ようとする活動である。近年では，SNS（Social Networking Service）を通じてクー
ポンを配布したり，ホームページで懸賞への応募を受け付けたりすることも多
くなってきている。
　プロモーション活動には以上のような種類があるが，製品の価値をうまく伝
えるために，これらの手段をどう組み合わせていくかを考えることが，プロ
モーション政策の基本である。しかし，インターネットの普及とともに，これ
までのマスメディア（テレビ，ラジオ，新聞，雑誌）を中心としたプロモーション

活動ではなく，インターネット・メディアに重点をおいた新たなプロモーショ
ン政策のあり方が提唱されている。

　それが「トリプル・メディア」(8)という考え方である。「トリプル・メディ
ア」(3つのメディア・媒体)とは，ペイド(paid＝金銭を支払う)メディア，オウン
ド(owned＝自社で所有する)メディア，アーンド(earned＝獲得された)メディア
のことである。

　「ペイド・メディア」とは，自社で金銭を支払って利用するメディアのこと
で，テレビ広告，インターネット広告，サンプル配布，懸賞など，これまでに
説明したようなプロモーション活動のほとんどが含まれる。「オウンド・メ
ディア」は，自社で所有・展開しているメディアのことで，自社の会員組織，
自社のウェブサイト，ブログ，SNSのアカウントなどが含まれる。また，
「アーンド・メディア」は，自社がこれまでに獲得した(自社に対する)世の中
の評価が示されるもので，マスメディアでの報道，消費者のクチコミ，SNS
への投稿などが代表的なものである。

　これらを比較してみると，企業として最も管理しやすいのはオウンド・メ
ディアである。しかし，消費者の立場からすれば，企業や製品に関して最も信
頼性の高い情報を提供してくれるのはアーンド・メディアである。そこで，現
在では，多くの消費者がアーンド・メディアの情報を活用してさまざまな製品
の評価を行うようになっている。

　このような動きを受け，企業も，自社で管理することのできないアーンド・
メディアにおいて，どのようにして良好な評価を得ていくか(あるいは悪い評価
を得ないようにするか)を考えなければいけなくなっている。プロモーション政
策はより多様化し，より難しい対応が求められるようになっているのである。

　(d)　チャネル政策(Place)
　よい製品を開発し，適切な価格が設定され，その製品の情報がうまく消費者
に伝えられても，それだけで製品の売上高が増えるわけではない。その製品を
購入してもらうためのチャネル(販売経路)をうまく整えておかないと，消費

者が製品を購入しにくかったり，製品のイメージを維持できなかったりするからである。

　そこで，4つめのPとして，チャネルの設計という問題が重要になる。具体的には，製品を消費者に向けて販売してくれる流通業者（卸売業者や小売業者）をどう組み合わせるかを考えるのである。そのようなチャネルの設計については，製品の種類や販売方法によって3つの基本的なパターンがある。「開放的チャネル」「選択的チャネル」「排他的チャネル」の3つである。

　「開放的チャネル」は，できるだけ多くの小売業者で製品を販売していこうとするものである。「最寄品」（もよりひん）と呼ばれる，購入頻度が高く，購入時にあまり時間をかけない製品（一般食品や日用品など）が対象になることが多い。この開放的チャネルでは，スーパーマーケットやコンビニエンス・ストアを含め，できるだけ多くの小売業者で製品を販売しようとするため，複数の卸売業者が活用されることになる。

　「選択的チャネル」は，おもに「買回品」（かいまわりひん）といわれる，購買頻度が低く，品質や価格をよく比較して買う製品（衣料品，家電製品，家具など）が対象になる。これは，開放的チャネル設計とは異なり，販売する小売業者を制限することによって，製品のイメージを維持したり，販売時に詳しい説明を

図表8－6　チャネル設計の基本パターン

	開放的チャネル	選択的チャネル	排他的チャネル
対象製品例	・最寄品 （一般食品，日用品等）	・買回品 （衣料品，家電，家具等）	・専門品 （自動車，ブランド品，宝飾品等）
流通業者数	多い	中程度	少ない
長所	・販売機会が多い	・消費者に説明が可能 ・製品イメージや価格の管理が可能	・消費者に詳しい説明が可能 ・製品イメージや価格の管理が容易
短所	・製品イメージや価格の管理が困難	・販売機会が少ない	・販売機会が少ない ・製造業者の負担が大きい

出所：小川孔輔『マーケティング入門』日本経済新聞出版社，2009年，p.562を修正。

加えたりしていこうとするチャネル設計のあり方である。

　「排他的チャネル」は、「専門品」といわれる高価で独自の価値や特徴を持った製品（自動車，ブランド品，宝飾品など）が対象になる。販売する小売業者を厳しく限定して（あるいは小売店舗も自社で展開して），選択的チャネルよりもさらに製品イメージや接客体制を強化していこうとするものである。

　チャネル設計には、基本的にこれら3つのパターンがある（図表8 - 6）。製品の特性や販売方法をふまえたうえで、流通業者の組み合わせを考えていく必要があるのである。

　しかし、チャネル設計がすめば、それで終わりというわけではない。自社の製品を販売してくれる流通業者に影響を及ぼして、自社の製品を（できれば優先的に）より多く販売してもらうことが必要になるからである。このチャネル管理の問題は、流通業者に対して、「パワー」と呼ばれる影響力を行使することで可能になると考えられている。

　「パワー」には、「経済パワー」「情報パワー」「組織パワー」の3種類がある[9]。「経済パワー」とは、流通業者に報酬を与えることで影響力を強めるものである。例えば、計画通りの販売量が達成できたときに追加で報酬を支払うなどのことが行われる。「情報パワー」は、流通業者が持っていない、製品に関する専門的な知識や情報からもたらされる。製品に関するくわしい情報がなければ、流通業者は製品をうまく販売することができないからである。「組織パワー」は、事前に流通業者との間で結ばれた契約から生まれるものである。一度、契約を結べば、その内容を守ろうという動機がはたらき、協力して行動しようという思いが強まることになる。

　このように、チャネルの管理にあたっては、パワーの行使が重要だとされる。しかし、流通業者からの協力体制を引き出すには、パワーではなく、彼らとの間に"信頼関係"を築くことが重要だという主張もある。現在では、流通業者の大規模化もあって、流通業者を単に取引相手とみるのではなく、お互いの利益を考えた「パートナー」とみなす姿勢がより重要になってきているようである。

　また，最近では，インターネット販売が急成長をとげている。製造業者（メーカー）が，流通業者を活用しなくても，製品を消費者に直接販売できる環境が整っているのである。しかし，製造業者がインターネットを使って直接，消費者への販売を行えば，これまで取引を行ってきた流通業者の売上高は減少してしまう。そうなると，その流通業者からはもはや協力が得られなくなってしまう可能性がある。インターネット販売に取り組む場合には，現在の取引相手に与える影響も考える必要があるといえる[10]。

　以上のように，マーケティング活動の基本は，「STP」によってターゲット消費者と製品のポジショニングを明確にし，「4P」によって，それをどう提供するかの具体策を決めるというものである。しかし，ここで注意したいことは，ターゲット消費者と4Pとの整合性，そして4Pそれぞれの整合性，これらの2点である。

　ターゲット消費者と4Pとの整合性とは，ターゲット消費者を設定したら，その人たちに合った製品，価格，プロモーション，チャネルを考えていかなければならないということである。20歳代の女性をターゲット消費者に設定したら，彼女たちが関心を示しそうな製品を開発し，彼女たちが買いやすい価格を設定し，彼女たちが好みそうな広告メッセージを作り，かつ彼女たちがよく立ち寄る小売店舗で販売しなければ効果が少ないということである。

　また，4Pどうしの整合性とは，製品，価格，プロモーション，チャネルの4つが無理なく結びついているかということである。高品質な製品を開発し，相当な高価格で販売することにしたにもかかわらず，それをスーパーマーケットやコンビニエンス・ストアで販売することは適切でないだろう。また，低価格で多くの消費者に購入してもらおうと考える製品を，販売員を通じてくわしい説明を加えながら販売していくような方法もふさわしくない（この場合は，テレビなどマスメディアによる広告を利用するほうがよい）。

　このように，「STP」と「4P」を組み立てるときには，それぞれの要素を別個に考えるのではなく，ターゲット消費者と4Pとの関係や4Pどうしの関係

をよく考える必要があるのである。

3．ブランド価値

　ここまで，マーケティングの基本体系として，「STP」と「4P」についての説明を行ってきた。ここでは，1990年頃から大きく注目されるようになった「ブランド価値」について考えてみよう。

　ブランド品は，それぞれ独特のイメージを持っている。それを身につけていると（車ならそれに乗っていると，食品ならそれを食べると），自尊心がくすぐられるような，少しうれしい気持ちになる。ブランド品がもたらすこのような価値とは，いったい何なのだろうか。また，そのような価値を生み出すためにはどうしたらよいのだろうか。

（1）ブランドとは

　ブランドとは，「ある売り手の製品を他の売り手のそれと識別するための名前，用語，デザイン，シンボルをはじめとする特徴及びそれらの組み合わせ」[11]とされる。つまり，人間の五感に訴えて他の製品との違いを識別させるものは，すべてブランドをかたち作る要素になるのである。

　また，ふだん私たちがよく目にするブランドには，「企業ブランド」と「製品ブランド」がある。トヨタ，花王，日清（日清食品），アップルなどが企業ブランドで，プリウス，アタック，カップヌードル，iPhoneなどが製品ブランドである。ブランドにはこのような階層性があるため，新たなブランドを開発するときには，企業ブランドと製品ブランドとの関係をよく考えた対応が必要になる。

　これまでは，ブランドを作り出すのは製造業者が中心だったが，最近では小売業者も独自ブランド商品の販売に力を入れており（セブン&アイグループの“セブンプレミアム”やイオンの“トップバリュ”などが代表的なものである），現在では，

製造業者と小売業者の両方がブランド価値の構築に向けた取り組みを行うようになっている。ちなみに，製造業者が主体となって生み出すブランドを「ナショナル・ブランド（NB）」といい，小売業者や卸売業者が独自に開発するブランドを「プライベート・ブランド（PB）」という。

（2）ブランド価値とそのマネジメント

　ブランドがもたらす価値，つまりブランド価値とは，「品質や機能を超えた付加価値」のことである。同じようなはたらきをする製品がいくつかあるなかで，あるブランドだけに感じる，わくわく感や楽しさ，特別な思いなどがブランド価値なのである。企業がこのようなブランド価値を作り出すことができれば，他社の製品に対する競争優位を築くことができる。「ブランド資産」[12] といわれるように，ブランド価値は企業にとっての重要な差別化の手段なのである。

　そのようなブランド価値について，よりくわしく理解するための枠組みが図表8－7の「製品価値の構造」である。

　図表8－7には，4つの製品価値が示されている。製品の「基本価値」とは，

図表8－7　製品価値の構造

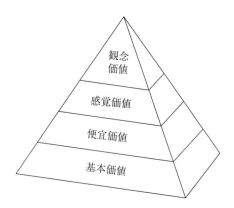

出所：和田充夫他『マーケティング戦略（第6版）』有斐閣，2022年，p.346。

時計が時を示したり，自動車が人を移動させたりするような，その製品が存在するうえでの基本的な価値である。「便宜価値」とは，取り扱いが簡単だったり，パッケージが持ちやすかったりするような，製品の便利さに関する価値である。また，「感覚価値」は，その製品の持つ楽しさや美しさ，魅力などに関する価値である。この感覚価値は，おもにパッケージのデザイン，色，絵柄や広告メッセージなどから生み出されるといわれている。そして，「観念価値」とは，製品の持つ主張や理念，物語性などから生み出されるもので，消費者の共感や思い入れを呼び起こすようなより高いレベルの価値である。この4つの価値のうち，「感覚価値」と「観念価値」が品質や機能を超えた付加価値の部分，すなわち製品のブランド価値となるのである[13]。

　製品にはこれらの4つの価値があることを考えると，ブランド価値を生み出すための基本的な方向性を理解することができる。

　すなわち，ブランド価値を生み出すためには，まず製品の基本的な価値を確立することである。正確性や安全性といった価値が中途半端だと，ブランド価値以前に製品としての価値自体が損なわれてしまうからである。つぎに，そこに便宜価値を付け加えていく必要がある。消費者が製品を使用するときに使いやすさや便利さを感じれば，その製品に対する好意的な気持ちを強めることになるからである。そして，これらの品質や機能に関する価値を確実なものにしたうえで，製品のデザインや色，広告メッセージなどによって，感覚価値を高める工夫を行っていくことが必要になる。

　しかし，そこに，さらに観念価値をもたらすことは簡単ではない。観念価値とは，（消費者のそのブランドに対する共感や思い入れなどの）消費者とそのブランドとの強い結びつきそのものだからである。このようなブランドとの強い結びつきを生み出すには，長い時間をかけた企業と消費者とのかかわり合いが必要になる。企業としては，インターネットや小売店舗を介して製品の持つストーリーを紹介したり，消費者との対話を促進したりして，長期的な視点から消費者の共感を呼び起こすような双方向の取り組みを続けていくことが必要なのである[14]。

【*Review exercise*】

1. 現在，人気のある製品を1つ取り上げ，その製品のマーケティング戦略を「STP」と「4P」の視点から分析しなさい。

2. あなたが「ブランド価値」があると考える製品を1つ取り上げ，そのブランド価値は何か，また，そのブランド価値を高めたり，維持したりするためにどのような工夫が行われているかを考えなさい。

3. サービスのマーケティングは，モノのマーケティングとどのようなところが違うのか考えてみよう。

考えてみよう！

【注】

（1）戸田裕美子「アメリカにおけるマーケティングの発祥」『現代マーケティングの基礎知識』創成社，2013年，pp.30-41。

（2）P.F. ドラッカー『エッセンシャル版マネジメント』ダイヤモンド社，2001年，p.17。

（3）代表的なマーケティング学者であるP.コトラーは，マーケティングの目的は，消費者を満足させることから，世界をよりよい場所にすることになったと述べている（P.コトラー他『コトラーのマーケティング 3.0』朝日新聞出版，2010年）。

（4）小川孔輔『マーケティング入門』日本経済新聞出版社，2009年，pp.24-27。

（5）例えば，イスラム教の信者の方たち向けに飲食店がハラル認証を取得したり，衣料品チェーンが性別を問わずに着用できる衣服を開発したりするなどの動きがある。

（6）小川孔輔『マーケティング入門』日本経済新聞出版社，2009年，p.325。

（7）徳田賢二『おまけより値引きしてほしい─値ごろ感の経済心理学』ちくま新書，2006年，p.51。

（8）トリプル・メディアという用語は，T.レベリヒトが2009年にIT情報サイトに発表したレポートがきっかけで広がり始めたとされる（恩蔵直人他『R3コミュニケーション』宣伝会議，2011年，p.45）。

（9）小川孔輔『マーケティング入門』日本経済新聞出版社，2009年，pp.567-569，矢作敏行『現代流通』有斐閣，1996年，pp.246-248。

（10）最近は，自社の開発商品をインターネットを通じて直接消費者に届けるD2C（Direct

to Consumer）といわれるビジネスが成長している。商品をインターネットだけで販売する場合は，既存の流通業者への配慮は不要になる。

(11) 和田充夫・日本マーケティング協会編『マーケティング用語辞典』日本経済新聞社，2005 年，p.191。

(12) D.A. アーカー『ブランド・エクイティ戦略』ダイヤモンド社，1994 年。

(13) 和田充夫『関係性マーケティングの構図』有斐閣，1998 年，pp.208-213。

(14) 和田充夫他『マーケティング戦略［第 6 版］』有斐閣，2022 年，pp.349-352。

【勉強を深めるために参考となる文献】

小川孔輔『マーケティング入門』日本経済新聞出版社，2009 年。

久保田進彦・澁谷覚・須永努『はじめてのマーケティング［新版］』有斐閣，2022 年。

西川英彦・澁谷覚『1 からのデジタル・マーケティング』中央経済社，2019 年。

和田充夫・恩蔵直人・三浦俊彦『マーケティング戦略［第 6 版］』有斐閣，2022 年。

【*Coffee Break*】

地域ブランド

「地域」にもブランド価値を生み出そうという動きがある。「地域ブランド」構築への取り組みである。この背景には，人口の減少，産業の衰退，財政の危機などに見舞われる地方をもう一度，活性化していこうという思いがある。

しかし，ひと口に地域ブランドといっても，何をブランド化していくのかについては，いくつかの考え方がある。例えば，地域の"名産品"をより有名にしていこうという考え方がある。また，地域の"観光地"をより有名にして，多くの観光客に来てもらおうという考え方もある。あるいは，地域をより魅力的なものにして，多くの人にとって"住みたい街"にしていこうという考え方もある。

ここでは，これまでの研究にもとづいて，地域の名産品をブランド化するために必要なこと，地域を住みたい街にしていくために求められる

ことについて紹介しよう。

　全国の389種類の特産品に関するデータを分析した田村（2011）によれば，それらの特産品は，消費者との結びつきをもとにグループ化すると，発展段階のもの，発展途上のもの，そして未発展のものという3つに分けられる。発展段階にあるものは，消費者によく知られているうえに，よく購入されるものである。夕張メロン，青森りんご，愛媛みかん（果物），白い恋人，萩の月，うなぎパイ，安倍川もち（菓子）などが代表的なものである。

　そして，このようにすでに発展段階にある特産品は，ブランド化を目指してその商品の常用者をさらに増やしていくことが必要であり，そのためには産地の気候や風土との結びつきを強めたり，贅沢感を高めたりする取り組みが必要になるという。一方，未発展の特産品の場合は，とにかく知名度を上げてより多くの消費者に知ってもらうことが第一の課題になるということである。

　一方，地域を人々にとってより“住みたい街”にするためには，どのような取り組みが必要になるだろうか。この点について研究した電通・和田他（2009）によると，まず，自然，歴史，文化，伝統などからもたらされる「地域らしさ」を打ち出すことが大切だという。そして，そのような取り組みを行うなかで，自分の成長や目標の達成を感じられるような「自己実現価値」，精神的なゆとりや安心感をもたらす「ゆとり価値」などの要素を付け加えていくことが，住みたい街としての魅力づくりにつながるということである。

　このような地域ブランドに関する研究成果をみても，ブランド価値を生み出そうとする取り組みには，戦略的な発想とともに，長期にわたるたゆまぬ努力が必要なことがわかる。

（参考文献：田村正紀『ブランドの誕生』千倉書房，2011年，電通 abic project 編・
　　和田充夫他『地域ブランド・マネジメント』有斐閣，2009年）

ちょっと一息

第9章▶財務管理と経営分析について学ぶ

要点

　どの企業でも，①資産を購入するために資金を調達し，②購入した資産をもとに売上をあげ，③その売上をもとに利益を生み出すという活動を行っている。このような企業の資金活動の状況を表したものが財務3表である。財務3表は，貸借対照表，損益計算書，キャッシュフロー計算書の3つからなっている。貸借対照表は，どこから資金を調達し，それをもとにどのような資産を購入したのかを示している。損益計算書は，企業が購入した資産をもとにどれだけの売上や利益を残したかを表している。キャッシュフロー計算書は，損益計算書では明らかにならないキャッシュ（現金）の出入りや残高を示している。企業の財務状況は，これらの財務3表によって理解することができる。

　財務3表をもとに企業の経営状況を分析するとき，最も重要な指標がROE（自己資本利益率）である。ROEは，株主へのリターン（見返り）という視点から企業活動を評価するもので，自己資本（資本金や利益の積み上げ）をもとにどれだけの利益をあげたのかを示している。このROEは，①資産を購入するために資金を調達する，②資産をもとに売上をあげる，③売上をもとに利益を生み出すという企業活動の基本にしたがって，①レバレッジ比率，②総資産回転率，③当期純利益率という3つの指標の掛け算で求められるようになっている。

　これらの指標の他にも，企業では「損益分岐点」を計算し，経営に役立てることが多い。損益分岐点とは，費用の合計をカバーして（まかなって）利益額がちょうどゼロとなる（利益も損失も出ない）ときの売上高である。企業は，自社の損益分岐点を知ることで，適切な売上目標を設定することができるのである。

Key word

▶財務3表　▶利益・キャッシュフロー　▶ROE（自己資本利益率）
▶損益分岐点売上高　▶CVP分析

───── 注目！☞

1. 企業活動と財務諸表

　財務諸表とは，企業の経営成績や資産・負債の状況などを明らかにするために作成される書類である。財務諸表は，貸借対照表，損益計算書，キャッシュフロー計算書，株主資本等変動計算書の4つで構成される。このうち，貸借対照表，損益計算書，キャッシュフロー計算書の3つを「財務3表」と呼び，これらを通じて企業の主要な経営状況を知ることができる。

　これら財務3表と企業活動にはどのような関係があるのだろうか。

　企業とは，①資産を購入するための資金を調達し，②購入した資産をもとに売上をあげ，③その売上をもとに利益を生み出すという活動を行っている[1]。どのような業界の企業であれ，企業活動の基本は同じである。これらの企業活動の基本と財務3表は密接な関係を持っている。

　まず，どこから資金を調達し，それをもとにどのような資産を購入したのかが貸借対照表に示される。そして，購入した資産をもとにどのくらいの売上や利益をあげたのかが損益計算書に示される。キャッシュフロー計算書は，そのような企業活動の全体にかかわるキャッシュ（現金）の動きを示したものである。したがって，これら財務3表をみることで，企業の主要な経営状況を知ることができるのである。

　それでは，財務3表のそれぞれについて，詳しくみていくこととしよう。

（1）貸借対照表

　貸借対照表は，「バランスシート（Balance Sheet）」（略して「BS」）とも呼ばれる。どこから資金を調達し，それをもとにどのような資産を購入したのかを示すものである。図表9-1にあるように，左側にその企業が持っている資産が表され，右側にその資産を購入するための資金の出どころが表されている。したがって，左側（資産の部）と右側（負債の部＋純資産の部）の合計は一致する。

　ここで，資金の出どころ（調達先）には3つあることに注意しよう。まず，

図表9-1 貸借対照表

資産の部	負債の部
流動資産 　現金及び預金 　売掛金 　在庫商品	流動負債 　買掛金 　短期借入金
	固定負債 　長期借入金
固定資産 　有形固定資産 　無形固定資産	純資産の部
	株主資本 　資本金 　利益剰余金

（左端：資金で何を購入したか　右端：資金をどこから調達したか）

出所：國貞克則『財務3表のつながりでわかる会計の基本』ダイヤ
モンド社，2014年，p.27を一部修正。

銀行など他人から借りる方法である。これは負債の部に「借入金」として示される。他人から調達した資金であることから，他人資本と呼ばれることもある。

　つぎに，投資家から資本金として出資してもらう方法がある。これは純資産の部に「資本金」として示される。もう1つは，企業みずからが稼ぎ出す方法である。これは資本金と同じ純資産の部に「利益剰余金」として示される。利益剰余金というのは，企業が稼ぎ出した利益のうち，使用されなかった分が積み上げられたものである。資本金と利益剰余金は，企業みずからが調達した資金であることから，（他人資本に対して）自己資本と呼ばれることがある。

　また，資産の部にも負債の部にも，「流動」と「固定」という区分があることにも注意しよう。これは，1年以内に現金化する予定があるかないか（ある＝流動資産，ない＝固定資産），1年以内に返済する必要があるかないか（ある＝流動負債，ない＝固定負債）という基準による区分である。この流動・固定の区分は「ワンイヤー・ルール」（1年ルール）と呼ばれている。

　さらに，貸借対照表は，決算時における企業の価値（帳簿上の価値）も表している。すなわち，その企業が所有しているもの（＝資産の部）から借りているも

の（＝負債の部）を差し引いた残り（＝純資産の部）がその企業の価値になるのである。この純資産の部の金額が大きいほどその企業の価値は高くなり，負債の部と純資産の部の合計額のうち，純資産の部（自己資本）の割合が高くなるほど，（負債の割合が低くなることから）経営の安定度が増すとされている。

ちなみに，貸借対照表を「バランスシート」というのは，balance という英語に「残高」という意味があるからである。つまり，貸借対照表は，企業の決算時における「財産残高一覧表」と理解することができるのである[2]。

（2）損益計算書

損益計算書は，Profit and Loss Statement から「PL」とも呼ばれる。企業が購入した資産をもとに，どれだけの売上をあげ，どれだけの利益を残したかを表すものである。利益は売上から費用を差し引くことで求められるが，損益計算書に示される利益には5つの種類がある（図表9－2）。順を追って説明しよう。

まず，一番上の売上高は，その企業の商品が総額でどれだけ売れたかを示している。その売上高から売上原価を引くと，「売上総利益」（粗利―あらり―ともいう）が算出される。売上原価には，その売上高をあげるために販売した商品の仕入れ額や（製造業の場合は）その商品を作るための原材料費，人件費などが含まれる。

つぎに，売上総利益から販売費及び一般管理費を差し引くと「営業利益」が得られる。販売費及び一般管理費には，商品の販売にかかわる費用（広告費，営業マンの人件費など）や本社の人たちの人件費，事務所の賃借料，通信費などが含まれる。つまり，営業活動全般にかかわる費用のことである。売上総利益から，これらの販売費及び一般管理費を差し引いて得られた営業利益が，通常の営業活動からもたらされた利益である。

さらに，その営業利益から，直接，営業活動に関連しない費用や収益（銀行との取引による支払利息や受取利息など）を調整したものが「経常利益」である。この経常利益は，「経常」という言葉からわかるように，企業の経常的（通常的）な事業活動からもたらされた利益である。

　しかし，企業の活動には，特別にその年だけに発生する利益や損失もある。企業が保有していた固定資産（土地や建物など）を売却して利益を得たとき，地震などの災害に見舞われて設備などの損害が生じたときなどである。これらは特別利益もしくは特別損失と呼ばれ，経常利益からそれらを調整したものが「税引前当期純利益」となる。

　そして，税引前当期純利益から法人税などを差し引いたものが「当期純利益」である。この当期純利益が，企業にとっての最終利益である。

　このように，損益計算書に示される利益には５つの種類があり，それぞれ異なる意味を持っている。それでも，特定の企業の利益状況を確認する場合には，通常の事業活動からどれだけ利益が生み出されたかという観点から，まず

図表９－２　損益計算書

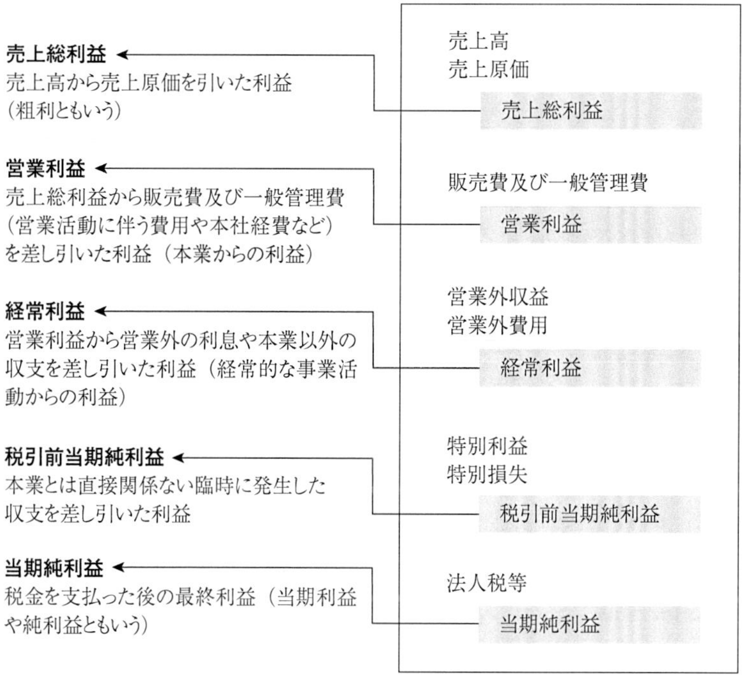

売上総利益
売上高から売上原価を引いた利益
（粗利ともいう）

営業利益
売上総利益から販売費及び一般管理費
（営業活動に伴う費用や本社経費など）
を差し引いた利益（本業からの利益）

経常利益
営業利益から営業外の利息や本業以外の
収支を差し引いた利益（経常的な事業活
動からの利益）

税引前当期純利益
本業とは直接関係ない臨時に発生した
収支を差し引いた利益

当期純利益
税金を支払った後の最終利益（当期利益
や純利益ともいう）

売上高
売上原価
　売上総利益

販売費及び一般管理費
　営業利益

営業外収益
営業外費用
　経常利益

特別利益
特別損失
　税引前当期純利益

法人税等
　当期純利益

出所：國貞克則『財務３表のつながりでわかる会計の基本』ダイヤモンド社，2014
　　　年，p.22 を一部修正。

「経常利益」に着目し，その売上高に対する比率や推移などがチェックされることが多い。

（3）キャッシュフロー計算書

　キャッシュフロー計算書（Cash Flow Statement）は，「CS」と呼ばれることもある。キャッシュフローとは「現金の流れ」という意味である。後述するように，その企業が生み出した利益額は，その企業のキャッシュ（現金）残高と同じではない。利益額は損益計算書で示されるが，そこでは明らかにならないキャッシュの出入りや残高を明らかにするのが，キャッシュフロー計算書の役目である。

　キャッシュフロー計算書は，基本的に図表9－3のような形式をとる。キャッシュフローを営業，投資，財務という3つの観点からとらえるのである。

　営業キャッシュフローとは，企業の通常の事業活動，すなわち売上収入や商品・原材料の仕入れ，人件費，販売費の支払いなどに関するキャッシュの動きを表している。投資キャッシュフローは，企業の施設・設備や有価証券の購入・売却などに関するキャッシュの動きを示したものである。財務キャッシュフローは，株式の発行や借入金の返済など，資金の調達と返済にかかわるキャッシュの動きを示している。

　このようなキャッシュフロー計算書をみることで，その企業が事業から充分なキャッシュを生み出しているか，借入金などに関する支払い能力はあるかなどを確認することができる。この他にも，キャッシュフロー計算書に示されたキャッシュの動きからは，その企業が投資に積極的なのか，借入金などの返済にはどう取り組んでいるのかなども見て取れる。つまり，その企業の経営状況や経営者が重視していることなどを理解することもできるのである。

　なお，図表9－3で「現金及び現金同等物」とあるのは，キャッシュには手元にある現金だけでなく，当座・普通預金や満期日まで3カ月以内の定期預金など，価値変動の恐れが少なく，すぐに現金化できる資産も含めてとらえているからである[3]。

図表9－3 キャッシュフロー計算書

Ⅰ	営業活動によるキャッシュフロー	×××
Ⅱ	投資活動によるキャッシュフロー	×××
Ⅲ	財務活動によるキャッシュフロー	×××
Ⅳ	現金及び現金同等物の増加順（または減少額）	×××
Ⅴ	現金及び現金同等物の期首残高	×××
Ⅵ	現金及び現金同等物の期末残高	×××

出所：平野秀輔『財務管理の基礎知識（第2版増補版）』白桃書房，2008年，p.87を一部修正。

2．利益とキャッシュフロー

　利益はどのように計算されるのだろうか。前節の「損益計算書」でもみたように，簡単に考えれば，利益は「売上高－費用」で計算できるはずである。しかし，利益を計算するためには，ある「ルール」を頭に入れておく必要がある。そのルールを知ることで，正しく利益が計算できるようになり，利益とキャッシュフローの違いについても理解できるようになる。ここでは，以下の例題をもとに，利益計算の仕方や利益とキャッシュフローとの違いについて理解していこう。

【例題】
　A氏は4月1日に100万円を出資して会社を設立し，4月中にその100万円で商品を仕入れた。5月には，購入した商品を150万円ですべて販売することができた。A氏は，4月と5月にそれぞれいくらの利益を上げたのだろうか。

（1）利益のとらえ方

　利益とは「ある期間の売上高から，その売上高を生み出すのにかかった費用を差し引いたもの」である。

　しかし，ここで注意しなければならないことが2つある。1つは，利益の計算は「ある期間の売上高を対象に」行うということである。つまり，売上高が発生した時点で，初めて利益の計算が可能になるということである。もう1つは，その売上高を生み出すのにかかった費用は，「実際の支払いとは関係なく，売上の発生と対応させてとらえる」ということである。これらの「ルール」を頭に入れたうえで，【例題】の利益を計算してみよう（図表9－4）。

　4月は，商品の仕入れは行ったものの商品が販売されていないため，売上高は0円である。そのため，4月には，売上高に対応する費用を計上することはできない。したがって，売上高「0円」－費用「0円」となるから，4月の利益は「0円」である。

　5月には，商品が150万円で販売されている。したがって，売上高150万円が計上される。そこで，初めてその売上高に対応する費用100万円を計上することができる。その結果，売上高「150万円」－費用「100万円」となるから，

図表9－4　利益計算

```
＜4月の利益＞
「4月に発生した売上高」－「4月の売上高に対応する費用」
＝売上高「0円」－　費用「0円」
＝0円

＜5月の利益＞
「5月に発生した売上高」－「5月の売上高に対応する費用」
＝売上高「150万円」－　費用「100万円」
＝50万円
```

出所：デイビット・メッキン『財務マネジメントの基本と原則』
　　　東洋経済新報社，2008年，pp.27-28を参考に筆者作成。

5月の利益は「50万円」となる。

　このような計算からもわかるように，商品の販売をもって売上高を計上し，そこからその売上高を作るのに必要となった費用を差し引くことで利益は計算される。これは，成果（売上高）とそのための努力（費用）を適切に対応させることで，会計期間ごとの企業の経営成績を正しく計算するためである[4]。前節でみた「損益計算書」における利益計算も，このようなルールにしたがって計算されている。

（2）キャッシュフロー

　キャッシュフローは，実際の現金の流れである。したがって，ある期間のキャッシュフローは，その期間に受け取ったキャッシュから，その期間に支払ったキャッシュを差し引くことで計算される。【例題】におけるキャッシュフローを計算してみよう（図表9－5）。

　4月は，商品の仕入れに100万円を支払った一方で，商品の販売は行わなかった。したがって，キャッシュフローとしては100万円のマイナスである。しかし，5月に商品を150万円で販売したため（その一方で支払はなし），キャッシュフローは150万円のプラスとなった。このような計算からもわかるように，キャッシュフローの計算は，利益計算とは異なっている。

　それでは，なぜこのようなキャッシュフローの計算が必要になるのだろうか。それは，企業にとって，日常のさまざまな支払いを滞りなく行うためにキャッシュの管理が重要な意味を持つからである。

　【例題】のように，150万円の売上高があっても，それを掛売り（現金ではなく，一定期間後に代金を受け取る約束で商品を先渡しすること）で販売していれば，売上代金が入るのは先になってしまう。しかも，その間（売上代金が入金されるまで）にも，新たな商品を仕入れる必要があるかもしれないし，従業員への給料や借入金の利息を支払う必要があるかもしれないのである。したがって，企業にとって，キャッシュの動きを管理することは非常に重要になるのである。

　黒字倒産という言葉を知っているだろうか。利益は出ていても（黒字），手元

図表 9 － 5　キャッシュフロー計算

＜4月のキャッシュフロー＞
「4月に受け取ったキャッシュ」－「4月に支払ったキャッシュ」
＝「0円」－「100万円」
＝－100万円

＜5月のキャッシュフロー＞
「5月に受け取ったキャッシュ」－「5月に支払ったキャッシュ」
＝「150万円」－「0円」
＝150万円

出所：デイビット・メッキン『財務マネジメントの基本と原則』東洋
経済新報社，2008年，pp.25-26を参考に筆者作成。

にキャッシュがないために，仕入代金や借入金の支払いができず企業が倒産してしまうことである。このような事態を避けるためにも，キャッシュフローの管理には注意しなければならないのである。

3． 企業の経営分析

　ここからは，企業の経営状況を分析するときに，どのような指標に注意する必要があるかについて学んでいこう。

　この章のはじめでも述べたように，企業とは，①資産を購入するための資金を調達し，②購入した資産をもとに売上をあげ，③その売上をもとに利益を生み出すという基本的な活動を行っている。企業の経営分析を行う際にも，このような視点で分析を行っていく。しかし，ここではまず，企業の経営がうまく行われているかどうかを知るための最も基本的な指標からみていこう。

（1）ROE（自己資本利益率）
　企業経営の大きな目的は，資金を提供してくれた株主に対して，より多くの

リターン（金銭的な見返り）を与えることにある。もちろん，企業には従業員に給料を支払う責任もあるし，社会に貢献する責任もある。しかし，資金を調達しなければ事業を展開できない企業に対して，（他にも投資機会があるにもかかわらず）資金を提供してくれた株主により多くのリターンを与えていくことは，経営者にとって最も重要な責任といっていいだろう。

このように，株主へのリターンという視点から企業活動を評価するときに使われるのがROE（Return on Equity）という指標である。Equityとは「自己資本」（＝純資産の部）という意味であり，ROEは「自己資本利益率」とも呼ばれる。

ROE（自己資本利益率）の計算式は，以下のとおりである。

$$ROE（\%）＝ 当期純利益 ÷ 自己資本$$

つまり，資本金と利益剰余金などの自己資本によって，どれくらいの利益を生み出したのかということである。当然のことながら，ROEが高くなればなるほど，株主が提供した資金を有効に活用できていることになる。企業活動を評価する最も基本的な指標として，まずはこのROEを頭に入れておこう。

（2）レバレッジ比率

ここからは，企業の基本的な活動にしたがって，経営状況をみるための指標について紹介していこう。企業は，まず「①資産を購入するための資金を調達」しなければならない。その資金の調達状況をチェックするための指標が「レバレッジ比率」である。

レバレッジ比率は，以下の計算式で算出される。

$$レバレッジ比率（倍）＝ 総資本 ÷ 自己資本$$

自己資本に対して総資本（負債の部と純資産の部の合計）がどれくらいあるかという指標である。この指標によって，自己資本だけでなく，借入金などの他人

資本をどれだけ活用しているかを理解することができる。借入金を増やしてより多くの資金を調達すれば，事業をより積極的に展開することができる。しかし，借入金が増えれば，それだけ利息の支払いも増えてしまう。売上が不振になったときには，利益が出にくい状況になってしまうのである。このような観点から，レバレッジ比率はあまり高くならないことが望ましい。

　なお，レバレッジとは「梃子（てこ）」という意味であり，自己資本に対して他人資本の梃子（てこ）をどれだけ効かせているかということを意味している。そのため，他人資本（借入金）が増えるほど（自己資本の比率が低くなるから），レバレッジ比率は高まるのである。

（3）総資産回転率

　企業は調達した資金を活用し，「②購入した資産をもとに売上をあげる」ことが求められている。購入した資産をもとに，どれだけの売上高をあげたのかを測る指標が「総資産回転率」である。総資産回転率は，以下の計算式で算出される。

$$総資産回転率（回）＝売上高÷総資産$$

　総資産に対して売上高がどれくらいあるかを示す指標である。この数値が高くなればなるほど，購入した資産を有効に活用して売上高を稼ぎ出していることになる。

　なお，貸借対照表（BS）の左側を総資産，右側を総資本（負債の部＋純資産の部）という。総資産＝総資本であることから，総資産回転率は「総資本回転率」と呼ばれることもある。

（4）当期純利益率

　購入した資産をもとに売上高をあげた企業は，今度は，「③売上をもとに利益を生み出す」ことが求められる。売上高からどれだけの利益を生み出したのかを測る指標が「当期純利益率」である。当期純利益率は，以下の計算式で算

出される。

$$当期純利益率（\%）＝当期純利益 ÷ 売上高$$

当期純利益率も高くなるほど望ましい。売上高から多くの当期純利益を生み出すには，第１節の「損益計算書」の部分でみた，売上原価や販売費及び一般管理費などの費用の管理が重要になる。

（5）４つの指標の関係

　ここまで，企業の経営状況を分析するための指標として，ROEと企業の基本的な活動をふまえた３つの指標（レバレッジ比率，総資産回転率，当期純利益率）を紹介した。これら３つの指標を関連付けると図表９−６のようになる。つまり，企業活動を評価する基本的な指標であるROEは，レバレッジ比率，総資産（総資本）回転率，当期純利益率，これら３つの指標の掛け算によって求められるのである。

　したがって，ROE（自己資本利益率）を高めるには，レバレッジ比率，総資産（総資本）回転率，当期純利益率のいずれか（もしくは複数）を向上させることが必要だということがわかる。企業の経営分析を行う際には，まずはこれらの指標に注目し，企業の基本的な活動のうちでどこに問題があるのかを調べることが有用である。

図表９−６　ROEの展開式

$$ROE＝\frac{当期純利益}{自己資本}＝\underbrace{\frac{総資産（総資本）}{自己資本}}_{レバレッジ比率}×\underbrace{\frac{売上高}{総資産}}_{総資産回転率}×\underbrace{\frac{当期純利益}{売上高}}_{当期純利益率}$$

出所：國貞克則『財務３表のつながりでわかる会計の基本』ダイヤモンド社，2014年，p.106 を一部修正。

4. 損益分岐点の分析

　ここまでは，財務3表とその分析の仕方など，おもに「財務会計」について学んできた。財務会計とは，企業の状況を外部の関係者に対して正しく伝えるための会計である。ここからは，「管理会計」について学んでいこう。管理会計とは，企業内部で経営管理のために行われる会計である。したがって，管理会計の方法は，企業によってさまざまである。ここでは，その最も基本的な分析手法である「損益分岐点の分析」について学んでいく。

（1）変動費と固定費
　損益分岐点について知る前に，「固定費」と「変動費」という費用分類を知っておこう。第1節で学んだ損益計算書には，このような費用分類は登場しなかった。これらは，管理会計に特有の費用の分類方法だからである。
　「固定費」とは，売上高の大小にかかわらず，一定額がかかる費用である。正社員の人件費，借りている土地や建物の賃料が代表的なものである。売上高に関係なく，一定額を支払わなければならないことがわかるだろう。
　「変動費」は，売上高に応じて発生する費用である。売上高が10%増えれば，変動費も10%増える。商品の仕入れ原価が代表的な例である。売上高が2倍になれば，基本的には商品の仕入れ原価も2倍になることが想像できるだろう。
　この固定費・変動費と売上高との関係を図示すると，図表9-7のようになる。固定費は売上高にかかわらず一定額がかかる。一方，変動費は売上高に応じて増加していく。そして，固定費と変動費との合計がその企業にとっての総費用となる。

（2）損益分岐点売上高
　図表9-7に売上高の線を書き込んでみよう（図表9-8）。売上高は，横軸の売上高と縦軸の金額（円）が正比例するため，原点を出発点とした傾き45

図表9−7　売上高と総費用との関係

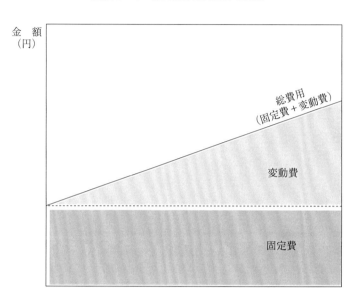

金額
（円）

総費用
（固定費＋変動費）

変動費

固定費

売上高

出所：筆者作成。

度の直線となる。

　この売上高の直線と総費用の直線との交点が「損益分岐点売上高」（A）である。つまり，この点よりも左（B：売上高の直線が総費用の直線よりも下）であれば赤字（利益が出ていない）であり，右（C：売上高の直線が総費用の直線よりも上）であれば黒字（利益が出ている），ということになる。したがって，損益分岐点売上高とは，固定費と変動費をカバーして（まかなって）利益額がちょうどゼロとなる売上高のことである。

　つぎに，この「損益分岐点売上高」の計算の仕方を学んでいこう。

　損益分岐点売上高を計算によって求めるためには，売上1単位ごとの「限界利益（率）」という考え方が必要になる。限界利益は，（売上高−変動費）で求めることができる[5]。つまり，ある商品を1個販売するごとに，いくらの利益が得られるかということである。例えば，5,000円で仕入れた商品を8,000

図表 9 − 8　損益分岐点売上高

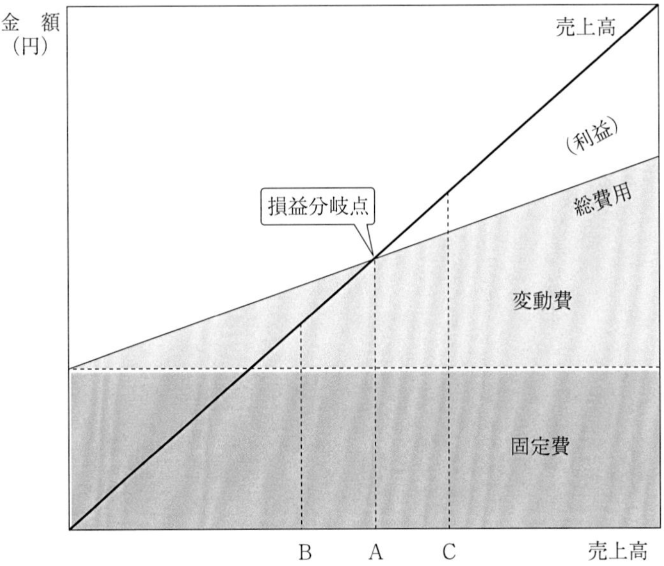

出所：筆者作成。

円で販売すれば，その商品1個あたりの限界利益は（8,000円 − 5,000円で）3,000円である。変動費を差し引いたうえで，1個販売するごとに3,000円の利益が残るということである。このとき，限界利益率（売上のうち限界利益が何％を占めるか）を求めれば，（3,000円 ÷ 8,000円 × 100 から）37.5％となる。すなわち，限界利益率は以下の計算式によって求めることができる。

限界利益率（％）＝ 限界利益 ÷ 売上高

　しかし，費用には，まだ固定費が残っている。限界利益で固定費をまかなって初めて（損失も利益も出ない）損益分岐点になるわけである。そこで，損益分岐点売上高を求めるには，（損益分岐点売上高×限界利益率＝固定費であればよいから）固定費を限界利益率で割ってやればよい。したがって，損益分岐点売上高を求

める計算式は，以下のようになる。

> 損益分岐点売上高（円）＝ 固定費 ÷ 限界利益率

　この計算式で求められる損益分岐点売上高は，限界利益（変動費を差し引いたあとの利益）で固定費をちょうどまかなって，損失も利益も出ない場合の売上高である。

　なお，限界利益の「限界」とは，私たちが日常生活で使う意味とは異なり，「1単位増えるごとに」という意味であることに注意しておこう。

（3）売上目標の設定（CVP分析）

　損益分岐点売上高がわかれば，その売上高を超えるように努力をすることで，利益を生み出すことができる。そこで，企業では目標となる利益額が設定される場合も多い。そのとき，目標となる利益額を確保するための売上高はどのように計算すればよいのだろうか。

　このような場合も，損益分岐点売上高の計算式を応用することができる。損益分岐点売上高は，（固定費と変動費をまかなったうえで）損失も利益も出ない売上高であった。そこで，（固定費と変動費に加え）目標とする利益額もまかなえるだけの売上高（「必要な売上高」と呼ぶ）は，以下の計算式によって求めることができる。

> 必要な売上高 ＝（固定費＋目標利益）÷ 限界利益率

　このような計算式を活用すれば，目標とする利益額に応じてどれくらいの売上高を確保しなければならないかがわかる。売上目標と利益目標を整合性のあるものとするうえで，有効な方法である。この分析方法は，CVP分析と呼ばれている。Cost（費用），Sales Volume（売上高），Profit（利益）の関係をみる計算式だからである。

　このように，費用を固定費と変動費に分けることで，損益分岐点売上高を

知ったり，目標となる利益額を達成するための売上額を計算できたりするのである。管理会計における基本的な方法として，頭に入れておこう。

【*Review exercise*】

1. 自分の知っている企業を 1 社取り上げ，その貸借対照表と損益計算書を入手したうえで，(1) ROE（自己資本利益率），(2) レバレッジ比率，(3) 総資産回転率，(4) 当期純利益率をそれぞれ計算してみよう。

2. C 社の売上高が 1,000 百万円，変動費は 800 百万円，固定費は 100 百万円であった。C 社の損益分岐点売上高はいくらだろうか。また，C 社が 150 百万円の利益目標を設定したときに，必要となる売上高はいくらだろうか。それぞれ計算してみよう。

考えてみよう！

【注】

(1) デイビット・メッキン（國貞克則訳）『財務マネジメントの基本と原則』東洋経済新報社，2008 年，pp.43-45。

(2) 國貞克則『財務 3 表のつながりでわかる会計の基本』ダイヤモンド社，2014 年，pp.29-30。

(3) 桜井久勝・須田幸一『財務会計入門（第 8 版補訂）』有斐閣，2012 年，p.149。

(4) 桜井久勝・須田幸一『財務会計入門（第 8 版補訂）』有斐閣，2012 年，pp.37-39。

(5) 限界利益（率）は貢献利益（率）という場合もある。

【勉強を深めるために参考となる文献】

金子智朗『理論とケースで学ぶ財務分析』同文舘出版，2020 年。

國貞克則『財務 3 表のつながりでわかる会計の基本』ダイヤモンド社，2014 年。

デイビット・メッキン『財務マネジメントの基本と原則』東洋経済新報社，2008 年。

【Coffee Break】

減価償却費

　販売費及び一般管理費に「減価償却費」という費用項目がある。減価償却とは，機械や設備などの費用をそれが使われる期間で按分（一定の金額で割り振ること）して，費用計上していこうとする考え方である。

　2節で学んだように，利益計算にあたっては，売上高と費用を適切に対応させることが必要である。そのため，購入した機械や設備を，買った年だけの費用としてしまうと，翌年以降もその機械や設備が使われるにもかかわらず，翌年以降には，それらの費用が計上されないことになってしまう。また，購入した機械や設備は，年数が経つにつれその価値が減っていく（減価する）と考えることもできる。そこで，例えば，20万円で購入したパソコンであれば，税法上の耐用年数が4年であることから，それを4年間にわたって5万円ずつ費用計上していくのである。

　なお，耐用年数は，税法によって対象となる資産ごとに定められている（例えば，複写機等の事務機器は5年，食料品用製造設備は10年など）。

　また，減価償却の方法には，定額法と定率法がある。パソコンの例のように，毎年同じ金額だけを費用計上するのが定額法，毎年同じ比率で費用計上するのが定率法である。どちらの方法を採用するか，選択の余地があるか等については，資産の種類ごとに税法上で定められている。

　このように減価償却費は，支払いは購入した年に終わっている（キャッシュはすでに出ていっている）にもかかわらず，費用としてはそれ以降の数年にわたって計上されるものである。したがって，費用として計上されていても，実際のキャッシュの支払いはともなわない。このため，減価償却費は，利益とキャッシュフローに違いを生み出す要因の1つとなるのである。

ちょっと一息

第10章 ▶企業活動と企業の社会的責任について学ぶ

要 点

　企業はさまざまな製品やサービスだけでなく，人々に働く場も提供し，なくてはならない存在であるが，他方，企業のなかでも会社（とくに株式会社）は利潤を目指すので，ややもすると法律や倫理，人権を軽視，無視しかねない。過去の話ではなく，今でも毎日のように不祥事が報道されている。

　しかしいったん不祥事が発覚すると，時には存亡の危機に立たされる。とくに自然環境の悪化や人命にかかわる不祥事の場合にはなおさらである。仮に悪意がなかった場合にも，危機管理の対応次第で企業への評価も分かれる。

　金融市場や証券市場においても，新会社法や日本版SOX法が施行されるなど，法律による規制もかけられてきた。日本経団連も企業行動憲章を制定し，企業倫理を遵守するよう呼びかけてきた。

　しかし，不祥事は止まらない。日本を代表する製造業でも品質検査データを改竄するなど「ものづくり日本」「メイドインジャパン」の評価にも暗い影を落としている。

　経営者には，このことの認識と，しっかりした内部統制の構築および法令遵守優先の経営が求められている。ルールを守った上での利潤の追求でないと，社会は会社の存続を許さなくなっている。

Key word

▶四大公害病　▶企業倫理　▶検査データ改竄　▶人権の尊重

▶環境報告書　▶日本版SOX法　▶内部統制

▶公益通報者保護法　▶日本経団連　▶企業行動憲章　▶粉飾決算

▶法令遵守　▶社会的責任　▶我が信条　▶技能実習制度

注目！

1. 企業経営と社会的責任

(1) 会社・企業と社会的責任

　第2章で述べたように，「企業」は，一定の目的のために計画的，継続的に事業活動を行う経済単位（経済主体）であり，「会社」は，企業のなかでも，民間出資の，社団性，法人性，営利性を有する経営組織体のことをいう。会社が「法人性，営利性を有する経営組織体」ということが注目点である。

　「法人性」については，法人とは，法律の規定により「人」としての権利能力を付与された団体のことをいい，自然人と同様に，権利と義務を持っている。

　「営利性」については，会社は，どんなに崇高な経営理念を掲げようとも，あるいは人々にどんなに有用なサービスや製品を提供しようとしても，儲け＝利潤がなければ，存続できない。

　とくに，会社のなかでも数と割合でそのほとんどを占める株式会社は，同業他社との熾烈な競争のなかでより多くの利潤の獲得を目指し生き残ろうとする。このこと自体，問題であるわけではなく，むしろこれが社会の発展の原動力になり，人々に豊かな生活を提供してきた。身の回りを見渡せばわかるように，暮らしを快適に支える製品やサービスの提供は，そのほとんどが株式会社によるものであり，働く場を提供するのもほとんどが株式会社である。

　ところが，利潤の獲得を目指すために，ややもすれば，法律（法令や通達等も含む）違反すれすれ，あるいは法律の隙間をついたり，談合を企てたり，密かに法律に違反したり，法律には抵触しないものの社会の倫理に背いたり，利害関係者を欺いたり，自然環境を破壊したり，地域社会との軋轢を生んだり，等々のことをしかねない。

　1950年代後半から1970年代にわたる高度経済成長期に，地域住民に被害が生じた公害のうち，とくに被害が酷かった産業公害を「四大公害」という。

　平成30年（2018年）2月10日に，水俣病患者の苦しみや祈りを描いた『苦

海浄土　わが水俣病』（講談社，1969 年）で知られる作家・石牟礼道子氏が亡く
なったので，再度「四大公害病」に言及されることが多くなった。再度と書い
たが，福島第一原子力発電所事故のあとでも注目された小説なので，その時に
続いて，ということになるが，すでに刊行から半世紀が経過している。

　四大公害病の１つは，この，有機水銀による水質汚染や底質汚染を原因とし
て，魚類の食物連鎖を通じて人の健康被害が生じた水俣病（1956 年頃から，熊本
県水俣湾で発生），もう１つは，同様の原因と連鎖で人の健康被害が生じた第二
水俣病（新潟水俣病，1964 年頃から，新潟県阿賀野川流域で発生），３つ目は，主に亜
硫酸ガスによる大気汚染を原因とする四日市ぜんそく（1960 年から 1972 年頃ま
で，三重県四日市市で発生），４つ目は，神岡鉱山から流出したカドミウムによる
水質汚染を原因として，米などを通じて人の骨に被害が生じたイタイイタイ病
（1910 年代から 1970 年代前半，富山県神通川流域）がそれである。

　この４大公害以外にも，川崎公害（神奈川県川崎市，大気汚染）やヘドロ公害
（静岡県富士市，田子の浦港）をはじめ，全国至る所で発生してきた。

　これらのなかには，ほぼ環境が改善されつつある田子の浦港のようなところ
もあるし，いまだ最終的な解決には遠いチッソの水俣病（図表10 - 1）や昭和
電工の第二水俣病のような事件もある。

　ちなみにチッソ株式会社は現在，「水俣病被害者の救済及び水俣病問題の解
決に関する特別措置法」（特措法）により，平成 23 年 3 月 31 日に，水俣病補償
業務以外のすべての生産事業を JNC に譲渡し，その株式の 100％を所有する
持株会社のような形になっている（図表10 - 2 参照）[1]。

　その後さまざまな法律上の規制ができているが，石綿（アスベスト）による健
康被害や産業廃棄物の不法投棄，福島第一原発事故のような大規模環境汚染な
ど，今後も注意が必要である。

　企業自身も（関連グループ会社も含めて）国内外で公害を引き起こすようなこと
はしていないか，あるいは児童労働や強制労働など人権に触れるようなことを
していないか，サプライチェーンの過程をきちんと管理できているかなど，常
にチェックしておかなければならない。

さて，実際，会社の不正や不祥事が公になり，そのことがマスコミに報道され，強制捜査や人々の反発を招き，ついには存亡の危機に立たされた事例は数多くある。ルール（法律や倫理，常識も）を守ったうえでの，儲け＝利潤の追求でないと，社会は会社の存続を許さなくなっている。

法律は「人」が守らなくてはならない最低限のルールである。現在のように変化の激しい時代（IT，AI，IoTの時代）には，法律では予想していなかったようなことも往々にして発生する。法律に反した行為は当然，処罰されるが，た

図表 10 − 1　現在の水俣湾埋立地と JNC 株式会社水俣製造所

出所：熊本県水俣市で，筆者撮影。広大な埋立地には大量の水銀汚泥が埋められている。
　　　上の写真は埋立地（エコパーク水俣）の一部。
　　　浚渫区域を含めての処理面積は 2,092,000㎡。中上の建物は国立水俣病情報センター。

図表 10 − 2　チッソ分社化の概念図

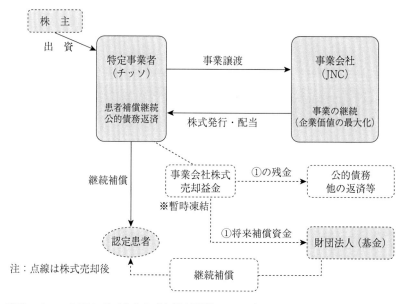

出所：チッソの Web サイト中の「水俣病問題について」による。

とえ法律論では「黒ではない」としても，社会常識から乖離し，倫理に反する
ようであれば，口コミや不買という形で追いつめられる。ネットによる口コミ
は瞬時に伝わり拡散される。

（2）不祥事の事例と評価された事例

　今でも不祥事の典型として語られている事例は，「雪印食品の偽装牛肉事件」
（平成14年）であるが，新聞に報じられたわずか3カ月後に解散に追い込まれ
ている。

　またペコちゃんポコちゃん人形を長年かけてブランドに育ててきた株式会社
不二家は，期限切れ原材料使用が発覚（平成19年）し，社長辞任，本社ビルの
売却，山崎製パン株式会社の子会社化につながってしまった。金銭では換算で
きない莫大な価値を持つブランドが，一瞬のうちに崩れ去ってしまった事例で

もある（図表10－3は，不二家洋菓子店頭のペコちゃん人形。ペコちゃん人形は立体商標。不二家洋菓子店の多くは不二家のフランチャイズ店）。

インドネシアなど東南アジアの工場の劣悪な環境下における低賃金，長時間，児童労働で批判を浴び，不買運動で打撃を受けたのは，アメリカの世界的なスポーツメーカー，ナイキ（Nike, Inc.）である（1997年）。この事例は，委託先工場の労働環境改善や，児童労働等の人権問題に取り組むことの重要性を，ナイキはもちろん多くの企業に再認識させることになった。

危機対応，危機管理の優れた事例として教科書的によく取り上げられるのは，アメリカの多国籍企業ジョンソン・エンド・ジョンソン（Johnson & Johnson）の「タイレノール事件」（1982年9月30日）がある。タイレノールは鎮痛剤の商品名であるが，アメリカで，シアン化合物が混入された薬を服用した7人が突然死亡したという事件である。死亡の事実が発覚後，同社は，考えられるすべての手段を通じて，人々に「タイレノールを一切服用しないこと」という警告を発信し，商品のすべての回収を行った。

このときの指針になったのは，同社の「我が信条（Our Credo）」の第一「顧客への責任（We believe our first responsibility is to the doctors, nurses and patients, to mothers and fathers and all others who use our products and services.）」にあったといわれ，Webサイトの「OUR STORY, Chapter 4, Our Credo in Practice」や日本国内向けサイトの「ジョンソン・エンド・ジョンソン100年史，第28話」，あるいは同社のコンシューマーカンパニーのサイト内「タイレノールものがたり」に書かれている。

ちなみに，第二は従業員への責任，第三は地域社会への責任，第四は株主への責任であり，「会社は株主のもの」という意識の強いアメリカで，株主が四番目，顧客が一番目で

図表10－3　ペコちゃん人形

出所：不二家洋菓子店で，筆者撮影。

あることが注目される。

　同社はこの事件後，異物を混入できない薬のパッケージを作り，同年11月11日に会長自ら会見し，短期間でタイレノールの売上が回復，企業イメージが向上したといわれている。同社には今でも「Our Credo」以外の経営理念や社訓はなく，非常にシンプルである。シンプルこそとっさの指針になり得た好例である。

　ひるがえって，最近の日本企業の事例を考えてみよう。ジョンソン・エンド・ジョンソンが好事例であるとすれば，その反対の悪事例が，エアバッグなど自動車用安全部品を製造するタカタ株式会社の事例である。

　タカタの Web サイトには，事業譲渡完了まで

タカタの願い

企業理念

　私たちの胸には創業者の開拓者精神がある。人間の生命の尊さが私たちを駆りたてる。

　社是

・革新的な製品開発，高品質，すぐれたサービスで顧客満足に徹する。

・多様な個性と文化を尊重し，タカタ人の誇りをもって夢を実現する。

・コミュニティの積極的な一員として，よりよい社会に貢献する。

TAKATA WAY

・じゅうぶんに意志を確認しあう。

・三現主義を貫く。

・とことんやり切る。

（略）

LOGO CONCEPT

（略）

と長文が掲載されていた。

　タカタの発祥は，昭和8年に滋賀県彦根市で，高田武三氏が高田工場を創業したことから始まる。同社の沿革には「織物製造を開始。織物の技術を活かした救命索も製造」とあるように，近江盆地の繊維産業の1社として創業し，織物の技術を生かして救命ロープの製造，やがてシートベルトやエアバッグの製造に乗り出していく。

　その時代の経営者（初代と2代目高田重一郎氏）の思いは，「タカタの願い」にあるように，交通事故の犠牲者がゼロになることにあったと思われる。

　しかしやがて2008年（平成20年）以降，アメリカやマレーシアなどでエアバッグ作動時の金属片飛び散りによる大怪我や死亡事故が続発し，死者は少なくとも17人といわれる。アメリカ議会における公聴会（2014年）に社長が出席せず，当事者意識が欠如していると批判されるなど反感を呼び，かつ，アメリカ運輸省と民事制裁金の支払いで，アメリカ司法省と刑事上の和解金支払いで，合意したものの，結果として同社は平成29年（2017年）6月26日に東京地方裁判所に民事再生法の適用を申請，負債総額1兆7千億円（のちに約1兆823億円に圧縮確定），製造業としては戦後最大の経営破綻をしてしまう。

　タカタは自社のニュースリリースで，中国企業傘下のアメリカ大手部品メーカーKSS（Key Safety Systems, Inc.）に譲渡価格15億8,800万ドルで事業譲渡することで合意し，平成30年（2018年）3月までに取引を完了する見込みと公表している（平成29年11月21日付）[2]。

　いったん不祥事を起こし，その対応が後手後手に回り，人々の非難の的になると，長年築きあげたブランドや暖簾も一瞬のうちに崩れ去ってしまう。

　今日のマーケティングでは，ブランドマーケティングも重要視されているが，不祥事の発覚とその後の不手際は，新聞やテレビ，雑誌の情報のみならず，Web上で瞬時に駆けめぐる。当該企業にとっては，負のPR（public relations, 広報活動），負の口コミ，負のブランドマーケティングとなり，長年築いてきた信用が一挙に崩れ落ちる。

　解散や倒産，そこまでに至らなくても事業活動の停止や縮小は，取引先や従業員，地域社会まで巻き込むことになり，マイナスの影響がきわめて大きい。

　会社が，規模の大小を問わず，社歴の長短を問わず，将来にわたって存続し，発展していくためには，顧客・消費者・利用者，地域社会，株主，利害関係者から，必要とされ歓迎される存在でなければならない。

　ビジネスエシックス（企業倫理 business ethics），コンプライアンス（法令遵守 compliance），CSR（企業の社会的責任 corporate social responsibility）がよく語られるが，会社は自らの社会的責任を自覚し，法律の遵守，社会常識や倫理への配慮はもとより，ステークホルダーへの正確な情報提供，職場環境や自然環境への気配り，地域社会への貢献，さらには芸術文化活動への支援（メセナ）等まで，強く求められている。

　ここでは，「営利性を有する経営組織体」，とくに株式会社を念頭に書いてきたが，それ以外の企業では，不祥事が起こらないわけではない。

　例えば，相互会社である生命保険会社（中間的社団法人）でも保険金不払い事件を起こしたり，政府系金融機関の1つ商工組合中央金庫（商工中金，株式会社化されてはいるものの完全民営化されていない）の不正融資が発覚したり，コメ販売高日本一の JA（秋田おばこ）が不適切会計処理を重ねたり，「会社」以外の企業も不祥事を往々にして引き起こすことがある。

　したがって，ビジネスエシックス，コンプライアンス，CSR については，会社以外の広義の企業においても同様に考える必要がある。企業経営者の強いリーダーシップのもと，言葉や口先だけでない組織全体の自覚と実践が何よりも重要である。

　なお，昨今，経営のグローバル化により，日本の企業が海外で事業展開をすることは珍しくなくなった。国が異なれば当然，適用される法律も，言語，商習慣，倫理観，宗教観，生活観が異なる。これらの点もしっかり認識して海外の事業活動を行うことが必要とされている。

2. なくならない企業の不祥事

図表 10 − 4　日本経団連の企業倫理・企業行動の取り組み（西暦）

1989 年 2 月 「企業倫理に関する懇談会」設置
89 年 4 月 「企業倫理に関する中間報告」発表
91 年 9 月 「経団連企業行動憲章」制定・発表
96 年 12 月 「経団連企業行動憲章」改定・発表，「企業行動憲章実行の手引き」作成
97 年 11 月 「企業行動憲章実行の手引き」（第 2 版）公表
2002 年 9 月 「企業倫理の徹底を求める」送付
02 年 10 月 「企業行動憲章」改定，「企業不祥事防止への取り組み強化について」発表，「企業行動憲章実行の手引き」（第 3 版）公表
03 年 10 月 「第 1 回企業倫理月間」，「企業倫理徹底のお願い」奥田碩メッセージ
04 年 5 月 「企業行動憲章」改定─社会の信頼と共感を得るために─
04 年 6 月 「企業行動憲章実行の手引き」（第 4 版）公表
04 年 9 月 「企業倫理徹底のお願い」奥田碩メッセージ
05 年 9 月 「企業倫理徹底のお願い」奥田碩メッセージ
06 年 6 月 「企業倫理徹底のお願い」御手洗冨士夫メッセージ
06 年 9 月 「企業倫理徹底のお願い」御手洗冨士夫メッセージ
07 年 4 月 「企業行動憲章実行の手引き」（第 5 版）公表
07 年 9 月 「企業倫理徹底のお願い」御手洗冨士夫メッセージ
08 年 9 月 「企業倫理徹底のお願い」御手洗冨士夫メッセージ
09 年 9 月 「企業倫理徹底のお願い」御手洗冨士夫メッセージ
10 年 9 月 「企業倫理徹底のお願い」米倉弘昌メッセージ
10 年 9 月 「企業行動憲章」改定─社会の信頼と共感を得るために─
10 年 9 月 「企業行動憲章実行の手引き」（第 6 版）公表
11 年 9 月 「企業倫理徹底のお願い」米倉弘昌メッセージ
12 年 9 月 「企業倫理徹底のお願い」米倉弘昌メッセージ
13 年 9 月 「企業倫理徹底のお願い」米倉弘昌メッセージ
14 年 9 月 「企業倫理徹底のお願い」榊原定征メッセージ
15 年 9 月 「企業倫理徹底のお願い」榊原定征メッセージ
16 年 9 月 「企業倫理徹底のお願い」榊原定征メッセージ
17 年 11 月 「企業行動憲章」改定─持続可能な社会の実現のために─
17 年 11 月 「企業行動憲章実行の手引き」（第 7 版）公表

出所：日本経団連 Web サイトをもとに作成（2020 年末現在）。会長は 2021 年 6 月 1 日から十倉雅和氏（住友化学会長）が就任。

（1）日本経団連と企業行動憲章

　日本を代表する経済団体に，日本経団連（一般社団法人日本経済団体連合会）がある。かつて経済 4 団体といわれたうちの 2 団体，経団連と日経連が，平成 14 年 5 月に統合して発足した総合経済団体であり，図表 10 − 4 は，その「日本経団連の企業倫理・企業行動の取り組み」である[(3)]。

　これを一覧すると，平成元年 2 月には「企業倫理に関する懇談会」が設置され，3 年 9 月に「経団連企業行動憲章」が作られている。その後も，「同憲章改訂」「同実行の手引き」(8 年 12 月)，「同実行の手引き，第 2 版」(9 年 11 月)，「同憲章改訂」「同実行の手引き，第 3 版」(14 年 10 月)，「同憲章改訂」(16 年 5 月)，「同実行の手引き，第 4 版」(16 年 6 月)，「同実行の手引き，第 5 版」(19 年 4 月) 等々が公表され，また 15 年 10 月から毎年 10 月を「企業倫理月間」とし，都合 15 度にわたる会長のメッセージ「企業倫理徹底のお願い」が出されている。

　平成 28 年 9 月の「企業倫理徹底のお願い」(榊原定征会長) では，冒頭で「経団連では，毎年 10 月を企業倫理月間と定め，会員各位に企業倫理の徹底をお願いしています。企業は，社会からの信頼に支えられて初めて存続できるものであり，経営者には高い倫理観をもって社会的責任を果たしていくことが強く求められます」と述べられている。

　日本経団連のこれらの取り組みは，(会員企業向けであるが) 不祥事や事件が起こる前に，日本経団連が率先して企業倫理を遵守するよう促しているのではなく，逆に，多くの不祥事や事件が先行してしまい，企業倫理がなかなか徹底されない現れであり，資本の論理と企業倫理の両立がいかに難しいかを物語っているといえる。

　なお，平成 29 年 (2017 年) 11 月の「企業行動憲章」改定については，後述する。

段組み

（2）不祥事の頻発と倫理観の欠如

図表 10 − 5　リクルート事件以降の主な不祥事（約 10 年間，カッコ内は発覚年月。西暦）

リクルート，リクルート事件（1988 年 6 月）

野村，山一など 4 大証券，巨額損失補填（91 年 6 月）

日本住宅金融ほか，住専問題（96 年 1 月）

山一證券，虚偽記載（97 年 11 月）

日本債券信用銀行，粉飾決算（99 年 7 月）

雪印乳業，集団食中毒（2000 年 6 月）

三菱自動車工業，リコール隠し（00 年 7 月）

雪印食品，偽装牛肉（02 年 1 月）

丸紅畜産，偽装鶏肉（02 年 3 月）

全農チキンフーズ，偽装鶏肉（02 年 3 月）

協和香料化学，無認可添加物使用（02 年 5 月）

日本ハム，国産牛肉偽装（02 年 7 月）

日本信販，総会屋利益供与（02 年 11 月）

ダスキン（掃除用品レンタル），巨額不正支出（03 年 6 月）

西武鉄道，総会屋利益供与（04 年 3 月）

三菱トラック・バス，リコール隠し（04 年 3 月）

西武鉄道，有価証券報告書虚偽記載とインサイダー取引（04 年 6 月）

横河ブリッジ，三菱重工ほか，鋼鉄製橋梁談合（04 年 10 月）

三井物産，ディーゼルエンジン粒状物質除去装置データ捏造（04 年 11 月）

カネボウ，粉飾決算（05 年 4 月）

伊藤ハム，豚肉関税不正（05 年 6 月）

中央青山監査法人，不正監査（05 年 9 月）

ライブドア，証券取引法違反（06 年 1 月）

神戸製鋼，煤煙データ改竄（06 年 5 月）

不二家（洋菓子），期限切れ原材料使用（07 年 1 月）

赤福（和菓子），製造日偽装（07 年 10 月）

船場吉兆（料亭），食品偽装，使い回し（07 年 10 月）

ミートホープ，食肉偽装（08 年 1 月）

JR 東海パッセンジャーズ，消費期限偽装（08 年 2 月）

三笠フーズ，非食用汚染米の食用転売（08 年 9 月）

出所：海野博ほか編著『はじめて学ぶ経営学』玉川大学出版部，2009 年，p.192。

　図表 10 − 5 は，贈収賄事件として政財界を巻き込んだリクルート事件以降，バブル崩壊後の巨額損失補填事件など約 10 年の不祥事を一覧でまとめたものである(4)。不祥事の事例があまりにも多すぎるために一部のみ掲載した。

　旧聞になるが，1980 年代は，日本でいわゆるバブルといわれる好景気が続いており，日経平均株価が最高値 38,915.37 円をつけたのは，1989 年（平成元年）12 月 29 日のことであった。

　その頃，89 年（平成元年）にソニーがアメリカのコロンビア・ピクチャーズエンタテインメント・インクを買収，90 年（平成 2 年）には三菱地所がロックフェラービル，松下電器産業が MCA を買収するなど，日本企業による海外企業や動産・不動産の買収が続いた。アメリカでは，ジャパンマネー脅威論が語られる程であったが，バブルで沸いた日本では，「企業倫理」という発想はまだまだ希薄であった。

　経済界の意識を変えるきっかけになったのは，88 年（昭和 63 年）のリクルート事件や，91 年（平成 3 年）の野村證券，山一證券など 4 大証券会社による巨額損失補填事件などの頻発する不祥事であった。

　すでに述べたが，これらを契機として，当時の経団連（現在の日本経団連）は，「企業倫理に関する懇談会」を設置（平成元年 2 月），「企業倫理に関する中間報告」を発表（平成元年 4 月），さらに「経団連企業行動憲章」を制定する（平成 3 年 9 月）。その後も，「経団連企業行動憲章」が 5 回改訂され，「実行の手引き」が 7 版まで出されている（図表 10 − 4）。これら日本経団連の呼びかけは，空文化，形骸化という批判があるものの，今ではかなり多くの企業で，自社の「企業倫理」「社会的責任」「企業行動指針」等を策定し，Web サイト等で公表するようになっている。

（3）それでも頻発する不祥事

　現在でも，毎日のように，企業の不祥事が報道されている。平成 29 年（2017 年）後半以降約半年の間に限っても，

　29 年 9 月，日産自動車が国内 6 工場で社内の認定を受けていない従業員が

完成検査を行っていた，

　10月，神戸製鋼所が，顧客が求める品質基準を満たしていない部品を出荷していた，

　10月，SUBARU（スバル）が完成検査員の資格を持たない従業員が検査工程に携わっていた，

　11月，三菱マテリアルの子会社3社で，品質検査データを改竄（かいざん）する不正が発覚した，

　11月，東レ子会社の東レハイブリッドコードで製品データの改竄があった，

　30年2月，川崎重工業で新幹線台車用鋼材の不備（のぞみ亀裂）が発覚した，

などは，報道された事例の一部であるが，いずれも製造業における不祥事の発覚で，日本の製造業のイメージダウンにつながりかねない深刻な事態になった。

　なかでも，株式会社神戸製鋼所は，さまざまな製品に使われる素材（川上）を作っている企業であるので，その与える影響は大きい。平成30年3月6日の最終報告書によると，総計605社に不適切な製品が出荷されていたという。

　実は，同社は，この時だけでなく昔から不祥事を起こしてきた。再度，図表10－5を見てみよう。

　このなかには，神戸製鋼所の，平成18年，煤煙データ改竄事件が入っている。これ以外にも，平成11年，総会屋への利益供与事件，21年，政治資金規正法違反事件，28年，試験値改竄事件があり，不祥事のオンパレードである。

　加えて，平成29年（2017年）11月27日に日本経団連の榊原定征会長（当時）が，神戸製鋼所に続いて，三菱マテリアルの子会社でも製品の検査データを改竄していた問題について，「日本の企業，特に製造業に対する信頼にも影響を及ぼしかねない」と語ったあと，翌28日に会長出身企業・東レ（当時・相談役）の子会社が検査データを書き換えたことが発覚し，29日に急遽，お詫びの会見をすることになった[(5)]。

　図表10－5に見られるように，その当時も，菓子類の賞味期限や消費期限の改竄，ウナギ，フグ，鶏肉，米，野菜などの産地偽装，低等級牛肉のブランド和牛偽装，漂白剤まで使用した偽装ミンチ，非食用汚染米の食用転売などな

ど，人々の食や命の安全を脅かすような事件が頻発していた。

　経営者（時には従業員も）に遵法精神やモラルがあるのか，社会的責任の自覚があるのかなど，きわめて初歩的，しかし根本的な問題が問われてきた。

★　本稿第 3 版執筆時には，下記の事例が報じられた。

＊「不正拡大，問われるトヨタ流，ダイハツに続き織機でも」『朝日新聞』2024 年 1 月 30 日付。「ダイハツなど不正 3 社で認証の工程整理，トヨタ会長」『日本経済新聞』2024 年 2 月 11 日付。「豊田自動織機に是正命令へ…エンジン性能試験の不正，エンジンの「型式指定」取り消す方針」『読売新聞』2024 年 2 月 20 日付。

＊日産については，次の情けないニュースが報じられている。

「日産自動車に下請法違反で勧告，30 億円不当減額　公取委」『日本経済新聞』2024 年 3 月 8 日付。

＊紅麹サプリ事件「紅麹被害，把握から公表まで 2 か月超…対応後手の小林製薬」『読売新聞』2024 年 3 月 27 日付。

（4）改定された日本経団連「企業行動憲章」

　すでに述べたように，日本経団連の「企業行動憲章」は，平成 29 年（2017 年）11 月に改定された（図表 10 - 6）。

図表 10 - 6　日本経団連の企業行動憲章（第 5 回改定）

企業行動憲章 ― 持続可能な社会の実現のために ―　　　　　　　一般社団法人 日本経済団体連合会 　　　　　　　　　　　　　　　　　　　　　　　　　1991 年 9 月 14 日　　制定 　　　　　　　　　　　　　　　　　　　　　　　　　2017 年 11 月 8 日　　第 5 回改定   　企業は，公正かつ自由な競争の下，社会に有用な付加価値および雇用の創出と自律的で責任ある行動を通じて，持続可能な社会の実現を牽引する役割を担う。そのため企業は，国の内外において次の 10 原則に基づき，関係法令，国際ルールおよびその精神を遵守しつつ，高い倫理観をもって社会的責任を果たしていく。

（持続可能な経済成長と社会的課題の解決）
1．イノベーションを通じて社会に有用で安全な商品・サービスを開発，提供し，持続可能
　　な経済成長と社会的課題の解決を図る。

（公正な事業慣行）
2．公正かつ自由な競争ならびに適正な取引，責任ある調達を行う。また，政治，行政との
　　健全な関係を保つ。

（公正な情報開示，ステークホルダーとの建設的対話）
3．企業情報を積極的，効果的かつ公正に開示し，企業をとりまく幅広いステークホルダー
　　と建設的な対話を行い，企業価値の向上を図る。

（人権の尊重）
4．すべての人々の人権を尊重する経営を行う。

（消費者・顧客との信頼関係）
5．消費者・顧客に対して，商品・サービスに関する適切な情報提供，誠実なコミュニケー
　　ションを行い，満足と信頼を獲得する。

（働き方の改革，職場環境の充実）
6．従業員の能力を高め，多様性，人格，個性を尊重する働き方を実現する。また，健康と
　　安全に配慮した働きやすい職場環境を整備する。

（環境問題への取り組み）
7．環境問題への取り組みは人類共通の課題であり，企業の存在と活動に必須の要件とし
　　て，主体的に行動する。

（社会参画と発展への貢献）
8．「良き企業市民」として，積極的に社会に参画し，その発展に貢献する。

（危機管理の徹底）
9．市民生活や企業活動に脅威を与える反社会的勢力の行動やテロ，サイバー攻撃，自然災
　　害等に備え，組織的な危機管理を徹底する。

（経営トップの役割と本憲章の徹底）
10．経営トップは，本憲章の精神の実現が自らの役割であることを認識して経営にあたり，
　　実効あるガバナンスを構築して社内，グループ企業に周知徹底を図る。あわせてサプラ
　　イチェーンにも本憲章の精神に基づく行動を促す。また，本憲章の精神に反し社会から
　　の信頼を失うような事態が発生した時には，経営トップが率先して問題解決，原因究
　　明，再発防止等に努め，その責任を果たす。

出所：日本経団連の Web サイトによる。

　その背景については，日本経団連の Web サイトに書かれているが，ここで
は，「国際社会では，企業も社会の一員として，法令遵守を超えた社会的課題
の解決に向けた積極的な取り組みが求められるようになっている。例えば，人
権問題においては，2011 年の国連人権理事会における〈ビジネスと人権に関
する指導原則〉や，〈OECD 多国籍企業行動指針〉といった国際規範におい
て，企業が人権を尊重する責任を負うことを明示して具体的なアクションを促
している。」という点に注目しておきたい。

　この「ビジネスと人権に関する指導原則」「OECD 多国籍企業行動指針」以
外にも，社会的責任にかかわる国際的規格 ISO26000 のことがある。この規格
は認証規格ではなくガイダンスの規格（Guidance on Social Responsibility）であり，
また企業の社会的責任ではなく，社会的責任である（つまり企業の枠を超えてい
る）ことにも留意が必要である。

　この規格には，①説明責任　②透明性　③倫理的な行動　④ステークホル
ダーの利害の尊重　⑤法の支配の尊重　⑥国際行動規範の尊重　⑦人権の尊
重，の 7 つの原則が提示されている。

　また，2015 年 3 月にイギリスで制定された現代の奴隷制を防止する法律で
ある「Modern Slavery Act 2015（現代奴隷法）」や，同年 9 月に国連で採択され
た持続可能な開発目標（Sustainable Development Goals：SDGs）も加わる。SDGs（エ
ス・ディー・ジーズ）とは，貧困や不平等，気候変動などの社会課題や環境問題
を解決し，2030 年までに持続可能な世界を実現するという世界共通の目標の
ことである[6]。2017 年には，フランスやオランダでもイギリスの現代奴隷法
と同様の法律が成立している。

　こういったことをしっかり認識したうえで，各企業の報告書を見ると，トッ
プの見識の高い企業ほど，サプライチェーンの長い企業ほど，あるいはグロー
バルに事業展開している企業ほど，取り組みの熱心さを知ることができる。

　まず，環境レポートは，環境省の環境報告ガイドラインに沿って書かれるこ
とが多く，そのガイドラインには，環境報告書を「事業活動における環境配慮
の方針，目標，取組内容・実績及びそのための組織体制・システム等，自らの

事業活動に伴う環境負荷の状況及び事業活動における環境配慮の取組状況を，環境報告書の一般的報告原則に則り総合的・体系的に取りまとめ，これを広く社会に対して定期的に公表・報告するもの」と定義している。

　環境レポートは，1995年頃から，とくに2000年以降に多くの企業で発行されてきており，やがて，企業によっては「社会・環境報告書」，企業の社会的責任（CSR）にもとづく取り組みの成果を公表する「CSR報告書」，社会や経済分野まで記載した「サステナビリティ（持続可能性）報告書」などの名称でのレポートも公表されている。

　例えば，大日本印刷株式会社（DNP）では，CSR報告書と環境報告書の両方を発行し，環境については，CSR報告書にも入れているが，環境報告書で詳しく述べられている。

　株式会社資生堂は，以前は環境報告書で，やがてCSRレポートで，そして平成20年からはWebサイトの「サステナビリティ」で公表している。

　株式会社ユニクロ（株式会社ファーストリテイリングの100％子会社）は従来のCSRレポートから，平成29年にサステナビリティレポートに変わった。

　第1章でも「もう隠しません。ユニクロが工場リスト公開」という『日経ビジネス』の記事を紹介したが，ユニクロの場合，一般的にアパレルのサプライチェーン上のリスク，すなわち人権課題である「児童労働」が世界的に大きな問題になっているので，ユニクロが製造委託している工場はどこか，そこでは労働条件が不当に劣悪ではないか，児童労働を見過ごしてはいないか等を透明にするためにも，それらを明らかにしたサステナビリティレポートの公表が求められている。

　それではもう一度，資生堂のWebサイトの「サステナビリティ」をみてみよう。

　Clean Environmentの「3. サステナブルで責任ある調達に注力します。」をクリックして進んでいくと，原料のパーム油については「2010年にRSPO（持続可能なパーム油のための円卓会議）に加盟」したこと，マイカ（雲母）については「2017年5月にRMI（Responsible Mica Initiative）に加盟」したこと，等が書かれ

ている。

　消費者が何気なく使っている化粧品の原料であるパーム油やマイカの生産・採掘に児童労働や強制労働の疑いがもたれており，原料を調達する企業には，すでに述べた英国現代奴隷法や国連の SDGs への対応のためにも率先してその疑いを排除することが求められている。なお，同社は，2020 年 11 月に，「第 2 回 日経 SDGs 経営大賞　社会価値賞」を受賞している。

　本章で紹介できる企業は限られているので，いろいろな企業の Web サイトから CSR について調べてみよう[7]。CSR は今では投資家が投資をするべきかどうかの重要な判断材料にもなっている。

（5）日本における人権問題

　奴隷労働についてはすでに触れたが，それでは足下の日本では，「奴隷労働」のようなことは行われていないだろうか。あまり関心を持たれていないが，外国人の技能実習の適正な実施及び技能実習生の保護に関する法律（技能実習法）が平成 28 年（2016 年）11 月 28 日に公布，平成 29 年（2017 年）11 月 1 日に施行されている。

　技能実習制度は，これまでは「出入国管理及び難民認定法」（入管法）とその省令を根拠法令として実施されてきたが，今ではこの技能実習法とその関連法令にもとづいている。

　しかし，技能実習生の「制度は，途上国の人材育成に貢献する目的で 1993 年に導入。実習生は今年 6 月末現在，25 万人以上おり，中国やベトナム出身者が多い。主に農業や製造業，建設業などの技術職場が受け入れ先となるが，近年，過酷な実習（労働）環境による失踪者が多発している。失踪を防ぐ目的で，事業所がパスポートを取り上げる人権侵害も目立つ。実習生に対し，違法な長時間労働や賃金不払いなどの労働関係法令違反は昨年，約 4 千件に上った。[8]」と指摘されている。

　なお，技能実習の職種・作業の範囲については，令和 5 年（2023 年）10 月現

在で，農業関係（2職種6作業），漁業関係（2職種10作業），建設関係（22職種33作業），食品製造関係（11職種18作業），繊維・衣服関係（13職種22作業），機械・金属関係（17職種34作業），その他（21職種38作業），社内検定型（2職種4作業）で，合計，90職種165作業となっている⁽⁹⁾。

このうちの1職種1作業は介護であり，平成29年（2017年）11月に追加された。さらに加えて，コンビニ業界から新たな職種に，コンビニの運営業務を加えるよう要望されている（コンビニ大手3社だけでも，外国人従業員の数はすでに4万人以上にのぼっている）。

移民を表向き認めていない日本で，人口減，高齢社会，人手不足下の1つの便法としてこの技能実習生制度が使われている側面があり，小手先でない全面的な解決策が必要とされている。

3．求められるウソのない経営と品格のある経営者

（1）有価証券報告書虚偽記載事件と日本版 SOX 法

再び，図表10－5「企業の主な不祥事」を見てみよう。「西武鉄道，有価証券報告書虚偽記載（平成16年6月）」「カネボウ，粉飾決算（平成17年4月）」「中央青山監査法人，不正監査（平成17年9月）」に注目しよう。

これらの事件の詳細については触れないが，「有価証券報告書虚偽記載」や「粉飾決算」は，投資家が投資すべきか否かを判断する基本データそのものが虚偽であったことになる。その上，カネボウの粉飾決算には大手の監査法人・中央青山監査法人所属の公認会計士が関与していた。これでは日本の株式制度の仕組みそのものが成り立たない。この事件を契機として，西武鉄道は株式市場から退場，カネボウも上場廃止，中央青山監査法人は解散している。

☆西武鉄道株式会社は，平成16年（2004年）12月17日に上場廃止。平成26年（2014年）4月23日に株式会社西武ホールディングスとして，東京証券取引

所第 1 部に再上場した。西武鉄道は西武 HD の完全子会社で非上場。

　カネボウ株式会社については，第 1 章注（4）を参照のこと。嶋田賢三郎
『巨額粉飾』（新潮文庫，2011 年）はこのカネボウをモデルにした小説である。

　さらにこれらの事件をきっかけとして，平成 18 年（2006 年）6 月 7 日に，金
融証券取引法（正確には「証券取引法等の一部を改正する法律」およびその整備法）が
成立，平成 19 年（2007 年）9 月 30 日に施行されている（法律名を金融商品取引法
と改題）。この法律を（とくに，この法律のうちの，新たに義務付けられた内部統制報告
書の提出に関する部分についてのみを指して）日本版 SOX 法あるいは J-SOX 法とい
うが，それはもともとのアメリカ SOX 法（Sarbanes-Oxley act，正式名称は Public
Company Accounting Reform and Investor Protection Act of 2002）が，総合エネルギー
取引会社のエンロン（Enron Corp.，2001 年破綻）と，それに続く通信事業大手の
ワールドコム（Worldcom，2002 年破綻）の，巨額粉飾事件等を契機に制定された
法律（2002 年）であり，その影響を受けて日本で制定された法律だからである。
　この法律の施行により，上場会社と連結子会社を対象に，平成 20 年（2008
年）4 月 1 日以後に開始する事業年度から，適用となった。対象会社には，有
価証券報告書とあわせて，有価証券報告書記載内容の確認書，内部統制報告
書，内部統制報告書の監査証明の提出が義務づけられた。
　これら書類の作成は，上場会社と連結子会社の経営者にとって，きわめて大
きな負担となるが，金融市場や証券市場の信頼性や透明性を高めるため，法律
による規制がかけられることになったわけである。
　なお，これらの書類は，各企業の Web サイトや金融庁の EDINET（http://
disclosure.edinet-fsa.go.jp/）で見ることができる。

（2）　内部統制の構築と法令遵守優先の経営

　「内部統制報告書」の内部統制とは，コンプライアンス（compliance）の確実
な実現のために，経営者が，組織内部で違法行為や不正行為なしに業務を遂行
できるよう，社内組織を統制していく仕組みのことをいう。

　内部統制という用語そのものが堅苦しいが，英語では Internal Control のことであり，会社の「内部」で起こりうるリスク（危険度）をコントロール（統制）すること，ととらえると分かりやすい。

　またコンプライアンスも「法令遵守」と訳されることがほとんどであるが，法令のみならず，社内の規程やルール，社内外の倫理，一般常識なども含んだことの遵守，ととらえる方が正確である。

　この内部統制を要求する法律には，既述の新会社法（平成18年5月施行）と上述の金融商品取引法（平成19年9月施行）の2つがある。

　会社法では，委員会設置会社だけでなく，委員会設置会社でない大会社（資本金5億円以上もしくは負債総額200億円以上）にも，内部統制システムの整備・構築が義務化された（第362条4項，5項，第416条1項）。金融商品取引法では，全上場会社およびその連結子会社が対象になり，財務報告に関しての内部統制が義務づけられた。

　この2つの法律はそれぞれ立法の経緯が異なり，会社法が定める内部統制は取締役が健全な会社経営のために果たすべき善管注意義務・忠実義務が，金融商品取引法が定める内部統制は証券市場への投資家の信頼確保が，ベースにある。

　「会社法が会社経営の健全性確保やコーポレートガバナンス・コンプライアンス体制の強化といったマクロの視点からアプローチしているのに対し，金融商品取引法は，財務報告の適正性という，より限定的で実務的な視点に立ったもの[10]」といえる。

　なお，平成26年の会社法改正において，子会社の内部統制システムの構築にかかわる親会社の義務について，親会社監査役への情報集約の報告体制等の整備（会社法施行規則第100条3項4号ロ・5号等）と内部統制の運用状況の事業報告への記載が求められることになり（会社法施行規則第118条2号等），すべての「大会社」の取締役会は，当該株式会社とその子会社からなる企業集団の業務の適正を確保するための体制（内部統制）の基本方針を決定する義務を負うことになっている（会社法第346条4項6号，会社法施行規則第100条1項5号等）。

　この 2 つの法律施行の他方で，内部告発者に対する不利益な取り扱いを無効
とする公益通報者保護法が，平成 18 年（2006 年）4 月 1 日から施行されている。
　「雪印食品の偽装牛肉事件」は西宮冷蔵株式会社（兵庫県西宮市の冷凍・冷蔵倉
庫会社）の告発により表面化したが，それ以外の不祥事は，従業員など内部関
係者によるものが多かったことによる。内部関係者の告発は，えてして，告発
者自身が，減給，降格，異動，解雇などの不利益を被る可能性が高く，よほど
の覚悟がない限り，内部告発に踏み切れないからである。
　「裏切り」「密告」のような暗いイメージがあった内部告発が，この法律によ
り形の上では「公益のための通報行為」となったが，それでもこの法律が十分
機能してきたとは言い難い。
　そこで，通報者が嫌がらせなどの不利益を被らないよう，法律で守る対象を
従業員から「役員」「退職者」に広げること，内部通報者を報復的に解雇した
り異動させたりした企業に行政措置や刑事罰を科すことなどを含む改正法が令
和 2 年（2020 年）6 月に成立した[11]。
　不正を放置すればするほど，発覚したあとに企業が受ける損害や取引先の被
害は大きくなるので，不正を告発しやすい環境をつくり，早めに不正の目を摘
んだ方が企業自身のためになるというわけである。
　経営者は，自らを律するとともに，内部告発を後ろ向きにとらえるのではな
く，むしろ社内に不正があった場合には直接，経営者に通報できる制度を作っ
たり，社内外のクレームを積極的に受け入れて，風通しの良い内部統制システ
ムを構築することを考えるべきであろう。内部統制システムの強化は，ステー
クホルダーによる高い評価につながり，結果的に（上場株式であれば）株価や時
価総額，そして企業価値を向上させることにつながる。
　とはいうものの，平成 27 年（2015 年）7 月には，株式会社東芝の粉飾決算問
題が証券取引等監視委員会への内部告発により発覚した。マスコミ報道では，
「不適切会計」と書かれることが多かったが，過去 7 年間で約 2,300 億円とい
う巨額の粉飾決算であった。

　このことは，上述したJ-SOX法は法律の趣旨にもとづいて有効に機能してきたのか，企業側の内部統制は形式的なものでしかなかったのではないか，監査法人は適切な監査ができていなかったのではないか，発覚後の証券取引等監視委員会や東京証券取引所の対応は適切であったか，などあまりにも多くの課題が残されたままである。

　上場審査や上場管理などを担う日本取引所自主規制法人（株式会社日本取引所グループの子会社，金融商品取引法にもとづく法人）は，平成30年（2018年）2月21日に上場企業向けに不祥事を未然に防ぐための指針案（上場会社における不祥事対応のプリンシプル）を公表している。

　平成29年（2017年）10月12日に東芝を上場廃止にしない（特設注意市場銘柄の指定解除，監理銘柄の指定解除）判断を下したのは，この日本取引所自主規制法人であるが，巨大家電メーカーであった東芝は，平成30年4月現在，東証2部，名証2部に上場維持されてはいるものの，半世紀続いてきた国民的テレビアニメ「サザエさん」の提供は3月25日の放送で終了した。ちなみに，新スポンサーは，アマゾンジャパン合同会社，株式会社西松屋チェーン，大和ハウス工業株式会社になった。「昭和」「平成」が終わる時代の流れを感じさせた。

☆なお，株式会社東芝は，2020年4月3日に，東証1部，名証1部への復帰を申請（1部銘柄への指定申請），2021年1月29日，東証1部，名証1部に復帰。
★　さらに，2023年12月20日，東証プライム市場，名証プレミア市場，上場廃止。

「内部統制は形だけで，儲けを優先」「法令遵守はそこそこに，利益を優先」「赤字は隠蔽して，先送り」という考えはすでに通用しない。時代は，内部統制の構築と法令遵守優先の経営を要求している。

【*Review exercise*】

1. 最近，報道された企業の不祥事を1つ取り上げて，何が問題だったのか，未然に防ぐことはできなかったのか，このことについてレポートにまとめなさい。
2. 関心ある会社の「企業倫理」「人権」の考え方を調べ，同業他社の考え方と比較研究しなさい。
3. 「愛社精神があれば，不正があっても見て見ぬふりをすべきだ」という考えに説得力ある反論をしてみなさい。

考えてみよう！

【注】

(1) ＊「チッソ〈水俣病救済は終了〉社長発言，環境相は否定」『中日新聞』2018年5月1日付。

チッソの社長の発言は，JNC の上場が水俣病特別措置法による救済終了が条件となっていることからなされたものであるが，現在でも，熊本，鹿児島両県で約1,900人が患者認定を申請中といわれており，救済終了にはほど遠い。

(2) TAKATA コーポレートサイトには，「タカタ株式会社は2018年4月10日をもちまして，エアバッグインフレータのリコール品回収・廃棄事業を除く，全ての事業並びに資産を Joyson Safety Systems Japan 株式会社に譲渡いたしました」と書かれており，この日をもって，従来のタカタの Web サイトは閉鎖された。

KSS は，タカタからの事業買収が完了したのにともない，社名を Joyson Safety Systems に変更している。

☆なお，その後 JSSJ は，「法令で定める強度を満たしていないシートベルトを自動車メーカーに供給していたことが分かった。国土交通省によると社内検査でデータを改ざんして出荷していた。」(『日本経済新聞』2020年10月14日付) と報じられている。

(3) 日本経団連の Web サイトによる。経団連と日経連の合併以前も含む。

(4) 齋藤憲監修『企業不祥事事典』紀伊國屋書店，2007年，その他を参照した。

(5) ＊「経団連会長，三菱マのデータ改ざん，極めて残念」『日本経済新聞』2017年11月27日付。

＊「不正ドミノ，経団連会長の東レにも」同，2017 年 11 月 28 日付。

＊「経団連会長，東レ不正問題，心からおわび，信頼回復に全力」同，2017 年 11 月
29 日付。

東レは，ユニクロの冬の人気商品ヒートテック（機能性下着）を，ファーストリテイ
リングと繊維から生地まで共同開発している。

なお，神戸製鋼所の製品検査データ改竄については，東京地検特捜部と警視庁が不正
競争防止法違反などの容疑で捜査を始めたことが伝えられている（『読売新聞』2018 年
4 月 26 日付）。

☆その後，「不正競争防止法違反（虚偽表示）の罪に問われた神戸製鋼所（神戸市中央
区）に，立川簡裁（八木正一裁判官）は 13 日，求刑通り罰金 1 億円の判決を言い渡し
た。」（『神戸新聞』2019 年 3 月 13 日付）。

（6）上記文中の「ビジネスと人権に関する指導原則」と「持続可能な開発目標（SDGs）」
は，国際連合広報センターの Web サイト（http://www.unic.or.jp/）で日本語で読むこ
とができる。OECD 多国籍企業行動指針 は，外務省の Web サイト（http://www.
mofa.go.jp/）で，日本語仮訳で読むことができる。また，日本の「ビジネスと人権に
関する国別行動計画策定」については，外務省の Web サイトに「現在，国別行動計画の
作成に向けて，企業活動における人権保護に関する我が国の法制度や取組についての現
状を確認するため，関係府省庁で連携し，ベースラインスタディの実施に着手している
ところです。」と書かれている（平成 30 年 2 月 15 日付）。イギリスの現代奴隷法は，も
ちろん英文であるが，http://www.legislation.gov.uk/ukpga/2015/30/contents/enacted
で全文を読むことができる。

☆現在の奴隷や児童労働については次の記事も参照されたい。

＊「"現代奴隷制"の被害 4,000 万人　サプライチェーンの人権配慮必須に」『日経ビジ
ネス』2020 年 11 月 9 日号。

（7）CSR 報告書については，CSR 図書館 .net（http://csr-toshokan.net/）で検索できる。
また，日本経団連の関連団体・企業市民協議会（公益社団法人）の Web サイトに，
「CSR 実態調査」結果と別冊「CSR 実態調査事例集」が掲載されている。

東洋経済新報社から『CSR 企業総覧』が年 1 回，発行されている。2020 年版によると，
トップ 10 社は，KDDI，NTT ドコモ，日本電信電話，花王，富士フイルム HD，セブ
ン＆アイ HD，JT，コマツ，富士ゼロックス，旭化成，と続いている。

（8）「外国人技能実習新法，安い労働力確保やめよ」『沖縄タイムス』「社説」2017 年 11 月

3 日付。

☆ NHK　ETV 特集　「調査ドキュメント〜外国人技能実習制度を追う〜」2020 年 10月 17 日放送も，あわせて参照（視聴）されたい。

（9）この職種と作業については，厚生労働省の Web サイトに掲載されている。

☆令和 5 年（2023 年）10 月現在，90 職種，165 作業。

入国後 1 年目の技能等を修得する活動を第 1 号技能実習，2，3 年目の技能等に習熟するための活動を第 2 号技能実習，4，5 年目の技能等に熟達する活動を第 3 号技能実習という。

★　なお，「技能実習に代わる育成就労創設に向けた政府方針決定…転籍制限 1 〜 2 年に緩和」が報じられている。『読売新聞』2024 年 2 月 9 日付。

（10）杉山浩一『最新日本版 SOX 法の対策と実務がよくわかる本』秀和システム，2007 年，p.25。

☆なお，令和 2 年（2020 年）12 月 4 日付新聞各紙は，「ドン・キホーテ HD に対する株式公開買い付け（TOB）などを巡り，TOB 公表前に同社株の購入を知人男性に勧めたとして，東京地検特捜部は 3 日，ドンキ HD 前社長を金融商品取引法違反（取引推奨）容疑で逮捕した。」と報じている。

ドン・キホーテは，創業者の安田隆夫氏が一代で東証 1 部の大企業に成長させた企業であるが，後を継いだ経営者の企業倫理がきわめてお粗末であったことを露呈させてしまった。

（11）＊「内部通報保護，役員・退職者も，消費者庁，対象を拡大，不正の放置防ぐ」『日本経済新聞』2017 年 12 月 24 日付。

＊「内部通報者の保護厚く，企業の報復防止へ罰則」同，2018 年 2 月 13 日付。

改正公益通報者保護法は，令和 2 年（2020 年）6 月に成立，公布されている。施行日は令和 4 年 6 月 1 日。

☆なお，文中の西宮冷蔵株式会社は勇気ある告発後，悲惨な経過をたどってきたが，この公益通報者保護法では保護の対象外となっている（保護の対象は労働者）。

同社については，ドキュメンタリー映画『ハダカの城』や，「平成という時代　第 4 部伝える／ 3　大企業告発，悔いなし」（『毎日新聞』2019 年 3 月 26 日付），等を参照されたい。

【勉強を深めるために参考となる文献】

齋藤憲監修『企業不祥事事典』紀伊國屋書店，2007年。

帝国データバンク情報部『あの会社はこうして潰れた』日本経済新聞社，2017年。

箱田順哉ほか『これですべてがわかる内部統制の実務（第6版）』中央経済社，2024年。

樋口晴彦『続・なぜ，企業は不祥事を繰り返すのか』日刊工業新聞社，2017年。

結城智里監修『企業不祥事事典Ⅱ』紀伊國屋書店，2018年。

吉川達夫，飯田浩司『実務がわかるハンドブック企業法務（改訂第3版）』第一法規，2021年。

【Coffee Break】

チョコレートから考える

　2月14日はバレンタインデー。日本では，女性から男性に愛の告白として本命チョコを，あるいは職場の男性に義理チョコを贈る風潮がある。自然発生的にチョコレートを贈る習慣（?）ができたのではなく，当然，誰か仕掛け人がいたはずであり，その仕掛け人はチョコレートメーカーであったというのが通説である。

　この2月14日前は1年で最も売れる書き入れ時であるが，平成30年（2018年）2月1日付の『日本経済新聞』朝刊に，高級チョコレートとして知られるベルギーのチョコレートメーカー，ゴディバ（Godiva，トルコのウルケルの子会社）の全面広告が掲載された（図表10－7）。「日本は，義理チョコをやめよう」という驚きの提案広告である。ゴディバの経営戦略を経営学的に論じることはおもしろいが，この話題を本章にふさわしい方向に変えてみよう。

　チョコレートは，カカオの種子を採取，発酵，焙煎してできるカカオマスを主原料として作られるが，この作業のなかで児童・奴隷労働が行われているのではないかという指摘が昔からなされている。

　ゴディバの場合，カカオ農場を直接経営しているわけではないが，同社には本章本文に書いたように，サプライチェーン上の重い責任がある。

これについては，同社 Web サイトの「CSR への取り組み」のなかで，児童労働の撲滅について，「子供たちを守ることは，カカオ業界全体の責任であると考え，強制労働やいかなる搾取行動，また子供を危険にさらしたり傷つける行為を強く糾弾します。」「労働法規の遵守に合意した認定サプライヤーからのみカカオを仕入れています。」と児童・奴隷労働を否定しており，一安心である。

図表 10 − 7　ゴディバの新聞全面広告

出所：『日本経済新聞』，全面広告，2018 年 2 月 1 日付。

☆広告を掲載したゴディバ ジャパン株 式 会 社（Godiva Japan, Inc.）は，翌 2019 年，ユルドゥズ・ホールディング（Yildiz Holding）からの株式譲渡により，株主が投資ファンド VM2Holdings 株式会社（100%）に変更されている。さらに同社は，2023 年オーキッド株式会社に社名変更した。

　以下は一般論としての話である。本命チョコ，義理チョコということを話題にするときに，一度，原料の産地のことや現地で働いている人々の生活が成り立つような適切な価格で原料が購入されているか（フェアトレードのこと）についても考えてみよう。原料もカカオだけにとどまらず，コーヒー，紅茶，バナナ，パイナップル，綿花，あるいは木材などにも広げてみよう。

　日本において「公平・公正な貿易」を目指すフェアトレード運動を行っている組織には，フェアトレードジャパン（特定非営利活動法人）等がある。

　このように考えていくと，「企業の社会的責任」だけでなく，消費者が買い物をするときに，単に値段だけ（安いから）で選ぶべきではなく，「消費者として社会的関心を持つ責任」という点が自ずから導き出され

てくる。

　本章のなかで再三指摘した「企業の社会的責任」は，同時に，「消費者としての責任」「自然人としての責任」「地球市民としての責任」という意識の大切さも認識すべきであろう。バレンタインデーの書き出しからだいぶ違う話にたどり着いた。

────────────────── ちょっと一息

【*Coffee Break*】

ものづくり日本

　本章本文のなかで製造業の不祥事を取り上げたので，「ものづくり日本」の行く末が心配されるが，それを吹き飛ばす明るい話題を紹介しよう。

　平成30年1月15日に，第7回ものづくり日本大賞の受賞者が発表された。このうち内閣総理大臣賞受賞者は24件71名である。この賞は，2年ごとに募集・発表が行われ，対象は個人またはグループである。17年の第1回では，内閣総理大臣賞のうち製品・技術開発部門の1件は，水族館の概念を変えたアクリルパネル製作技術を開発した中條利史氏，所属企業は日プラ株式会社（香川県木田郡三木町）である。

　会社名を知る人は少ないが，この技術にお世話になった人は数多い。

　図表10－8は，沖縄海洋博公園内の美ら海水族館の巨大水槽「黒潮の海」である。

　巨大ジンベイザメが泳いでいるが，この水槽には同社が製作した高さ8.2m，幅22.5m，厚さ603㎜のアクリルパネルが使われている。

　平成28年度の水族館入館者数は約363万人（内閣府発表）であるが，この人々の感動には日プラの技術が使われている。

　ものづくり日本大賞には，総理大臣賞のほかに経済産業大臣賞もある。このサイトと日プラのサイトは次のURLである。

http://www.monodzukuri.meti.go.jp/index.html

http://www.nippura.com/

　もう１つ紹介したいのは，厚生労働省の「卓越した技能者表彰（現代の名工）」であり，令和２年度（2020年度）では，150名が表彰されている（11月６日付）。

　このなかには，JAXAの小惑星探査機「はやぶさ２」のカプセルが，６年間，約50億kmの航行を終えて，2020年12月６日に帰還したが，これに貢献したNECスペーステクノロジー株式会社の眞山新氏が含まれている。

　この成功には，同社（同氏）の他にもたくさんの企業（人）がかかわっているが，敬意を込めて，ボルトなどを制作した日本の中小企業（町工場）を紹介したい。

　キットセイコー，下平製作所，光電製作所，ミヤタエレバム，タマテック，日本工機白河製造所，東成エレクトロビーム，スーパーレジン工業，クロスメディア，ウエキコーポレーション。

図表 10 － 8　ものづくり日本大賞のアクリルパネル

出所：沖縄美ら海水族館の巨大水槽，筆者撮影。

はやぶさ2の本体は，このような企業（人）とのかかわりを凝縮して，再度，地球と火星のあいだを回る小惑星に，接近・探査する旅に向かっているという。成功を期待したい。

ちょっと一息

第11章▶経営の国際化について学ぶ
－日本企業の直接投資を中心に－

要　点

　本章では日本の海外直接投資について第二次世界大戦後（以降，戦後と略記）の歴史的経緯を振り返りつつ，その現状と課題について考察する。はじめに日本企業の直接投資の動向について戦後の経済状況を考慮しつつその変遷を考察する。もちろん，21世紀の現在直接投資は世界各国の企業で大きく伸長しており，日本企業に限った動きではない。そこで，直接投資に至る理由や背景について世界を代表する経済学者の理論を基に考察したい。さらに現在の日本企業の直接投資先を各国別に検討するとともに，現在の日本企業の直接投資が抱える課題やリスクについても触れておきたい。

　周知のように日本企業の直接投資にとって最大の懸念材料が世界の政治情勢の急激な変化である。とりわけ，先鋭化する米中（ロ）間の政治的・軍事的対立が日本企業の投資行動にもたらす影響は極めて大きい。特に日中間に限れば東シナ海をめぐる対立と原発処理水問題が日本からの直接投資に暗い影を投げかけている。

　さらに日本企業の海外進出にとって障害となったのが2019年末から世界的に流行をみた新型コロナウイルスである。2024年3月現在，ようやく収束の気配をみせているが，再流行の兆しもあり注意を要する点である。もう1つ海外直接投資に伴って懸念されるのが日本国内における産業の空洞化問題である。少子高齢化がいっそう深刻さを増している現在，国内市場の縮小を懸念する日本企業は国内の設備投資に慎重であり，それに代わって直接投資に繋がるクロスボーダー M&A 取引に積極的に取り組んでいる。その意味では日本企業の直接投資の増大は国内における産業の空洞化とトレードオフの関係にあるとみることもできる。

Key word

▶日本企業の直接投資　　▶貿易摩擦　　▶地政学的リスク

▶新型コロナウイルス -COVID19-　　▶直接投資をめぐる企業間競争

▶中国自動車産業の台頭

注目！

1. 混沌とする世界情勢と企業経営

　2019 年末から 2020 年初めにかけてその存在が明らかになった新型コロナウイルス -COVID-19（以下，新型ウイルスと略記）は，世界の多国籍企業の経営戦略や直接投資に深刻な影響を与えることとなった。自国内での感染が広がるのを懸念して各国とも国家間の人の移動を制限したため，結果的に国際的なロジスティックス（物流）やサプライチェーン（供給網）にも影響を及ぼしたのである。生産拠点を設けている国で新型ウイルスが流行している場合は，当該地域でも人の移動が制限されるため操業を止めざるを得ないケースも数多くみられた。

　2024 年 3 月現在，各種ワクチンの開発により収束の気配はみられるものの，新たな変異型ウイルスによる再流行の兆しもみられ，今後も油断はできない。むろん，企業の直接投資に影響を及ぼしているのは新型ウイルス問題だけではない。世界各地で頻発している地域紛争・戦争がその背後にいる大国間の対立を顕在化させており多国籍企業の行動や直接投資の足かせとなっている。とりわけ，2022 年から始まったロシアのウクライナ侵攻は 2024 年 3 月現在も続いており，ヨーロッパでは第二次大戦以来の大規模な戦争になっている。これによりロシアと EU（欧州連合）やアメリカ，さらに日本などとの貿易もほぼ停止している状態である。また，2023 年 10 月に始まったイスラム組織ハマスのイスラエル攻撃に対するイスラエルの反撃はガザ地区攻撃となって 2024 年 2 月現在でも沈静化の兆しはみえない。しかもイスラエルを支援するアメリカも加わってイランやシリアを巻き込んだ中東全体の紛争になりかねない事態に至っている。特に日本の場合，これらの紛争に直接的・間接的に係わっている貿易相手国第一位と第二位である中国とアメリカとの政治的対立が両国との経済関係に微妙な影響をもたらすことが懸念されている。

　アメリカではトランプ（D. J. Trump）前大統領やバイデン（J. R. Biden. Jr）大統領の政策もあって中国への直接投資は減少する傾向にあり，アメリカ国内への回帰の動きが強まっている。また，日本でも後で述べるように中国の人件費の

高騰を背景に企業の中には日中関係の悪化を懸念して同国からの工場の撤退も
しくはベトナムをはじめとする東南アジアへの移転を模索する動きもみられる。
　なお，本章では国連の常任理事国であるアメリカ，中国，ロシアの政治的・
経済的対立に起因する日本の直接投資への影響要因を探りながら，アメリカ・
ヨーロッパ，アジア各国で展開する日本企業の直接投資の実態を国別に明らか
にすることを目的としている。とりわけ，アメリカとの間では長年に渡る貿易
摩擦から日本企業が直接投資に踏み切った経緯を時系列的に検討し，近年の状
況を主として自動車産業に焦点をあて分析する。また，中国との間では1970
年代後半の鄧小平による改革開放政策から始まる日本企業の直接投資の動向を
検討するとともに，近年の日中間の政治的対立が直接投資に与えている影響を
考慮しつつ，具体的に自動車産業に焦点をあて分析する。

2. 経営の国際化—日本企業の動向を中心にして—

（1）戦後の対外直接投資の動向

　日本企業においてもはやくも1960年代には繊維産業などを中心に直接投資
を行い，東南アジアに生産拠点を設けるなどの活動をしていたが，当時の日本
国内からそうした地域への直接投資の主な理由は，もっぱら人件費の削減や国
内の公害規制強化への対応であった。とりわけ，繊維産業を中心とする軽工業
は労働集約的産業であるため，人件費の削減は同産業における競争力を確保す
るうえで最も合理的な手段であった。一方，日本国内では高度経済成長のひず
みとして1960年代後半から公害が社会問題化し，その批判の矢面に立ったの
が化学系の産業であった。その対策として日本と比べて公害規制が遅れていた
東南アジアの国々に多くの化学系の産業が工場を移転させたのである。もちろ
ん，こうした動きは「公害の輸出」という批判を日本国内だけでなく世界各国
からも浴びたが，それでも進出する企業は1980年代までは増加の一途をた
どったのである[1]。

　このような新興国への直接投資とは別の動きがみられるようになったのは
1970年代に入ってからであった。特に日本の成長産業が軽工業から機械・電
機工業，鉄鋼業，さらには造船業や自動車産業などの輸送機器産業に変化し，
それに伴い輸出品目も電機・機械・輸送機器（自動車や船舶）などへと多様化し
ていったこともその背景にある。こうした輸出品目の多様化に伴って，直接投
資先として次第に新興国とともに先進各国にも日本企業は注目するようになっ
た。さらに，日本の輸出産業を取り巻く国際的な経済環境の変化も先進各国へ
の直接投資の増大に大いに影響している。高度経済成長が終わった1970年代
初めから中頃にかけて，当時のアメリカ大統領ニクソン（R. M. Nixon）による
1971年8月の突然の金ドル交換停止表明（ニクソン・ショック）と，その後に続
く1973年2月には1ドル＝360円の固定相場制から変動相場制への移行等が
重なり，日本からの海外輸出には暗雲が漂い始めていた。なかでも，主要輸出
相手国のアメリカでは対日貿易赤字が膨らみ，日本からの一方通行的な輸出に
批判的な声が高まり，関税障壁といった問題ともからみあって直接投資をせざ
るを得ない環境が整いつつあった。

　ところが，変動相場制移行後も予想したほどには円高が進行しなかったこと
もあって日本企業の輸出競争力は衰えず，世界各国から日本に対する円安放置
への批判が相次いだため，そうした問題を協議するために1985年に先進5ヵ
国蔵相会議がニューヨークのプラザホテルで開催されるに至った。これによ
り，円安是正が5ヵ国間で合意（プラザ合意）され，輸出にブレーキがかかった
日本経済は内需拡大へと転換せざるを得なかったのである。なお，この間には
自動車などの輸出をめぐって日米貿易摩擦が生じており，アメリカの対日貿易
赤字がいっそう膨らんでいた。

　このプラザ合意以降，日本は経済の主軸を輸出主導から内需主導に切り替え
た結果，政府の財政投融資による内需拡大策としての住宅投資が活発化した。
やがてそれが結果的に地価の高騰とそれに連動した株価の高騰を招き，バブル
経済の発生を招いたのである。しかし，1989年12月末の日経平均株価3万
8,957円に達した状況を受けて，バブル経済に危機感を抱いた政府は土地取引

の規制策として 1990 年 3 月に総量規制（当時の大蔵省による土地関連融資の抑制という行政指導）を金融機関に通達し，ようやくバブル経済は終了するに至った。ところが，その反動は大きくこの後，日本経済は「失われた 10 年」もしくは「失われた 20 年」，さらには「失われた 30 年」という言葉で語られるほど長いトンネルの時代に入った。ようやく 2010 年代に入って世界的な金融緩和に加えて，アベノミクス効果もあって経済は表面的には回復基調に至ったかにみえたが，その後も経済は低迷し続けた。そのため，景気回復を図ろうと日本銀行は「ゼロ金利政策」（1999 年〜）続いて「マイナス金利政策」（2016 年〜）を実行し市場への貨幣の流通量を増やし続けた結果，ようやく景気回復基調だと判断した同行の植田総裁は 2024 年 3 月 19 日の金融政策決定会合でその解除に踏み切ったのである。

　一方，この間に直接投資の主要対象国として中国が世界的にも注目される存在となった。日本企業でも中国への直接投資が 1990 年代には急速に伸張し，同国が掲げる改革開放政策とも相まって次々に工場移転を図ったのである。もちろん，中国への直接投資の動きは日本企業に限ったことではなく，後に述べるように自動車産業についてみると 1985 年にはドイツのフォルクスワーゲン（VW）がいち早く進出を図っている。こうした中国への直接投資を先進各国が大規模かつ急速に進めた主な理由は，同国経済の急成長による国内市場拡大への期待と安価な労働力の活用であったとみることができる。現在の中国は経済成長率の伸びは新型ウイルスの影響もあって著しく鈍化したものの，依然として年率 GDP はプラス成長しており，今後も先進各国からの直接投資は増加していくものと考えられる。ただ中国経済の懸念要因である不動産バブルの崩壊と若年者の失業率の増大が経済成長を著しく鈍化させた場合は，日本を含めて海外からの直接投資も減少していくとおもわれる。

（2）世界的に増大する直接投資—企業が多国籍化する理論的根拠—

　企業が世界各国で直接投資に踏み切る根拠を理論的に提示したのがバーノン（R. Vernon），ハイマー（S. M. Hymer），キンドルバーガー（C. P. Kindleberger），ニッ

カーボッカー（F. Knickerboker），ダニング（J. H. Dunning），日本の小宮隆太郎などの経済学者である。ここでは，そのなかでも有力な理論としてバーノンのPLC（プロダクト・ライフ・サイクル）理論とダニングの折衷理論を重点的に取り上げ，他の理論についても触れつつ簡潔に紹介したい[2]。

①　バーノンの PLC 理論

　企業の他国への直接投資を国際的な製品ライフサイクルから説明したのがバーノンの PLC 理論である。これは，1950 年代から 60 年代にかけてアメリカ企業の多国籍化を説明する理論としては極めて有効とされてきたが，現在では理論の普遍性についてはいくつかの疑問も散見される。彼は，製品ライフサイクルを導入期，成熟期，標準化期の 3 段階に分け，それと貿易や海外直接投資を関連させて説明している。仮にある企業が画期的な製品を開発したとする。国内市場では当初，対抗できる製品が存在しないため，独占的利潤を獲得する。しかし，しばらくすると市場の広がりに目を付けた競争企業が類似製品を販売する。このようにして企業間の国内競争が激化するにつれて，やがて供給能力が需要を上回る状態になる（いわゆる成熟段階である）と，利益率は必然的に低下する。その結果，企業はより高い利益率が見込める販売と利益の機会を求めて，つまり当該製品の購買力が旺盛な消費者が存在する他の国々にそれを輸出することになる。

　しかし，やがて限界生産費と限界輸送費との合計が輸出相手国での平均生産費を越えると，現地での生産が費用面からも有利になり，しかも対抗できる製品を持たない現地企業に対しても競争優位に立つことから，輸出に切り替えて現地生産（直接投資）を行うようになる。当然，現地企業による模倣製品も生産されるようになるが，技術的優位から現地国内での競争力は強く，直接投資先から他の国々への輸出も生産能力の拡大とともに増加する。

②　ダニングの折衷理論（内部化理論）

　内部化理論はコース（R. H. Coase）にまでさかのぼることができる理論であ

る。その考え方は，企業が市場での取引費用よりも市場取引を回避して企業内部でその処理（取引）が可能であるならばその費用は抑えられるため，取引は内部化されるというものである。ダニングは，この理論を直接投資を行う企業の理論的根拠に援用したのである。つまり，彼は，a 所有（自分たちが所有する技術，ブランド力，種々のノウハウといったもの）の優位性＝企業特殊優位，b 立地（どこに生産拠点を置いたら競争優位に立てるかといった）の優位性＝企業立地特殊要因，そして c 内部化（さまざまな取引コストを検討するとある行為を外部で行うよりも内部で処理した方が適切であるといった）の優位性＝内部化特殊要因，といった 3 つの優位性を根拠にしたうえで，国内での生産よりも現地に進出して生産を行った方がそれらの優位性が高いと判断された場合に企業は直接投資に踏み切るとしたのである。特に現地企業に生産や販売等を委託するよりも子会社を設立（これが具体的な内部化の実体）して直接投資を行う行動を強調する場合に，内部化理論という表現が適切になる。

　ダニングの折衷理論については，中国への直接投資を考察する際に最も適切かつ有効な理論だとおもわれる。同国では安価な労働力やレアメタルや石炭といった豊富な天然資源に恵まれており，かつ国内自体が広大かつ成長している消費市場でもある点で立地の優位性が極めて高い。しかも，中国国内企業は技術やマーケティング，その他のノウハウなどの点で先進各国の企業よりも競争劣位におかれているため，優位性がある企業が子会社を立地するのに十分な理由がある。ゆえに，明らかにダニングが主張する内部化の優位性が認められるのである。

③　その他の理論

　この他に企業が世界各国で直接投資（多国籍化する）を行う有力な理論としては，まずハイマーやキンドルバーガーが寡占企業の進出先企業に対する優位性について論じた寡占企業優位論が挙げられる。彼らによれば，寡占企業は自らが有する製品開発面などでの技術力，人材の育成力，製品差別化戦略，さらにはマーケティング力などで同一事業では現地国企業と比較して競争優位に立つ

と述べている。そのため，関税障壁などで輸出に障害がある場合は，とりわけ積極的に直接投資を行うというのである。

　次いで挙げられるのがニッカーボッカーの寡占反応論，小宮隆太郎の経営資源移動論などであるが，進出相手国の受容要因もさまざま考えられることから，私見ではそれらの受容要因に応じて理論的に説明可能なダニングの折衷理論＝立地論アプローチが最も説得力を持っているとおもわれる。

（3）海外直接投資に至る政治的・経済的背景

　上記で述べた理論とは別に一般論としては関税障壁などの保護貿易的な措置や自国の産業保護を目的とした輸入規制を一国が講じた場合，政府間での交渉による解決策が模索できない時には，多少のリスクは覚悟のうえで企業行動として直接投資に踏み切るケースも多々ある。それを端的に表しているのが日本の輸出産業と輸出相手国アメリカとの関係である。後に詳述するように，アメリカを代表する製造業である自動車産業を例に挙げると日本からの輸出攻勢が政治問題化して日本の自動車各社は直接投資を余儀なくされたという事情がある。

　さらに経済政策面では2017年にアメリカでトランプが大統領に就任して以降，自由貿易を標榜してきたアメリカがそれまで前向きに対応してきた環太平洋パートナーシップ協定（通称，TPP―加盟各国間での自由貿易協定）からの離脱を宣言し，保護貿易に舵を切ったことがアメリカへの直接投資を日本企業だけでなく，先進各国の企業も加速させることになった。

　2020年秋の大統領選挙で自由貿易を掲げる民主党のバイデン候補が大統領に当選したことにより，いったんアメリカへの直接投資の増加幅は縮小した。その一方でバイデン政権は2017年1月に離脱した，関税撤廃など自由貿易を基本とする環太平洋パートナーシップ協定については現在（2024年3月）まで復帰には至っていないとはいえ，アメリカはトランプ前政権下では一国主義的な動きがみられたものの，バイデン政権の下では先進各国との間では歩調を揃えており，自由貿易を推進する方向で合意形成ができているとおもわれる。

　一方，2024年現在の中国への日本を含めた先進各国の直接投資は微妙な状

況にある。ロシアのウクライナ侵攻について国連において中国は直接的にはロシア非難をしておらず，むしろ両国間の関係は以前よりも緊密さを増しており，その貿易量は増加している。これにより，アメリカだけでなく EU 各国の間でも中国に対する警戒心が高まっており，EU 各国による中国への直接投資は抑え気味だとみられる。しかも中国の経済成長は先に述べたように著しく鈍化しており，今後も魅力ある直接投資先といえるかどうかは微妙である。

　中国は日本との関係においては，政治的には東シナ海での尖閣諸島を含む領有権争いが収まっていないのに加えて，原発処理水の海への排出には一貫して反対しており，日本からの水産物の輸入を全面的に禁止している。その影響は企業活動にも及んでおり，日本の化粧品に対する不買運動が広がり，花王では店頭での販売促進策などを自粛せざるを得なくなっている[3]。さらに中国はスパイ防止法制定により日本企業の中国駐在員を拘束するなど，日本からの直接投資を明らかに抑制する動きをしており，現地法人の活動にも少なからぬ影響を及ぼしている。

　一方，世界各国の直接投資は世界情勢の不安定化が懸念されているものの，IT（情報技術）の発展や輸送手段の迅速化・効率化が進み，クロスボーダー M&A（当事者のどちらか一方が外国企業の場合の M&A）などを用いてますます増加する傾向が今後も続くものと期待される。日本企業については少子高齢化がいっそう進行しているため消費の拡大は見込めず，国内での設備投資には消極的である。そのため，余剰資金をクロスボーダー M&A を用いて海外事業の拡大に振り向けている企業は増加傾向にある[4]。

3．日本企業の直接投資に伴う諸問題

　企業が世界各地で直接投資を行って多国籍化を進めていく場合，さまざまな障害や困難が発生する可能性が常に潜んでいる。すなわち，それは当初の計画通りに現地での生産・販売が進むのか，工場を立地した地域の人々に問題なく

受け入れられるか，政治・経済状況が急変する可能性はないのか，といった現地化に伴う諸問題である。むろん，企業の個別事情や進出国との関係などによって直接投資に伴う弊害は一様ではないが，ここでは日本企業に共通する現地化の諸問題を検討する。

　特に重要なのは，人材育成，労使関係の問題，原材料調達の現地化，研究開発拠点の現地化，そしていわゆる「地政学的リスク」として近年クローズアップされている進出相手国の政治状況や文化的・歴史的問題といった点であろう。

（1）現地法人の人材育成と労使関係

　日本企業の現地化問題で最も批判されるのが現地の人材活用と人材育成である。特に東南アジアにおける労働集約型産業における直接投資の最大の理由は，安価な労働力の活用であったこともあり，そこにはさまざまな問題点が内包されている。新興国の場合，教育水準の低さから基本的にはその活用の仕方が単純作業やルーティンワークに限られ，その現状に対する弊害も出ている。例としては，賃金が何年働いても上がらないことへの不満や単調な仕事への不満，それから生じる欠勤や離職率の高さなどが挙げられる。

　そうした点を考慮して人材育成を目的とした教育訓練制度を設けている企業も近年増加傾向にあるが，東南アジアへ進出している企業の多くは中小企業であるため制度自体が整っておらず，それに対する従業員の不満も多い。また，せっかく教育訓練を行っても労働条件が整っている企業に移ってしまうことも多く，定着率を高めることが日本の中小企業にとっては課題となっている。同様の問題は中国でも起こっており，研究職や技術職に就く優秀な人材は欧米系企業に集中する傾向があり，彼らにとって日系企業への就職は次善の選択肢にすぎないともいわれている。

　一方，新興国や先進諸国すべてを網羅した調査においても日本企業の人材育成を依然として経営課題として取り上げる企業が多い。永井裕久の 2008 年と 2010 年の調査によると，両年ともに「現地人社員の育成」を最も重要な経営

課題として挙げる企業の割合は，2008年調査では70.2%，2010年でも63.5%に上っている[5]。ちなみに同調査の二番目に挙げる経営課題としては，「本社と海外現地法人とのコミュニケーション」，三番目には「グローバルな人事・処遇制度の確立」が挙げられている。以下でも人事関係の経営課題が挙がっており，いかに日本企業が長年に渡って現地法人の人事問題に苦労してきたかが理解できる。

　人事・処遇制度面では人材登用の際の処遇基準のあいまいさが指摘されている。昇進・昇格・昇給の基準それぞれがあいまいであるのみならず，個人の成果が必ずしもそれらに反映されていないという不満も多い。直属の上司による人事考課という日本企業独特の処遇慣行が現地の従業員には理解されにくいのである。

　また，日本企業は管理職の現地人材の登用にも問題を抱えている。欧米系の企業では積極的に現地の人材を管理職に登用しているのに対して，従来日本企業では日本から管理職を派遣するやり方を取ってきた。日本人管理職と現地従業員とのコミュニケーションギャップにより，両者の意思疎通が十分に行われていないケースもあり，それが労使関係に影響を及ぼしている[6]。これに対して現地で批判が起こっている現状に，経済同友会においても中間管理職の管理者育成にはかなりの進展がみられるものの，上級管理職の育成の遅れが懸念されていると指摘している[7]。とはいえ，遅々としてではあるが，近年の傾向として現地法人への日本人経営者の派遣割合は年々少なくなっており，代わりに外国籍人材が経営者になるケースも増加している[8]。

　続いて人材の現地化に伴って浮上するのが労使関係の問題である。労使関係の問題は，進出側と現地側との間で労使関係の状況が異なっていた場合，進出企業としては難しい対応を迫られる。一般的には受け入れ国の労使関係の実情に合わせた対応が採られるが，日本企業では国内での協調的労使関係を前提にしているため，対立的労使関係が一般的なアメリカやヨーロッパなどの国々では労働側への対応に悩まされることになる。とりわけ，アメリカの自動車産業では，産業別労働組合である全米自動車労働組合（UAW）による対経営側への

交渉力が極めて強く，後に日産の事例[9]で示すように，日本の自動車各社との間でしばしば労使紛争が起きている。日本企業では一般の労働者でも管理者との意思疎通に支障はないが，欧米系の企業ではそもそも一般の労働者と管理者との交流は少ないため，日本人管理者が戸惑うことが多い。

　最後に近年の現地法人の人材育成に積極的に取り組んでいる企業の例をいくつか挙げておきたい。トヨタでは，「モノづくりは人づくり」をモットーに2003年に豊田市にグローバル生産推進センター（GPC）を設立したのを皮切りに2006年にはアメリカ，イギリス，タイにグローバル生産推進センターを開設し，グローバル人材の育成に努めている[10]。また，「Nissan Ambition 2030」を発表した日産でも今後10年間でグローバル事業の拡大を目指しており，グローバル人材の育成に力を入れている[11]。パナソニックは，1950年代から海外展開していることもあって，グローバルな人材育成に早くから取り組んでいる企業の1つである。同社では，年齢・性別・国籍等の属性に係わりなく，最適任者を発掘し，計画的にキャリア開発と登用を実現しようとしており，それは現地法人も同様である。

　現地法人の人材育成について総じていえることは，海外展開の歴史が長い企業ほどグローバルな人材の発掘・登用に熱心な点である。

（2）原材料調達問題

　すでに述べたように，企業による直接投資の目的は安価な労働力の活用，輸送コストの削減などロジスティックの利便性と資源の安定的供給，現地国市場の確保などが考えられる。そしてその中でも資源の現地調達は日本企業に限らず多くの多国籍企業にとってメリットがある。最も理想的な姿は現地国の中で原材料の調達と生産が同時に行え，しかも現地国内に広大な市場を抱えていることであるが，そうした理想的な国は存在しない。それゆえ，ダニングが主張する最低限の立地要件をいくつか備えていれば，直接投資の意義は十分にある。そのため，原材料調達に関しては，トヨタのいう「世界同時最適調達」に示されるように生産地と原材料供給地が接近しており，かつ輸送手段が最も効

率的な方法を用いるといったロジスティック面での優位性に基づいて経費削減
を狙うのが次善策として考えられる。

（3）研究開発拠点の現地化問題

　従来の日本企業では研究開発拠点を日本国内に残して，生産や販売拠点を海
外に置くのが一般的であった。ところがそれに対する不満が現地国政府や現地
の研究者や技術者から高まってきたことや現地国のニーズに対応した製品の開
発がマーケティング上からも要請されてきたため，近年では海外に研究開発拠
点を設ける企業が増加している。たとえば，日立では国内に中央研究所をはじ
めとして5ヵ所に拠点を置く一方，海外についてはアメリカのシリコンバレー
をはじめとして，アメリカに2ヵ所，中国では北京と上海の2ヵ所など世界中
で計10ヵ所もの研究開発拠点を設置している[12]。日本企業についてはしばし
ば品質や多機能化にこだわった製品の「ガラパゴス化」が指摘されており，現
地の市場ニーズに対応した製品開発という面からも研究開発拠点の海外移転は
今後加速するものとおもわれる。

（4）日本企業を取り巻く地政学的リスク

　森川が指摘するように，この20年ほどの間に世界経済を取り巻く環境は激
変し，世界金融危機，欧州債務危機，新型コロナ危機，ウクライナ紛争，そし
て中東ガザ地区の紛争など枚挙にいとまがない[13]。日本企業もこれらの危機
とは深く係わっており，直接投資の世界的展開に暗い影を落としている。もち
ろん，それは先に指摘したような中国との地政学的リスクに限ったものではな
い。

　いささか古い話ではあるが，日本企業の海外進出における最も大きな失敗事
例は，1970年代に三井石油化学を中心に三井グループが手掛けたイラン石油
化学コンビナートであった。当時，日本とイランとの関係は極めて良好で，日
本政府もこのプロジェクトには積極的に支援していた。ところが，1979年2
月にイスラム教の宗教指導者であるホメイニに率いられた革命勢力がモハンマ

ド・シャーの専制政治に反旗を翻し，政権を奪取するに至った。いわゆるイスラム（イラン）革命である。このイスラム革命が中東全般に波及するのを恐れたアメリカはイランと対立するイラクに武器支援を行い，その結果イラン・イラク戦争という最悪の事態を招くことになった。こうした混乱により，紆余曲折がありながらもアメリカの行動を支持する日本政府は，イラン石油化学コンビナートからの撤退を三井グループに働きかけた。そして最終的に1990年2月にIJPC（イラン・ジャパン石油化学）の清算が完了し，日本企業はイランから完全に手を引くことになった。

　こうした政治状況の変化によっては，政府から直接投資に待ったがかかることもあり，さらには現地国の文化的・歴史的状況を無視した進出によって，現地国政府や地域住民との無用な対立が生じることもある。したがって，現在の複雑な世界情勢を考慮すると，政情不安のある国への直接投資には，以前よりさらに綿密な事前調査の必要性が増している。加えて，国際紛争が各地で起こっている現在の状況から個別企業の対応にはおのずから限界があり，政府間の調整に委ねる場合も出てくる。

4. 日本企業の各国別直接投資状況

　ここでは，主に日本企業による直接投資の状況を，近年急速に経済成長している東南アジア諸国，中でもベトナム，続いて先進国のアメリカとイギリス，そして最後に日本最大の貿易相手国となった中国を取り上げて考察する。特に急速に経済成長を遂げ，現在でも国内市場の内縁的拡大が続きかつ先進各国からの直接投資が増大している中国には注目したい。

（1）東南アジア諸国への直接投資—ベトナムへの直接投資を中心にして—

　日本企業によるベトナムへの直接投資ブームはこれまでに3回ほど起こっている。第1次ブームは1990年代のことで，1980年代末時点において最大の経

済援助国であったソ連の崩壊（1991 年）がきっかけであった。ベトナムは社会主義国であるにもかかわらず、「ドイモイ（doimoi）」として知られる市場経済化と対外開放政策に舵を切ったことがアジア各国から評価された。この時には、安価な労働力と原油などの天然資源を当てにした日本やアジア NIES からの直接投資が急増した。第 2 次ブームは 2005 年から始まり、2007 年末のベトナム大統領の訪日で「戦略的パートナーシップに向けたアジェンダ」の締結をきっかけに日本からの投資が加速した。また見逃せないのが 2006 年の WTO（世界貿易機関）への加盟も直接投資への安心感につながったことである。この時期の直接投資は第 1 次ブームと同様、日本だけでなくアジアの新興国からの投資も加速度的に増加している。そして、これらの国々の投資増加には中国への一極集中的投資への不安と、同国の急激な経済成長による人件費の高騰が共通の背景としてあることも注意すべきであろう [14]。

　そして 2017 年になると、日本からの直接投資の第 3 次ブームが起きている。中国進出に伴う地政学的リスクが増していることや中国の人件費が以前にも増して高騰しているため、チャイナ・プラスワンという観点から生産拠点の見直し＝再配置を進める際にベトナムを候補地として挙げる日本企業がますます増加したのである。ベトナムへ進出する積極的な理由としては、依然として相対的に労働力が割安であること、さらには教育水準の向上や外国企業の進出に伴う労働力の質の飛躍的向上などが考えられる。2021 年から 2022 年の日本からの対ベトナム直接投資には質的変化がみられ、中間層の拡大などによって金融・保険業、さらには不動産業や卸売・小売業といった非製造業の投資が増加している [15]。ただ、製造業などの進出に伴う問題点も多く残されており、日本貿易振興機構（ジェトロ）の調査によると、まず日系企業の原材料および部品の現地調達比率は 2015 年度で 32.1 ％にすぎず、中国（64.7 ％）、タイ（55.5％）、インドネシア（40.5％）に比べると低水準にとどまっており、製品原価の低廉化を図る企業にとってはネックとなっている。なお、現地調達比率は2023 年時点においても 37.3％にすぎない [16]。特にベトナムは鉄鋼や樹脂原料などの製品原料の多くを輸入に頼っているため、それだけ製造コストが中国や

タイなどに比べて割高になっているとの指摘もある[17]。

　また，上記に続く日本貿易振興機構の調査では，現地調達率は低いものの現地企業の技術力の向上により，製造業に不可欠な金型を現地生産に切り替える動きもみられる。金型はかつて日本国内の中小企業が大半を製造していたが，ベトナムを含めた東南アジアの労働力の質の向上により，今後もますます現地企業に移管されるものとおもわれる。懸念材料としては，ベトナムに対する中国からの圧力が以前にも増して強まっており，今後の日本からの直接投資が懸念される。

　ベトナム以外の東南アジアで注目されるのはタイである。特に自動車産業については日本からの直接投資の中心で，トヨタをはじめとして多くの自動車会社が現地法人を設立し，製造・販売を行っている。ただ，2023年の日本の大手9社の新車販売シェア（日本からの輸出を含めて）は77.8％であったが，急速にそのシェアを落としている点が気がかりである。それはタイ政府のEV優遇政策が関係しており，日本に代わってEVを武器に急速に成長している中国の自動車産業がシェアを拡大している。中国の自動車産業は2023年にタイではEVの販売台数を前年比7倍の約7万台に伸ばしており，しかもEV大手であるBYDや長安汽車が相次いでタイ国内に工場を建設するなど直接投資に踏み切っている。日本の自動車産業にとってタイは東南アジア最大の生産拠点であるだけに，中国のEV攻勢にどのように対処するか，検討が急がれている[18]。

（2）アメリカへの直接投資

　アメリカへの日本企業の直接投資は，1980年代から1990年代にかけて日米間の自動車輸出をめぐる貿易摩擦から本格化したとみることができる。その経緯は次の通りである。1973年の第一次石油ショック以降，ガソリン価格の高騰に対応した省エネのエンジン開発に成功した日本の自動車各社は，低燃費の小型車でアメリカへの輸出攻勢に成功したが，それがアメリカ自動車産業衰退の最大の要因とされたため，政治問題化し年間の輸出台数を「自主規制」という名目で年間上限168万台（これは1981年初年度の数字で1993年度まで継続）に設

定せざるを得ない事態を招いたのである[19]。その背景には，アメリカ自動車産業の労働者が加入する全米自動車労働組合からの日本製自動車輸入への反発が強く，アメリカ政府に対して日本との間で輸出規制交渉を行うように圧力をかけた点も影響している。

　こうした状況下では，たとえ輸出総量に規制がなくとも日本からの輸出には限界があることから，自動車各社はホンダを筆頭に日産やトヨタも相次いで工場を立ち上げるなど直接投資に踏み切ったのである。ホンダは 1978 年 2 月にオハイオ州メアリビルに工場を立ち上げたのを皮切りに，アラバマ州（1999 年設立）やインディアナ州（2007 年設立）にも進出している。なお，ホンダはトランプ発言もあってか 2017 年にオハイオ州の 2 つの工場に約 300 億円を投資し，300 人の現地従業員を新たに雇用することを発表している[20]。

　日産は 1983 年にテネシー州デカードで工場を稼動させたのを手始めに，2003 年 5 月にはミシシッピ州キャントンで工場を稼働させるなどしている。ここで注目されるのは，このキャントン工場に全米自動車労働組合が労働組合を結成しようと結成の是非を問う投票を行い，反対多数で否決されたことである。トヨタは 1984 年にカリフォルニア州で GM との間で両社 50％出資の合弁会社，NUMMI を立ち上げた。それに加えて，単独でも 1988 年 5 月のケンタッキー州工場を皮切りに 1999 年 2 月にはインディアナ工場など自動車製造完成品工場を立ち上げるなど，次々に工場建設に踏み切っている。なお，現在でもトランプ前政権の要請に応えてケンタッキー州の工場設備に約 1,500 億円の投資を行うと発表している。

　次の表は日本の自動車各社のアメリカへの直接投資状況（1975 - 2011 年）を示したものである。

　なお，2010 年代から 2020 年代にかけて EV（電気自動車）の世界的普及によって，日本企業においても EV 関連の直接投資が増加している。トヨタでは，2019 年に電動化車両などの生産能力強化のため，7 億 5,000 万ドルの投資を発表した他，2023 年 10 月にはノースカロライナ州の車載電池工場に約 80 億ドルの追加投資をすると発表している[21]。なお，同社では EV の生産について

図表 11 － 1　自動車各社のアメリカへの直接投資状況

	生産拠点	所在地	設立年	生産車種 （または事業内容）
トヨタ	トヨタモーター製造 トヨタモーター製造 トヨタモーター製造 トヨタモーター製造	ケンタッキー州 インディアナ州 テキサス州 ミシシッピ州	1988 1999 2006 2011	カムリ セコイア タンドラ カローラ
日　産	北米日産会社（スマーナ工場） 北米日産会社（キャントン工場）	テネシー州 オハイオ州	1983 2003	フロンティア クエスト
ホンダ	ホンダ製造 ホンダ製造 ホンダアメリカ製造	アラバマ州 インディアナ州 オハイオ州	1999 2007 1978	オデッセイ CIVIC ACCORD
その他	マツダ いすゞ	カリフォルニア州 カリフォルニア州	1997 1975	卸売販売・調査・研究等 エンジンや部品の輸入・販売

※部品製造については省略する。
出所：自動車各社の HP を参考にして作成。

も 2024 年 2 月 6 日にケンタッキー州の工場に 13 億ドルの投資を発表している。日産も 2022 年にミシシッピ州キャントン工場に 5 億ドルを投資し，新たに 2 モデルの EV を生産すると発表した。

　自動車産業以外のアメリカへの直接投資の状況をみると，2008 年のリーマンショックで一時的に落ち込んでいたが，2010 年代以降のアメリカ経済の好景気を背景に全般的に回復傾向にある。製造業についてみると，基本的にはアメリカ企業の買収（M&A）による直接投資が多く，中でも高齢化社会を意識した医薬品および医療器具・装置に注力している企業が目立っている。具体的には大塚製薬，旭化成，日本光電，ニプロ，ソニー，富士フィルムなどの企業買収が注目されている。日本国内の金融の先行きを懸念した M&A も盛んに行われており，事例としては東京海上ホールディングスが保険会社インシュアランス・ホールディングスを約 75 億ドル，明治安田生命保険が中堅生保のスタンコープ・ファイナンシャル・グループを約 50 億ドルで買収するなどの動きがみられる。他には金属製品，コンピュータ関係を含めた電子機器や携帯電話業界などの企業買収の動きも活発である。今後もアメリカでは市場の拡大が期待できるため，対米直接投資もいっそう伸びると見込まれる。

　日本企業の対米直接投資の実態を調べた増田の分析によると，近年の直接投資の傾向としてはアメリカ企業のグローバル化に対応した形での企業買収，アメリカ国内の需要回復を見込んだ事業拡大，さらにはシェールガス関連事業の拡大を見込んでの企業買収などが増加している[22]。

　2020 年の新型ウイルスの大流行で多大な被害を被ったアメリカへの直接投資は一時的には減少したものの，その後については失業率の低下や旺盛な国内需要などに伴ってアメリカ経済は順調に推移しており，アメリカ政府の後押しもあって今後も日本企業の直接投資は増加するものとおもわれる。

（3）ヨーロッパへの直接投資―イギリスへの直接投資を中心に―

　日本企業によるヨーロッパへの直接投資は労働力コストの高さ，原材料の調達問題，そして労使関係の難しさなどといった難題を抱えている一方，貿易摩擦の回避，広大な EU 市場での拠点づくり，そして質の高い優秀な労働力といった面から順調に増加している。中でも，イギリスは政府自体が外国からの直接投資について積極的に取り組んでおり，かつては日本企業にとってヨーロッパで最も投資しやすい環境にあるといえた。

　イギリスの外国企業受け入れの経緯を時系列的にみると，同国は EC 加盟への遅れや自国産業の国際競争力の低下，それに伴う失業率の高止まりを背景にサッチャー（M. Thatcher）政権（1979 年 – 1990 年）の下で，先進各国に対して直接投資を呼びかけた。とりわけ，失業率の改善はイギリス経済の立て直しには必須の課題であり，そのために諸外国に自国市場を開放する政策を政府は選択したのである。むろん，日本企業によるイギリスへの直接投資も同国政府による後押しが背景にあったとみることができる。

　イギリスの国際競争力の低下を象徴する産業が自動車産業であり，1980 年代から 90 年代にかけて国内の自動車会社はすべて買収され，外資の傘下に入ったのである。この状況に危機感を抱いたイギリス政府は，サッチャー元首相を先頭に積極的に外国の自動車会社の誘致に乗り出した。これが自国への工場移転を図るいわゆる「ウインブルドン方式」と呼ばれる経済政策であった。

自国選手がテニスの最も伝統ある大会であるウインブルドン選手権で勝てずに
場所だけを提供することを揶揄してそう呼ばれるようになったのであるが，
サッチャー政権はそれを意に介さなかった。その結果，イギリス政府の要請に
真っ先に答えたのが日産であった。その背景には，日英関係がエリザベスⅡ世
の訪日により好転したことに加え，女性初の保守党党首に就任したサッチャー
が日本を訪問し，日産の工場見学によって日本企業のものづくりを直接体感し
たことも関係しているとおもわれる。

　この後，1984 年 2 月に日産自動車とイギリス政府との間で合意書が取り交
わされた。そして，イギリス北東部イングランドのサンダーランドへの工場進
出が決定したのである。むろん，イギリス自動車労働組合も当初は進出反対の
姿勢であったが，後に雇用創出を期待して歓迎する方向に方針転換した。この
後，日産自動車はイギリス国内工場での生産台数を年々伸ばし，ヨーロッパへ
の直接投資の成功例と評価されている。実績として現在でもサンダーランド工
場では年間約 50 万台を生産し，その大半を EU 向けに輸出している。日産以
外には 1985 年 2 月にホンダ，そして 1989 年 12 月にトヨタが工場を建設する
など，日本の自動車各社はおおむね直接投資に積極的であったといえる。その
後も自動車産業以外の製造業もイギリスへの直接投資には積極的であり，イギ
リスへ進出している日本企業は帝国データバンクの調査によれば，2016 年 6
月時点で 1,380 社あり，業種別では製造業 558 社，卸売業 258 社，サービス業
234 社，金融および保険業 159 社などとなっている[23]。その後も EU からの
離脱（ブレグジット）問題など紆余曲折があったにも係らず，日本からの対英直
接投資は大幅に増加しており，その主な内容はクロスボーダー M&A で，代
表的な案件としては 2021 年 8 月のルネサスエレクトロニクスによる半導体
メーカー，ダイアログ・セミコンダクターの買収（買収金額約 48 億ユーロ）が挙
げられる。

　東洋経済の中村稔が指摘するように，NTT やソフトバンクといった通信大
手などはイギリスの人材・技術力の高さ，さらには情報収集能力に着目し，人
員増強や事業買収に乗り出している[24]ことからも，総じて日本企業のイギリ

スへの直接投資の関心は高い。

　ちなみに日本貿易振興機構は，2020年9月3日から24日にかけてヨーロッパに進出している日系企業に対してイギリスのEU離脱に関するアンケート調査（回答企業数949社）を実施している[25]。その中で移行期間終了後の影響について，在英日系企業の4割が「マイナスの影響」と回答し，「通関・物流の混乱」，「関税コスト」，「通関手続きの発生」を理由に挙げており，貿易上の懸念としては在英日系製造業の7割近くが「英国からEUへの輸出」を挙げ，EU市場の重要性があらためて確認されたとしている。

　イギリスを除くヨーロッパ各国への日本企業からの直接投資は，フランスに関しては直接投資額で2017年現在アジア1位を保つものの，近年の伸びは鈍化している。2023年4月にフランスのマクロン大統領は中国を訪問しており，フランスと中国との間の投資を含めた経済交流に積極的な姿勢を示しており，両国の関係がさらに深まればフランスにおける日本の地位が相対的に低下するものとおもわれる。イタリアについても直接投資額で2011年に10億ドルを突破したものの，同国の経済危機もあって近年は停滞している。日本企業による直接投資についてヨーロッパ全体を見渡すと，2010年のギリシアに端を発した財政危機問題や中東からの不法移民問題などで政情が不安定な国が多く，東南アジア，アメリカ，中国といった国々と比較すると全般的に低調だといえよう。

（4）中国への直接投資

　中国への日本企業の進出理由は当初は主として安価な人件費であったが，後には急激に発展する経済に支えられた国内市場の内延的拡大（消費の拡大）に変化した。言い換えると，日本企業にとって当初は生産拠点として，後には生産拠点ならびに販売拠点としての意味で中国は極めて魅力的な存在であった。

　さて，日本企業が直接投資を開始したきっかけは，1979年から開始された鄧小平による改革開放政策や同氏の1992年1月からの南巡講話の影響が大きかった。それでも当初は中国政府から認可を受けた合弁事業に限定されてい

た。具体的には，1980年代前半までの福建省における日立製作所のテレビ製造や北京での松下電器（当時）によるブラウン管製造など単純作業の労働集約的事業を中心とした直接投資であった。もちろん，GDPで年率10％を超える急速な経済成長による中国国内市場の内延的拡大がいっそうの投資拡大を促したことには注目する必要があり，中国政府の直接投資への規制が緩和されたことや安価な人件費と相まってさまざまな業種の企業が直接投資に踏み切ったのである。

時系列的にみると，日本の対中直接投資は1984年末に14の沿海開放都市が制定されたことにより投資環境が整ったこと，それに加えて1992年以降に中国の改革・開放政策が一段と加速したことなどが指摘されている。

自動車産業については，いちはやく中国に工場を建設したのはドイツの自動車会社であった。フォルクスワーゲンは先行投資のメリットを生かして，中国国内のシェアで他国の自動車会社よりも上回っている。具体的には，同社は1985年9月に中国資本の上海大衆汽車有限公司との間で出資比率50％の合弁企業を設立し，1991年2月にも長春に一汽大衆との間で出資比率40％の合弁企業を設立している。この後も中国各地に工場を建設し，中国への直接投資では一歩先を進んでいた。

フォルクスワーゲンが直接投資に成功した理由は，アメリカや日本の自動車各社が中国政府の意図した技術移転に躊躇したことに対して，同社は積極的に技術移転に応じ，合弁企業形態での会社設立にも協力したからであった。また，同社の経営方針は1994年に中国政府が公布した「自動車産業政策」の基本方針にも適っていた。実際，部品の国産化比率を3年以内に40％達成するという方針の義務化にも対応可能なように，同社グループ内の主要部品製造企業も中国国内に製造拠点を設立したのである(26)。

日本の自動車会社についてみると，トヨタはトヨタモーター（チャイナ）株式会社を設立（1993年6月），天津トヨタ自動車エンジン有限会社（現　天津一汽トヨタエンジン有限会社）を設立（1996年5月），四川トヨタ自動車有限会社（現四川一汽トヨタ自動車有限会社）を設立（1998年11月）するなど1990年代から急速

に合弁会社を数多く立ち上げている。近年でも，中国自動車大手の第一汽車集団との生産合弁会社「天津一汽トヨタ」が稼働しており，2011 年の生産実績で完成車 498,000 台に達し中国でのトヨタの最大の生産拠点となっている[27]。

　以上，自動車産業を中心に対中国直接投資の状況を検討したが，近年の日本企業の動向については，投資額で縮小傾向を示すなど中国から撤退する動きが一部にみられる。その背景には，中国の経済成長により人件費が高騰していること，合弁方式への懸念（技術流出の恐れがあることなど），直接投資する外国企業との競争の激化，そして地政学的リスクとされる政治的に日中関係の悪化が今後も懸念されることなどが指摘されている。

　なお，中国には外国企業の投資についての規定が存在し，「外商投資産業指導目録（2017 年版）」により，制限や禁止業種が指定されている。それによれば，現地法人は合弁企業，合作企業，独資企業の 3 種類に分類され，出資比率についても制限が設けられている。合弁企業とは中国側と外国側の共同出資による法人であり，合作企業とは中国側と外国側の共同事業で，法人格のある企業か法人格のない企業かの選択ができる。独資企業とは外資企業および実施細則に基づく外国側 100％出資による法人のことを指している[28]。

　外国企業の多くは合弁方式を採用しており，そのメリットとして会社設立の際に相手企業の全面的バックアップを得られることや中国政府との交渉も比較的容易であることなどが挙げられる。合弁企業の経営については日本企業の取締役会に相当する董事会をどちらが過半数握るかによって主導権が左右される。日中双方の企業から董事（CEO に相当），総経理，副総経理，その他の高級管理職が派遣されるが，彼らは合弁企業の経営責任者であるとともに，派遣母体の利益代弁者でもあるという二重の立場を有している。そのため，難しい意思決定を迫られる場合もある。

　以上のように，日本企業にとって中国への直接投資は今後も少子高齢化により予想される日本国内市場の縮小などを考慮すると依然として魅力的ではあるが，その一方で地政学的リスクや法的規制の厳しさという点では慎重に対処する必要があるとおもわれる。

5. 直接投資をめぐる国際間競争とその政治的・経済的リスク

　日本企業全体でみると，直接投資はますます増加傾向にあり，その範囲は繊維，食品，化学，電機，機械，輸送機器などほとんどすべての業種に渡っている。ここで対外直接投資の理由をあらためて総括すると投資国先や各企業の事情などによってさまざまであるが，総じて日本と比べて相対的に割安な人件費，変動する為替レートへの対応，関税障壁，そして種々の貿易摩擦といったものに大別できる。すでに述べたように，人件費の低減を目的に行う直接投資先は概して新興国であり，日本企業の場合は東南アジアに集中する傾向がある。続いて為替レートの変動による直接投資先は，人件費および貿易摩擦双方に関係しているため，新興国と先進国の両方が対象として考えられる。貿易摩擦を理由に直接投資を行うのは一般的には先進国である。特に，アメリカとの間では貿易不均衡が顕著であった時期が長く続き，アメリカ政府からの要請もあって直接投資に踏み切った面も否定できない。中国への日本からの直接投資は同国の経済発展とともに大きく伸びてきたが，それとともに，さまざまな課題も抱えることになった。とりわけ，近年の日中の政治的対立は深刻で経済関係にも影響が出ており，中国国内における日本製品の不買運動などが生じている。そこで日本の直接投資を代表する自動車産業と中国の自動車産業との競争の実態を明らかにし，そこにおける種々の問題について検討する。

（1）中国自動車産業は日本自動車産業にとって脅威なのか

　日本の自動車産業は総じて依然として世界各国への直接投資を通じて競争優位に立っているが，近年，中国の自動車産業が急成長して日本の競争優位を脅かす存在になっている。2012年時点でのトヨタの地域別海外生産台数をみると，北米（主としてアメリカ）172万台，ヨーロッパ46万台，アジア（主として中国）257万台，海外総計524万台にも達している。なお同時期の日本からの海外地域別輸出台数をみると，北米70万台，ヨーロッパ31万台，アジアに至っ

てはわずか 21 万台にすぎず，いかに海外生産の比重，とりわけアジア（中国）での生産台数が高いかが確認できる[29]。ところがトヨタが 2023 年 8 月 30 日に発表した 7 月単月の世界生産台数は過去最高の前年同月比 15％ 増の 80 万9,400 台だったにも係わらず，中国だけが前年に比べて生産台数で 24％ も減少しており，販売台数も前年割れとなっている[30]。

　この背景には中国の自動車産業の急速な成長が大きく関係している。地球環境への配慮，とりわけ二酸化炭素排出量の抑制により温暖化をくい止める一環として世界的に EV の普及が急速に進んでいる[31]。こうした中で従来のエンジン自動車よりもはるかに構造が簡単な EV が新興企業によって生産されるようになったのである。その代表的な企業がテスラ（Tesla, Inc.）で，2003 年 7 月に創業してわずか 20 年足らずで世界的な自動車会社に成長した[32]。それと同様，中国の新興企業も相次いで EV 市場に参入し，中国最大手の BYD（比亜迪）や吉利汽車，さらには広州汽車集団などが今や世界の EV 市場を席巻している状況である。トヨタをはじめとする日本の自動車各社はこうした中国の EVメーカーとの中国国内での競争により，同国内の直接投資は岐路に立っているとみることができる。すでに三菱自動車工業は 2023 年 10 月に中国市場からの撤退を決定している[33]。

　こうした中国市場での苦戦[34]は日本の自動車会社すべてに共通しているが，日産の場合も従来はアメリカやメキシコでの生産台数よりも中国の方が多かったため，トヨタと同様，その衝撃は大きい。日本経済新聞によれば，2023 年「7～9 月の世界販売で，日産自動車が中国最大手の比亜迪（BYD）と並んだ。10～12 月の販売台数は BYD に逆転を許す可能性がある」[35]とさえ指摘されている。このように，日中間の自動車の直接投資（あるいは輸出）をめぐる競争は，今後も世界各国で展開されることはほぼ確実であろう。すでに EV の普及に前向きな EU 諸国への中国企業による巨額のグリーンフィールド投資案件（ここでは工場を新設する案件を指しているとおもわれる）が複数発表されている[36]。またM&A についても中国企業からは欧州市場に対し，引き続き高い注目が寄せられている[37]。

　なお，新興国では中国との経済関係の強化に前向きなところは多く，そうした国々に対して自動車産業以外でも中国企業の投資は続くとおもわれる。とりわけ，政治的にも中国と良好な関係を築いている東南アジアやグローバルサウスに属する新興国では，日本企業の直接投資の強力な競争相手として中国企業の存在は無視できない。

（2）直接投資と産業の空洞化はトレードオフの関係なのか

　1980 年代後半以降，急速な円高（1995 年時点：1 ドル＝約 94 円）とともに海外に生産拠点を構える日本企業が大幅に増加した。それとともに，国内から工場が姿を消し，いわゆる産業の空洞化と呼ばれる事態が生じたのである。従来，国内に企業が保有する工場の大半は，地価や人件費の安さに加えて地方自治体の誘致努力もあって地域に点在していた。誘致した当時は産業の空洞化のような事態は想像できずにいたため，政府も多くの地方自治体も工場が去った後の対応などを考えてもいなかった。ところが実際は工場の撤退に伴って自治体の税収減が地域再生の足を引っ張っているのみならず，より深刻なのは若年層の雇用の受け皿が失われ，彼らの地域からの流出に歯止めがかからなくなってしまったのである。そのため，地域によっては地域共同体の崩壊を招きかねない深刻な事態に陥った。伝統産業が根付いている地域については雇用の受け皿があるため比較的影響は少なかったが，積極的な工場誘致によって地域の再生を図ってきたところほど問題はより深刻であった。

　こうした日本企業の生産拠点の海外移転の背景にあるのは，単に当時の為替相場の急激な円高だけに原因があるのではない。すでに述べたように，少子高齢化の進行が国内消費を停滞させ，企業の設備投資意欲を削いだことを忘れてはならない。実際，1990 年代から 2010 年代にかけて円高が進行したのに呼応するかのように国内市場が縮小した背景には，企業の国内向け設備投資が冷え込んだ結果によるところが大きい。国内の経済構造に根本的な問題があるだけに地域自治体や個々の企業だけの力で地域経済の衰退を食い止めるのは不可能であった。

　ようやくそうした状況に変化がみられ始めたのは，2023 年になって急速に円

安が進行してからであった。長期に渡る日本経済の停滞に対して，日本銀行は市場への貨幣の流通量を増やすべく一貫して「ゼロ金利」・「マイナス金利」政策を継続してきた。それに対してアメリカは，国内の消費拡大に応じた企業の設備投資が労働力需要を増し，それが大幅な賃上げをもたらし，それがまた消費の拡大をもたらすという極めて良好な景気循環をもたらした。そうした行き過ぎた景気の過熱を抑制しようと FRB（連邦準備制度理事会）は大幅な金利引き上げに踏み切った。こうして日米の金利格差が為替の大幅な円安につながり，企業の対外直接投資は明らかに減速し始めている。それとは逆に海外の生産拠点を日本国内に戻す企業が円安，コロナ禍による生産体制の不安定化，米中対立などを理由として徐々に増加している点には注目する必要がある[38]。また，政府の積極的な支援を背景に，台湾の世界最大の半導体製造業である TSMC が熊本に 2 つの大規模な工場建設に踏み切り，それと呼応するかのように官民一体となって北海道に大規模な半導体製造工場の建設に踏み切った事実は注目に値する。これは海外企業の日本への直接投資の象徴的な出来事であるが，今後も海外企業を日本に呼び込むことができるかは政府の政策に負うところが大きい。

（3）まとめ

　日本の直接投資の傾向をまとめると，世界各国のそれと比較すると 1989 年，90 年と 2 年連続で首位となったが，その後は年々順位を落としている。その原因としては日本経済の長年の低迷による日本企業の体力低下と，国境間をまたぐクロスボーダー M&A への取組みの遅れが指摘されている。それでも日本貿易振興機構によると，海外に進出している日系企業総数（拠点数）は32,313 社（2016 年 10 月 1 日現在）に達する[39]。

　円安が進行している 2024 年 3 月現在，日本企業の対外直接投資は沈静化の兆しがみえる一方で，日本国内への海外企業の誘致は政府の政策次第では増加させることが可能な状況にある。日本への投資を呼び込むためにも良質な労働力と豊かな自然，治安の良さ等について官民一体となって世界に周知させることが肝心であろう。

【Review exercise】

1. 今後の国際関係のなかで，日本企業の直接投資のあり方を考えてみよう。

2. 日本企業が海外進出する場合に，進興国への進出と先進国へのそれとの違いについて考えてみよう。

3. 新型ウイルスの世界的流行によって経営の国際化にどのような影響が生じるかを考えてみよう。

考えてみよう！

【注】

（1）山本肇「東南アジアに見る公害輸出」『水質汚濁研究』日本水環境学会，13 巻 7 号，1990 年，407 ～ 408 頁。

（2）バーノンの理論については，R. Vernon, "International Investment and International Trade in the Product Cycle", *Quarterly Journal of Economics,* vol.80, pp.190-207. を，ダニングの理論については，J. H. Dunning, *International Production and Multinational Enterprise,* Geroge Allen&Unwin, 1981. を参照されたい。なお，他の直接投資に関する理論については，塩見将来・田中裕二「多国籍企業における優位性論争─直接投資と『所有優位』─」『立命館経済学』立命館大学経済学部，第 58 巻 2 号，2009 年，66 ～ 86 頁，および飯田健雄「多国籍企業における内部化理論の再検討試論─日本のテレビ・ゲーム産業をケース・スタディとして─」『経営・情報研究』多摩大学研究紀要，4 号，2000 年，59 ～ 93 頁，などを参照されたい。

（3）朝日新聞デジタル，2024 年 2 月 7 日付記事。https://www.asahi.com/ を参照されたい。

（4）近年の事例としては 2017 年に電通によるアメリカのデジタルマーケティング会社 Swirl 社の買収，2019 年家電量販大手ノジマによるシンガポール家電大手コーツ・アジアの買収，2017 年味の素によるフランスの LTS 社の買収などがある。

（5）永井裕久「日本企業におけるグローバル人材育成システムの構築に向けて」労働政策研究・研修機構『日本労働研究雑誌』54 巻 6 号，2012 年，19 頁。

（6）一般的に日本から派遣される管理者は経験を積んだ年配者が多く，英語など外国語に難点がある者もみられ，それがコミュニケーションの障害になっていた側面は否定で

きない。

（7）萩原敏孝「ASEAN 諸国における日系企業の人材育成―グローバル・ローカライゼーションによる東アジア諸国との共存・共栄を目指して―」『経済同友』経済同友会，694 号，2007 年 9 月，18 頁。

（8）松尾孝治「海外現地法人における経営者経験のグローバル人材育成への寄与に関する研究」兵庫県立大学大学院経営研究科『商大ビジネスレビュー 5』所収，2015 年，101 頁〜 103 頁を参照されたい。

（9）全米自動車労組はミシシッピー州の日産自動車の工場で労組結成を目指す投票を行ったが，失敗に終わった。日本経済新聞，2017 年 8 月 5 日付記事。

（10）これについてはトヨタ公式サイトである以下のホームページを参照されたい。https://www.toyota.co.jp/jpn/company/history/75years/

（11）これについては日産の公式サイトである以下のホームページを参照されたい。https://www.nissan-global.com/

（12）日立の海外研究開発拠点については日立のホームページ，http://www.hitachi.co.jp/rd/about/location/index.html，を参照されたい。

（13）森川正之「グローバルな不確実性の増大と日本経済」独立行政経済産業研究所『新春特別コラム：2024 年の日本経済を読む〜日本復活の処方箋』所収，2023 年 12 月，を参照されたい。

（14）三浦有史「対ベトナム直接投資の課題と展望」『RIM：環太平洋ビジネス情報』日本総研，第 8 巻 28 号，2008 年，108 〜 111 頁。

（15）小宮佳奈「ベトナムの対内直接投資の動向」公益財団法人　国際通貨研究所編『IIMAメールマガジン』所収，2023 年 6 月，2 〜 3 頁。

（16）日本貿易振興機構（ジェトロ）海外調査部　アジア大洋州課「現地発！アジア・オセアニア進出日系企業の現状と今後」，2023 年 3 月，ただし，ここでは以下のホームページ　https://www.jetro.go.jp/biz/areareports/special/2023 を参照されたい。

（17）日本貿易振興機構（ジェトロ）海外調査部　アジア大洋州課「アジアの原材料・部品の現地調達の課題と展望」，2016 年 5 月，ただし，ここでは以下のホームページ https://www.jetro.go.jp/ext_images/_Reports/01/dcd5884576619dba/20160020.pdf のベトナムの状況（24 〜 29 頁）を参照されたい。

（18）読売新聞オンライン記事，2024 年 2 月 5 日付。以下のホームページを参照されたい。https://www.yomiuri.co.jp

(19) このあたりの事情については日本経済新聞電子版，2018 年 9 月の記事。https://www.
nikkei.com/article を参照されたい。

(20) この状況についてはホンダの以下のホームページ，
http://www.honda.co.jp/group/manufacturing-facilities/ を参照されたい。

(21) 日本経済新聞，2023 年 10 月 31 日付記事。以下のホームページを参照されたい。
https://www.nikkei.com/

(22) 増田耕太郎「日本企業による対米直接投資～リーマンショック後の落ち込みから脱却
し拡大～」『季刊　国際貿易と投資』国際貿易投資研究所, 95 号, 2014 年, 181 ～ 185 頁。

(23) これについては帝国データバンクの以下のホームページを参照されたい。
https://www.tdb.co.jp/report/watching/press/p160604.html

(24) 中村稔の指摘については以下のホームページを参照されたい。
https://toyokeizai.net/articles/-/329067?page=5

(25) これについては，日本貿易振興機構（ジェトロ）の以下のホームページを参照された
い。https://www.jetro.go.jp/news/releases/2020/e7b4c0023c76b80c.html（2020 年 12
月 13 日付）

(26) 近年のドイツの中国への姿勢には香港などへの人権問題に絡んで変化がみられ，メル
ケル（A. Merkel）前首相は同国に対して批判的な姿勢を強めて以降，それが直接投資
に影響を及ぼすことが懸念されている。

(27) このあたりの事情についてはトヨタ自動車 75 年史，以下のホームページを参照された
い。https://www.toyota.co.jp/

(28) 外商投資産業指導目録（2017 年改訂）については日本貿易振興機構（ジェトロ）の次
のホームページを参照されたい。https://www.jetro.go.jp/world/reports/2017/02/
e5d4309f1a66d534.html

(29) この数値については以下のトヨタのホームページで確認できる。
http://www.toyota.co.jp/jpn/company/about_toyota/gaikyo/regional_production.html

(30) 日本経済新聞電子版，2023 年 8 月 30 日付記事。以下のホームページを参照されたい。
https://www.nikkei.com/

(31) この背景には EU による 2030 年までにガソリン車全面廃止宣言がある。ただし，ドイ
ツの自動車産業の事情を反映して時期を 2035 年までと延長したが，さらにその方針を
変更し，環境にやさしい合成燃料を使用するエンジン車は認めると大きく政策変更し
たのである。この点については朝日新聞デジタル，2023 年 3 月 25 日付記事。以下の

ホームページを参照されたい。https://www.asahi.com/articles

(32) EV は基本構造が簡単で，極端な言い方をするとバッテリーとモーターさえあれば，容易に製造できる自動車である。

(33) 日本経済新聞電子版，2023 年 10 月 24 日付同記事。https://www.nikkei.com/article を参照されたい。

(34) なお，現在の日中の政治的対立は化粧品などの不買運動で収まっているが，2012 年に尖閣諸島の領有権問題で両国の対立が深まった際には日本車不買運動が起こり，同年 9 月の日本車販売は 35 ～ 50％の落ち込みを記録している。そうした事態が今後起こった場合，自動車各社の対応には限界があることを銘記すべきであろう。この点については CNN 電子版，2012 年 10 月 12 日付記事。以下のホームページを参照されたい。https://www.cnn.co.jp/

(35) 日本経済新聞電子版，2023 年 8 月 30 日付同記事。https://www.nikkei.com/article を参照されたい。

(36) 日本貿易振興機構（ジェトロ）調査レポート「EU ／ドイツと中国間の直接投資の動向（2021 年 3 月）」，ここでは，https://www.jetro.go.jp/world/reports/2021，を参照されたい。ただし，EU は米中・ロの政治的対立により中国の投資に対して全面的に歓迎しているわけではない点には注意すべきである。
アジア大洋州課「現地発！アジア・オセアニア進出日系企業の現状と今後」，2023 年 3 月，ただし，ここでは以下のホームページ https://www.jetro.go.jp/world/reports/2023/，を参照されたい。

(37) なお，EU はロシアのウクライナ侵攻以降で中国に拠点を置く 3 社をはじめとして計 20 数社に取引制限を科すことを提案している。Bloomberg，2024 年 2 月 13 日付記事。https://www.bloomberg.co.jp/　なお，この提案は EU が EV への転換を促した点では中国の自動車産業には有利に働いたが，政治的な対立が必ずしも経済面では中国に同調していない証でもある。

(38) すでに生産拠点を日本国内に回帰させている企業としては，ライオン，ユニ・チャーム，日清食品，資生堂などがあるが，製造の一部を国内回帰させている企業も相当数出てきている。ただし，生産拠点の国内回帰の最大の問題点は，2024 年問題といわれている労働力をどのように確保するかである。

(39) この数値は日本貿易振興機構（ジェトロ）の調査によるものである。https://www.jetro.go.jp/world/asia/cn/basic_01.html

【勉強を深めるために参考となる文献】

郭四志『日本の対中国直接投資』明徳出版社，1999 年 12 月。

川井伸一「日系企業経営人材の現地化課題─最近の中国調査事例から」『経営総合科学』愛知大学，第 74 号，2000 年 2 月。

喬晋建「日系企業の経営現地化」『産業経営研究』熊本学園大学，第 26 号，2007 年 3 月。

公文溥「日本の対外直接投資について─国際比較の観点から」『経済志林』法政大学，第 80 巻 4 号　2013 年 3 月。

鈴木均『サッチャーと日産英国工場─誘致交渉の歴史　1973 – 1986 年』吉田書店，2015 年 11 月。

田中武憲「イギリスにおけるトヨタ生産システム現地化の現状と課題について─"Japanization" を超えて─」『経済学論叢』同志社大学，第 54 巻 4 号，2003 年 3 月。

古川澄明「ドイツ自動車産業の対中国戦略の転機について─Volkswagen グループを事例として─」『東亞経済研究』東亞経濟研究會，第 56 巻 2 号，1997 年 5 月。

向川利和「我が国繊維産業のグローバリゼーション」『繊維機械学会誌』繊維機械学会，第 46 巻 11 号，1993 年。

山本肇「東南アジアに見る公害輸出」『水質汚濁研究』，第 13 巻第 7 号，1990 年。

楊晗「中国自動車産業における直接投資と技術移転の役割」『人間社会環境研究』金沢大学，第 12 号，2006 年 9 月。

【Coffee Break】

日本企業の内なる国際化と女性役員の増加

　　現在の日本には，観光客を含めて多くの外国人が来日している。観光地では外国人の姿がとくに目立っている。企業経営の世界でも，外国人の活躍がさまざまな形で報道されている。この十数年の間に多くの外国人が日本を代表する企業の経営者，すなわち社長を務めてきた。もちろん，成功したケースもあれば，失敗に終わったケースもあり，さまざまである。例えば，ソニー，マツダ，武田薬品，日本板硝子といったそうそうたる企業で，外国人が経営者を務めてきた。もちろん，経営者でなくても，大会社の役員には外国人の名前が連なっており，ソフトバンク

グループでは取締役（社外取締役を含む）の 10 名のうち 4 名が外国人，執行役員 9 名のうち 2 名が外国人といった具合である（2023 年 11 月 30 日現在）。それだけ，日本企業の内部でトップ・マネジメントの人的な国際化が進んでいるわけで，株主にも外国人投資家が多くなり，気がついたらいつのまにかあの企業の筆頭株主が外国人（企業）であったという笑い話もあるぐらいだ。その他に，現在の東京証券取引所第 1 部市場で売買される株式数の 6 割超が外国人投資家によるものであり，現実の株式相場を実質的に動かしているのは外国人投資家であるともいわれている。我々の気づかないところで，いわば日本企業の国際化は国内においても着々と進んでいるということである。何も海外進出だけが企業の国際化ではないことをこうした事実は物語っている。

　次に近年の日本企業の変化で注目されるのは大企業における女性役員の飛躍的増加であろう。それを象徴しているのが日本を代表する日本航空の代表取締役社長に客室乗務員出身の女性が 2024 年 4 月 1 日付で就任することが決まったことである。続いて三井住友銀行の副頭取に女性役員がやはり同年 4 月 1 日付で昇格することも発表された。このように日本の大企業でもようやく女性がトップ・マネジメントの一翼を担う地位に就くようになったのだが，それでも外国企業に比べると依然としてその数は少なく，女性の企業における地位向上という点からも今後いっそう増加することが期待されている。

ちょっと一息

索　引

《著者紹介》

海野　博（うみの・ひろし）（代表）担当：第1章，第2章，第5章，第7章，第10章
1948年生まれ。
玉川大学名誉教授。玉川大学元経営学部長。博士（経営学）。
常葉大学元経営学部長。現宇部フロンティア大学心理学部教授。
［主要著書］
『賃金の国際比較と労働問題』（単著）ミネルヴァ書房，1997年。
『新版労働経済』（共著）ミネルヴァ書房，2000年。
『やさしい経営学』（編著）創成社，2007年。
『はじめて学ぶ経営学』（編著）玉川大学出版部，2009年。
『やさしく学ぶ経営学』（編著）創成社，2015年　他

森山一郎（もりやま・いちろう）担当：第4章，第6章，第8章，第9章
1959年生まれ。
静岡文化芸術大学文化政策学部教授。博士（政策研究）。
［主要著書］
『やさしく学ぶ経営学』（共著）創成社，2015年。
『消費変質―エディターシップ時代の到来』（共著）同文舘出版，2015年。
『1からの流通システム』（共著）中央経済社，2018年。
『ダイエーの経営再建プロセス』（共著）中央経済社，2020年　他

井藤正信（いとう・まさのぶ）担当：第3章，第11章
1951年生まれ。
愛媛大学名誉教授。前高松大学経営学部教授。現高松短期大学ビジネスデザイン学科教授。
博士（経営学）。
［主要著書］
『ドイツ科学的管理発達史論』（単著）東京経済情報出版，2002年。
『比較経営論』（編著）税務経理協会，2002年。
エーリッヒ・フレーゼ著『組織デザインの原理―構想・原則・構造―』（共訳著）文眞堂，
2010年　他

（検印省略）

2018年7月25日　初版発行
2021年3月25日　第2版発行
2024年4月25日　第3版発行　　　　　　　略称 ─ やさしく学べる

やさしく学べる経営学［第3版］

著　者	海　野　　　博 森　山　一　郎 井　藤　正　信
発行者	塚　田　尚　寛

発行所　東京都文京区　**株式会社　創　成　社**
　　　　春日2-13-1

電　話　03（3868）3867　　ＦＡＸ　03（5802）6802
出版部　03（3868）3857　　ＦＡＸ　03（5802）6801
http://www.books-sosei.com　振　替　00150-9-191261

定価はカバーに表示してあります。

©2018, 2024 Hiroshi Umino　　　組版：スリーエス　印刷：エーヴィスシステムズ
ISBN978-4-7944-2627-7 C3034　　製本：エーヴィスシステムズ
Printed in Japan　　　　　　　　落丁・乱丁本はお取り替えいたします。

━━━━━━━━━━━━ 経営・マーケティング ━━━━━━━━━━━━

やさしく学べる経営学	海野　博 森山一郎　著 井藤正信	3,100円
大学1年生のための経営学	芦澤成光　編著	2,500円
イチから学ぶビジネス ―高校生・大学生の経営学入門―	小野正人　著	1,700円
大学生のための国際経営論	岩谷昌樹　著	2,800円
環境経営入門 ―理論と実践―	金原達夫　著	1,800円
働く人のキャリアの停滞 ―伸び悩みから飛躍へのステップ―	山本　寛　編著	2,650円
働く人のためのエンプロイアビリティ	山本　寛　著	3,400円
脱コモディティへのブランディング ―企業ミュージアム・情報倫理と「彫り込まれた」消費―	白石弘幸　著	3,100円
豊かに暮らし社会を支えるための 教養としてのビジネス入門	石毛　宏　著	2,800円
東北地方と自動車産業 ―トヨタ国内第3の拠点をめぐって―	折橋伸哉 目代武史　編著 村山貴俊	3,600円
おもてなしの経営学［実践編］ ―宮城のおかみが語るサービス経営の極意―	東北学院大学経営学部 おもてなし研究チーム　編著 みやぎ　おかみ会　協力	1,600円
おもてなしの経営学［理論編］ ―旅館経営への複合的アプローチ―	東北学院大学経営学部 おもてなし研究チーム　著	1,600円
おもてなしの経営学［震災編］ ―東日本大震災下で輝いたおもてなしの心―	東北学院大学経営学部 おもてなし研究チーム　編著 みやぎ　おかみ会　協力	1,600円
経営情報システムとビジネスプロセス管理	大場允晶 藤川裕晃　編著	2,500円

（本体価格）

━━━━━━━━━━━━ 創成社 ━━━━━━━━━━━━